DAVID BREASHEARS • AUDREY SALKELD

MALLORYS GEHEIMNIS

Bildlegenden zu den folgenden Doppelseiten:

Erste Doppelseite:
*Ein Dschungellager in Tibet während der
britischen Mount-Everest-Expedition von 1922.*

Zweite Doppelseite:
*Die Expeditionskarawane überquert im Frühling 1922
die windgepeitschte tibetische-Hochebene.*

Dritte Doppelseite:
*Das Rongbuk-Kloster mit dem dahinter wuchtig aufragenden
Everest heißt die Expedition von 1922 willkommen. Die Mönche
im Vordergrund wirken neben dem Tschorten-Schrein des Klosters
wie Zwerge.*

DAVID BREASHEARS • AUDREY SALKELD

MALLORYS GEHEIMNIS

WAS GESCHAH AM MOUNT EVEREST?

INHALT

VORWORT
IN MEMORIAM
13

PROLOG
DIE SUCHE NACH MALLORY
17

ERSTES KAPITEL
DIE MAKELLOSE SPITZE
25

ZWEITES KAPITEL
DIE LANDKARTE VERLASSEN
51

DRITTES KAPITEL
IM SCHOSS DER GÖTTER
79

VIERTES KAPITEL
RUNDE EINS
115

FÜNFTES KAPITEL
DER SEGEN DES LAMA
143

SECHSTES KAPITEL
IN DEN NEBEL HINEIN
167

SIEBENTES KAPITEL
AUF DEM WEG IN DEN MYTHOS
191

ACHTES KAPITEL
SPUREN LESEN
211

REGISTER, BILDQUELLEN,
DANKSAGUNG
236

„LIEBSTE, DU MUSST WISSEN, DASS DER ANTRIEB, MEIN BESTES ZU LEISTEN, NUR DU BIST UND ABERMALS DU", SCHRIEB GEORGE MALLORY AN SEINE GELIEBTE FRAU RUTH. „MEHR ALS ALLES ANDERE MÖCHTE ICH MICH DEINER WÜRDIG ERWEISEN."

VORWORT

IN MEMORIAM

Von John Mallory

Das Auffinden der Leiche meines Vaters hoch oben auf dem Mount Everest am 1. Mai 1999 löste neues Interesse an ihm und neue Spekulationen über die Umstände seines Verschwindens an jenem schicksalhaften Tag vor rund fünfundsiebzig Jahren aus. Ich hatte mir bisher vorgestellt, ihm und seinem Klettergefährten Andrew Irvine seien die hereinbrechende Nacht oder schlechtes Wetter beim Abstieg, möglicherweise vom Gipfel, zum Verhängnis geworden. Jetzt ist mir klar, dass es zu einem Absturz kam, höchstwahrscheinlich bei Dunkelheit, denn man hat Mallorys Gletscherbrille in seiner Tasche gefunden. Der Tod trat ziemlich schnell ein.

Ich glaube nicht, dass dieses oder überhaupt irgendein Buch das Rätsel der Ereignisse jenes Tages lösen kann. Aber ich glaube, dass *Mallorys Geheimnis* viel dazu beitragen wird, uns wirklich verstehen zu lassen, was für eine Art Menschen diese frühen Pioniere waren und mit welchen extremen Schwierigkeiten sie zu kämpfen hatten. Die Mitglieder der Expeditionen zum Mount Everest in den zwanziger Jahren wussten kaum etwas über den Berg und gingen ihn mit einer Ausrüstung an, die man nach heutigen Maßstäben nur als primitiv bezeichnen kann.

Ich reiste zum ersten Mal 1987 nach Nepal, um die Schönheit und Großartigkeit des Himalaja zu genießen; damals treckte ich bis auf etwa zehn Kilometer an den Mount Everest heran. Die Reise war eine Pilgerfahrt zu Ehren meines Vaters, den ich nie wirklich kennen gelernt hatte, denn ich war erst dreieinhalb, als er zum letzten Mal aufbrach. Das war 1924. Während meiner ersten drei Lebensjahre hatte er zwei Reisen zum Everest und eine Vortragsreise durch die Vereinigten Staaten unternommen.

Mein denkwürdigstes Everest-Erlebnis hatte ich 1995. Dabei spielten David Breashears und Audrey Salkeld eine wichtige Rolle. Kennen gelernt hatte ich die beiden 1986, und ein paar Jahre später bot David mir an, mich zum Basislager beim Nordgrat zu bringen, an den Ort, für den sich mein Vater 1921 als Erster entschieden hatte. David meinte, wir könnten zusammen das Steindenkmal wieder aufbauen, das die überlebenden Mitglieder der Expedition von 1924 vor der Heimreise errichtet hatten, das aber nicht mehr existierte.

Ich schlug vor, 1995 hinzufahren, weil meine Frau Jenny und ich in diesem Jahr eine Nepal-Reise machen wollten. Wir trafen uns am 26. April in Katmandu und brachen am 1. Mai nach Tibet auf. Audrey und David hatten eine schöne Gedenktafel aus walisischem Schiefer in Auftrag gegeben, um an die britischen Bergsteiger aus Mallorys Zeit zu erinnern, die alle in Wales geklettert waren. Die über sechzig Pfund schwere Tafel wurde nach Katmandu getragen, wo wir sie in Empfang nahmen, um sie selbst zum Basislager zu transportieren. Unterwegs verschüttete ein Bergrutsch ein tückisches Straßenstück völlig, was unseren Aufstieg auf die tibetische Hochebene kurz unterbrach.

Was für ein Erlebnis war diese Reise doch für mich! Nach Überquerung eines mehr als 5300 Meter hohen Passes namens Pang La sah ich zum ersten Mal den Mount Everest von der Nordseite – genau so, wie ihn mein Vater vor vielen Jahren gesehen haben musste. Heftiger, eisiger Wind fegte über den Pang La und ließ den Ort, von dem aus wir diesen inspirierenden Anblick bewunderten, höchst unwirtlich werden. Später zogen wir weiter zum Kloster Rongbuk, schließlich erreichten wir dann das Basislager, wo der gewaltige Mount Everest keine zwanzig Kilometer entfernt in den Himmel aufragt.

Willkommen geheißen wurden wir von Paul Pfau, dem Leiter einer amerikanischen Expedition. Ihr gehörte unser Sohn George an, der in den nächsten Tagen eine Gipfelbesteigung unternehmen wollte. Am folgenden Morgen wählten David und ich einen Platz für das neue Denkmal aus, ein Hügelchen oberhalb des Basislagers, das nur wenige Meter vom Standort des einstigen Lagers entfernt war. Wir packten die Tafel aus, und ich war begeistert von der Schönheit des beschrifteten dunkelgrauen Schiefers. David begann rasch zu arbeiten, er baute das Denkmal mit Hilfe einiger Sherpas. Am Nachmittag kam George für ein paar Tage ins Basislager zurück, um sich vor dem Gipfelangriff auszuruhen und gut zu ernähren.

Zwei Tage später, kurz nach Sonnenaufgang und bevor der kalte Wind einsetzte, weihten wir die neue Gedenktafel. Das war ein so ergreifendes Ereignis, dass ich einige Momente lang nicht imstande war zu sprechen. Ich überlegte, ob mein Vater, als er vor mehr als siebzig Jahren von hier aus den Everest betrachtete, wohl daran gedacht haben mochte, dass der Sohn, den er hinterließ, eines Tages an ebendieser Stelle stehen würde, um ihn zu ehren.

Natürlich war dies nur eine wehmütige Vorstellung, denn George Mallory hatte das Unglück, das ihn treffen sollte, nicht voraussehen können. Was ich an jenem klaren, hellen Morgen schließlich sagte, war, dass ich die Hoffnung hätte, dieses Denkmal möge künftige Generationen von Bergsteigern daran erinnern, genügend Reserven an Zeit und Energie für einen sicheren Abstieg einzuplanen. Ich finde nicht, dass das Erreichen eines Berggipfels, und sei es jener des Mount Everest, es wert ist, dafür das Leben zu lassen.

Acht Tage später, am 14. Mai, als Jenny und ich zu Hause in Südafrika eintrafen, überraschte uns ein Anruf von Paul Pfau. Begeistert teilte er uns mit, dass unser Sohn George an diesem Morgen um 5.30 Uhr den Gipfel des Mount Everest erreicht habe. Ein wunderbarer Moment! Schließlich hatte doch noch ein Mallory auf dem Everest gestanden und war heil zurückgekehrt. Der Enkel hatte die Reise vollendet, die der Großvater 1921 begonnen hatte, und zwar auf derselben Route wie seinerzeit der Pionier.

Ich bin stolz auf die Leistung meines Sohnes und auf die meines Vaters. Aber ich hätte viel, viel lieber meinen Vater selbst gekannt, als im Schatten eines Mythos aufzuwachsen, eines Helden, den einige Menschen in ihm sehen.

Pretoria, Südafrika, Juli 1999   JOHN MALLORY

HÖHENWINDE WIRBELN ÜBER DEM MOUNT EVEREST, HIER AUFGENOMMEN VOM STANDORT
DES BASISLAGERS DER BRITISCHEN EXPEDITIONEN DER ZWANZIGER JAHRE.

PROLOG

Wegen des Steins vom Gipfel für die Geologen,
der Kenntnis der Ausdauergrenzen für die Ärzte,
vor allem aber wegen des Abenteuergeistes,
der die Seele des Menschen lebendig hält.

GEORGE MALLORY, 1923
(auf die Frage, warum er den Everest besteige)

DIE SUCHE NACH MALLORY

Von Audrey Salkeld

Während der Erkundung des Everest im Jahr 1921 führte George Mallory eine kleine Gruppe um den Berg herum auf dessen Ostseite. Westlich von Kharta betrat er das üppig bewachsene Kama-Tal und folgte ihm durch Zwergrhododendron-Wälder aufwärts, um dann sein Lager am Pethang Ringmo aufzuschlagen, wo er zum ersten Mal die massive, vereiste Kangshung-Flanke des Everest erblickte. Diese riesenhafte Flanke, die aus dem Gletscher 3200 Meter hoch in den Himmel schießt, zerschlug seine Hoffnungen, von dieser Seite aus eine Route auf den höchsten Berg der Welt zu finden. Gern überließ er die steile, schneeschwere Wand „anderen, weniger klugen Männern" und konzentrierte seine Bemühungen auf eine günstigere Stelle.

Sechzig Jahre später gehörte David Breashears einer Gruppe von „anderen Männern" an, denen es so sehr an Weisheit fehlte, dass sie diese Furcht einflößende Herausforderung annahmen. Mit seinem Freund Andrew Harvard stand er dort, wo Mallory als Erster gestanden, auf die steilen Felsrippen und die Hängegletscher der Kangshung-Flanke geblickt und zugegeben hatte, dass dem britischen Bergsteiger aus der Alten Welt eine Grenze gesetzt war.

Viele Male ertappte David sich auf dieser Reise dabei, dass er an George Mallory dachte, dessen Fußstapfen er und Harvard gefolgt waren. Sie hatten ihre Lager an denselben Stellen aufgeschlagen wie er, seine Beiträge in dem Buch über die Erkundungsreise gelesen und sich gleich ihm über den Anblick einiger der schönsten Bergszenerien der Welt gefreut. Oft sogar hatte er gemeint, George Mallory sei bei ihnen. Das weckte in David Breashears eine lebenslange Begeisterung, nicht nur für Mallory, sondern für die ganze Schar der Everest-Pioniere, die sich auf einen Berg stürzten, den bisher kein Bewohner des Westens aus der Nähe gesehen hatte. Mit einer Ausrüstung und einer Kleidung, die wir heute als äußerst mangelhaft bezeichnen würden, wagten sie sich in dünnere Luftschichten, als erdgebundene Reisende sie je erlebt hatten. In der damaligen Zeit entsprach die Besteigung des Everest einer Fahrt zum Mond.

Meine eigenen Everest-Forschungen begannen ein paar Jahre früher, als ich bei der Royal Geographical Society in London eine Fülle von Akten entdeckte, die das Mount Everest Committee der Society überlassen hatte. Sie enthielten fast jedes Schriftstück, das vom Committee geschrieben oder erhalten worden war, angefangen von dessen ersten Bemühungen im Jahr 1919, beim India Office die Erlaubnis zu bekommen, nach Tibet zu gehen und sich am Everest zu versuchen, bis hin zu seiner Besteigung durch Col. John Hunts Gruppe im Jahr 1953. Diese faszinierende Abenteuergeschichte nahm mich genauso gefangen wie David.

David und ich hatten uns 1985 durch einen gemeinsamen Freund und Kollegen kennen gelernt, den Everest-Historiker Tom Holzel. Tom wollte nach Mallory und Irvine suchen und hatte die begehrte Bewilligung für eine Expedition auf die tibetische Seite des Everest im folgenden Jahr erhalten. Seit mehr als einem Jahrzehnt nervte er die traditionellen Bergsteigerkreise mit seinen abwegigen Theorien darüber, was damals bei dieser schicksal-haften Besteigung geschehen sein könnte. Die akzeptierte Version lautete, Mallory und Irvine seien vor Erreichen ihres Zieles zusammen gestorben, doch Tom hielt es für möglich, dass zumindest Mallory den Gipfel erreicht hatte. Sein alternatives Szenario setzte voraus, dass sich die beiden trennten, wobei Mallory den Sauerstoffvorrat seines Gefährten erhielt und damit eine größere Chance auf Erfolg. Er glaubte, wenn beide Männer eine Kamera bei sich gehabt hätten, dann könnte ein belichteter Film im Schnee erhalten geblieben sein und – wenn man ihn vorsichtig entwickelte – ein Gipfelfoto sichtbar werden. Im Nachmonsun des folgenden Jahres drangen wir mit Andy Harvard als Leiter, David als Bergführer sowie Tom und mir in den uns bis dahin wenig vertrauten Rollen als „Everest-Historiker" zur Nordseite des Everest vor.

Es war die Jahreszeit heftiger Winde und Stürme, und der Berg trug einen Mantel aus dickem Schnee. Wir schafften es nicht, hoch genug hinauf zu gelangen, um nach Mallory und Irvine zu suchen, und fanden lediglich in der Umgebung von unteren Lagern ein paar Überreste früherer Expeditionen. Doch wir hatten das Gefühl, Mallory ein bisschen besser zu kennen, und wir wussten zu würdigen, welchen phänomenalen Geländebereich er und Guy Bullock 1921 auf ihren Erkundungs-zügen erforscht hatten.

Im Rahmen von Recherchen für einen Film über das Rätsel Mallory fuhren David und ich vor und nach unserer Expedition in meinem blauen VW-Käfer durch England und Wales, besuchten „Everester", ihre Frauen, Söhne und Töchter, um mehr über die Pionier-Abenteurer zu erfahren. Zu unserem Glück wandten wir uns diesem Thema zu, als noch Bergsteiger aus den zwanziger und dreißiger Jahren lebten, die Geschichten aus erster Hand erzählen konnten: Es gibt nichts Faszinierende-res, als mit jemandem beisammen zu sitzen, der für den Zuhörer aus seinen Erinnerungen eine lebendige Brücke zur Vergangenheit bauen kann.

Noel Odell erinnerte sich noch, dass er 1924 mit General Bruce ein Zelt geteilt hatte, bevor diesen sein schlechter Gesundheitszustand zwang, die Leitung der Expedition abzugeben. „Er keuchte und hustete und zitterte wie ein Erdbeben", erzählte Odell. „Ein Riese von Mann. Er war vor der Expedition auf Tigerjagd gewesen. Seinen Tiger hat er erlegt, aber dabei kriegte er die Malaria."

Der hoch gewachsene Odell hielt sich auch in seinen neunziger Jahren noch aufrecht, und sein Langzeitgedächtnis funktionierte bestens. Außerdem sah er bemerkenswert gut und lenkte seinen Morris Minor ohne Brille durch die Stadt; allein schon das besagte etwas, fanden wir. Er war umständlich und methodisch, ein Pedant. Als wir ihn in Cambridge interviewten, aßen wir erst zusammen im University Centre, während in einem anderen Raum die Kamera aufgestellt wurde. Das Spezialgericht des Küchenchefs an diesem Tag war Zicklein. „Seltsam!", sagte Odell. „Das letzte Mal aß ich Ziege im Rongbuk-Tal in Tibet." Im Lauf des Nachmittags kamen immer mehr Erinnerungen zutage.

Wir fragten uns und ihn, warum Mallory als Gefährten für seine letzte Besteigung Irvine gewählt hatte und nicht Odell. Er habe mit Mallory darüber gesprochen, erklärte Odell. „Ich sagte ihm frank und frei, mein Interesse an dem Berg bestehe nicht nur darin, ihn zu besteigen, sondern ich wolle auch etwas über seine Geologie wissen." Er fügte jedoch wehmütig hinzu: „Ich wäre aber bereit gewesen, meine wissenschaftlichen Interessen zurückzustellen – und wäre mit ihm gegangen... Ich hätte nichts dagegen gehabt, den Gipfel des Everest zu erreichen."

Ein Jahr älter als Odell war Captain John Noel, den wir mehrmals besuchten. Eines Abends Anfang 1986, noch bevor wir zum Everest aufbrachen, zeigte Noel uns in seinem verdunkelten Wohnzimmer seine Everest-Dias; dabei hielt er uns in seiner altmodischen Ausdrucksweise im Wesentlichen den

Vortrag, den er, wie er uns stolz erzählte, auf einer Amerika-Tour vierzehnmal gehalten hatte. Die Stimme des 96-Jährigen zitterte ein bisschen, aber er verstand es immer noch sehr gut, sich in Szene zu setzen. „Was für ein Abenteuer! Diese Regionen hatten nie den Fuß eines Menschen gespürt, bevor wir dorthin kamen. Das sagten uns die Tibeter. Ich fragte sie durch meinen Dolmetscher: 'Wart ihr Leute denn im Lauf eurer ganzen Geschichte jemals auf den Gletschern des Everest?' – 'Nein, nein, nie. Sie sind die Wohnung unserer Götter, sie sind heilige Gebiete.' Eben darin lag das Abenteuer – hierher zu kommen, wo seit Anbeginn der Welt noch kein Mensch je gewesen war."

Nachdem er als dramatischen Effekt eine kurze Pause eingelegt hatte, fuhr er fort: „Dann der Anblick dieses großen Berges! Als ich zum ersten Mal den Blick darauf richtete, setzte ich mich schlicht auf den Boden und rang nach Luft. 'Lieber Gott', dachte ich bei mir, 'könnte irgendjemand auf den Gipfel dieses Gebildes hinaufkommen?' Aber keiner von uns äußerte sich dazu, keiner stellte eine derartige Frage. Wir hielten einfach den Mund; es war eine Aufgabe, die wir zu erfüllen hatten, also machten wir damit weiter."

Kurz danach lernten wir George Mallorys Sohn John in London kennen und nahmen ihn mit ins National Film Archive, damit er sich Captain Noels Everest-Filme aus den Jahren 1922 und 1924 anschaute. Die Kopien des Filmarchivs waren so bearbeitet worden, dass man sie mit modernen Filmlaufgeschwindigkeiten vorführen konnte. Trotzdem waren die Bilder wackelig und undeutlich. Eine denkwürdige Sequenz gab es jedoch, in der man das Everest-Team beim Verlassen der Gouverneurs-Residenz in Darjeeling sah. Die Männer kommen die Stufen herunter und drehen sich vor der Kamera um, während sie angeregt plaudern. John Mallory kennt alle veröffentlichten Fotos von diesen Expeditionen auswendig, aber er hatte noch nie solche Bilder in Bewegung gesehen. Jetzt

19

erwachten sie vor ihm zum Leben. Der eifrige junge Mann mitten in der Gruppe, von dem so sichtbar Energie und Schwung ausgingen, war der Vater, den er nie kennen gelernt hatte. Und John sah ihn nun als Mann, der fast halb so alt war wie er selbst. Ein ergreifender Augenblick!

Unter uns gesagt, David und ich haben fast vierzig Jahre mit dem Versuch zugebracht, George Mallory kennen zu lernen: durch seine Schriften, durch die Erinnerungen seiner Freunde und Angehörigen und durch das Aufbrechen der Verkrustungen, die der Mythos hatte entstehen lassen. Wir suchten ihn in seinen Leistungen und in dem, was er geschrieben hatte. Auf keinem dieser Gebiete ist er leicht zu fassen. Er bleibt rätselhaft, obwohl seine nicht nachlassende Anziehungskraft für mich zum Teil darin liegt, dass er über Generationen hinweg spricht. Wir erkennen in ihm neben seiner Ausdauer und geistig-seelischen Kraft eine grundlegende Fairness und Ehrlichkeit.

Als wir dieses Buch begannen, das eine allgemeine Darstellung der inspirierenden frühen Versuche am Everest werden sollte, wussten wir natürlich nicht, dass George Mallorys Leiche fünfundsiebzig Jahre nach seinem Verschwinden hoch oben auf dem Berg gefunden würde. Der Fund hat uns eine Reihe von Hinweisen geliefert, ohne dass das Rätselhafte und Romantische der Geschichte zerstört worden wäre. Ich hatte immer geglaubt, das Auffinden der Leichen von Mallory und Irvine würde alles ändern. Ich kann nicht sagen, dass dies geschehen ist. Noch immer staune ich über das, was die beiden erreichten, und mit diesem Staunen bekunden wir ihnen und ihren Gefährten unsere Hochachtung.

John Mallory betrachtet den Mount Everest vom Pang La aus. Siebzig Jahre zuvor, bei der Erkundungsexpedition von 1921, hatte sein Vater den Berg von genau derselben Stelle auf diesem Pass erblickt. Gebetsfahnen zeigen an, dass der Pang La für die Tibeter ein heiliger Ort ist.

DER MOUNT EVEREST, IN MONSUNSCHNEE GEHÜLLT, ERHEBT SICH 5100 METER ÜBER DEN RONGBUK-GLETSCHER.

DER FREUND UND MENTOR GEOFFREY YOUNG GAB MALLORY WEGEN SEINES REINEN,
SUCHENDEN GEISTES DEN BEINAMEN „GALAHAD" (NACH DEM GRALSRITTER).
DIESES PASTELLBILD VON MALLORY ENTSTAND UM 1909.

ERSTES KAPITEL

Als ich frühmorgens aus meinem Zelt schaute,
während unten alles noch in stählernes Grau gehüllt war,
vergoldeten die ersten Streifen der Morgendämmerung
gerade die verschneiten Gipfel des Mount Everest,
der erhaben in den Himmel ragte als die makellose Spitze der Welt.

COL. FRANCIS YOUNGHUSBAND
(1903 in Khamba Dsong während seines Einsatzes in Tibet)

DIE MAKELLOSE SPITZE

Als 1924 die Nachricht kam, dass der britische Bergsteiger George Mallory und sein Landsmann Andrew Irvine am Everest verschollen seien, war der Schock besonders groß, weil inzwischen jeder den Namen Mallory kannte. Auf der ganzen Erde hatten gewöhnliche Menschen die faszinierende Idee von einem Versuch, den höchsten Gipfel der Erde zu besteigen, in ihre Vorstellungswelt aufgenommen; beim Mount Everest Committee in London war eine Flut von Briefen mit vielfach gut durchdachten Vorschlägen für die Inangriffnahme des Vorhabens eingegangen. Zeitungen und Zeitschriften machten Furore mit Fotos, die auf dem Weg zu dem großen Berg bei der Durchquerung Tibets aufgenommen worden waren, und Lichtbildervorträge über die vorausgegangenen Versuche wurden in Städten Großbritanniens und ganz Europas veranstaltet. Mallory war mit seiner Everest-Präsentation in den ersten drei Monaten des Jahres 1922 durch die Vereinigten Staaten und Kanada gereist. Er war als Einziger bei allen drei Everest-Versuchen, die in dem Jahrzehnt unternommen wurden, dabei gewesen und hatte mit seiner charmanten Art und seinem unstrittigen Mut die Herzen der Menschen erobert. Sein Freund Col. E. F. Norton beschrieb ihn als die lebende Seele dessen,

MALLORYS GEHEIMNIS

was als „Everest-Offensive" bekannt wurde. Nach Mallorys Tod bekundete Norton seine Hochachtung für Mallory mit den Worten: „Wir sahen ihn immer als einen idealen Bergsteiger an, leicht, wendig und aktiv, begabt mit ungeheurem Tempo bergauf und bergab und ausgestattet mit dem Balancegefühl und der technischen Geübtheit auf Fels, Schnee und Eis, die nur jahrelange Erfahrung bringt." Doch mehr als das: „Wirklich groß machte ihn das Feuer in seinem Inneren, denn es bewirkte, dass sein Geist ständig seinen Körper in einem Ausmaß beherrschte, so dass ich ihn mir kaum in einem Zustand der Erschöpfung vorstellen kann, obwohl ich oft mit ihm kletterte."

Mallory stand kurz vor seinem achtunddreißigsten Geburtstag, als er starb, und Irvine war gerade zweiundzwanzig. Als man in der Zeit nach dem Weltkrieg 1914–1918 Teams für diese frühen Expeditionen aufzustellen versuchte, herrschte Mangel an jungen Bergsteigern; in allen Schichten der Bevölkerung waren viele junge Männer gefallen oder verkrüppelt, und der Kreis der Bergsteiger bildete hier keine Ausnahme. Das Durchschnittsalter der ersten Männer, die zum Everest auszogen, betrug etwa vierzig Jahre. Irvine war der Erste aus der Nachkriegsgeneration. Es fehlte ihm zwar an Bergerfahrung, aber man wählte ihn wegen seiner Jugend und Kraft – „unser Versuch, wenigstens einen Supermann zu bekommen", schrieb Mallory –, und man stellte ihn als das „Experiment" des Teams vor. Mallory, der vielen Jugendlichen ihre ersten Kletterkostproben ermöglichte, nahm Irvine von Anfang an unter seine Fittiche. Die beiden freundeten sich auf dem Schiff nach Indien an, von wo aus George nach Hause schrieb, ihm erscheine Irvine als „sensibel und nicht nervös ... jemand, auf den man sich in allem verlassen kann, ausgenommen vielleicht die Konversation".

Mallorys Abenteuerlust hatte sich bereits früh gezeigt. Der lebhafte Junge, der gegen Ende der

Mallory, ebenso sehr Intellektueller wie Abenteurer, versenkte sich in Cambridge in die Klassiker; er gab das Klettern in den Alpen auf, um einen akademischen Grad zu erlangen. Während der langen Nächte im Lager am Everest erörterte er gern große Schriftsteller und ihre Werke — mit jedem, der dazu bereit war.

Herrschaft von Königin Victoria im ländlichen England aufwuchs, hatte endlos Möglichkeiten zu gewagten Taten gefunden. Bäume, Abflussrohre und Dächer mussten erklettert, Bäche übersprungen werden. Der überlieferten Familienkunde zufolge wechselte in Mallorys Leben eine Eskapade die andere ab. Als er etwa acht war, beschloss er während eines Urlaubs am Meer, auf einem bestimmten Felsbrocken sitzen zu bleiben, während die Flut hereinkam. Der Tag war stürmisch, und die unruhige See, die zwischen den Felsen rund um George brodelte und wogte, schnitt ihn bald vom Land ab. Seine beunruhigte Großmutter, die weiter oben an der Küste stand, erkannte klar, dass sein Sitzplatz in Kürze überspült würde. Sie rief um Hilfe. Ein Mann in einem Boot konnte den Jungen retten. Jahre später, kurz nachdem Mallory auf dem Everest verschwunden war, meldete sich der Mann wieder und erzählte, wie gut er sich an den gelassenen kleinen Burschen erinnerte, der überhaupt nicht in Panik geraten war.

Diesen Abenteuergeist, den in gewissem Maß auch seine Geschwister besaßen, hatten die Mallory-Kinder von ihrer Mutter geerbt. Annie Beridge Jebb, die Tochter eines Geistlichen mittleren Alters aus Derbyshire und seiner jüngeren zweiten Frau, kam auf die Welt, nachdem ihr Vater an Tuberkulose gestorben war. Die heranwachsende Kleine war furchtlos, zu Scherzen aufgelegt und eigensinnig. In dem Bemühen, ihre Kühnheit zu dämpfen, bestand ihre Mutter darauf, dass sie an den Sonntagen zweimal in die Kirche ging und an den Samstagen, als sie alt genug war, in die Sonntagsschule. Als Folge davon fand Annie zu einem starken, einfachen

Glauben, der nie wankte. Sie war hübsch und impulsiv („ich schaffte es immer, Jungen und Hunde zu Dummheiten zu verleiten", verriet sie ihren Enkelkindern), und sie zählte noch keine achtzehn Jahre, da war sie bereits mit dem gütigen, sanftmütigen Herbert Leigh Mallory verlobt. Dieser, Student am nahe gelegenen theologischen College, war das zweite Kind des Pfarrers von Mobberley und dazu ausersehen, später in die Fußstapfen seines Vaters zu treten. Die beiden heirateten sogleich, nachdem Herbert zum Priester geweiht worden war. 1885, nach dem Tod seines Vaters und ein Jahr vor George Mallorys Geburt, übernahm Herbert die Kirche und die Pfarrgemeinde von Mobberley.

George, das zweite Kind und der älteste Sohn von Herbert und Annie, war ein ungewöhnlich hübscher Junge, unbekümmert und ein Held für seine beiden Schwestern, die um seine Aufmerksamkeit wetteiferten. Es machte immer großen Spaß, mit George etwas zu tun, erinnerte sich seine jüngere Schwester Avie; er verstand es, Unternehmungen aufregend zu gestalten — und oft ziemlich gefährlich. „Ich kam sehr schnell dahinter, dass es tödlich war, zu ihm zu sagen, er könne unmöglich irgendeinen bestimmten Baum besteigen. 'Unmöglich' war ein Wort, das auf ihn als Herausforderung wirkte. Als er einmal zu mir sagte, es sei ganz einfach, sich zwischen die Eisenbahnschienen zu legen und den Zug über sich wegfahren zu lassen, blieb ich ruhig, als sähe ich nichts Besonderes dabei; andernfalls hätte er es getan, fürchtete ich. Er stieg oft ... mit katzenhafter Trittsicherheit auf dem Dach herum."

George gewann ein Mathematik-Stipendium am Winchester College und zeichnete sich dort bei Spielen und im Turnen aus. Als sein Internatslehrer ihm während der Schulferien von 1904 die Gelegenheit zu einer Reise in die Alpen anbot, flehte er seine Eltern an, ihn mitfahren zu lassen. Es war der Sommer, in dem George achtzehn wurde. Er und ein Freund durften den Lehrer Graham Irving ins

MALLORYS GEHEIMNIS

1913 machte Mallory (rechts) in den Weihnachtsferien eine Erstbesteigung am Lliwedd in Nordwales und ließ sich dann mit seinem Kletterpartner Siegfried Herford in Pen-y-Pass fotografieren. Bei Wanderungen in den walisischen Bergen mit der Freundin Cottie Sanders und ihrem Bruder Jack (gegenüber) benutzte Mallory einen langen Pickel, eine gute Vorbereitung auf seine Everest-Jahre. Von frühester Jugend an schien George entschlossen, auf alles zu klettern, was in Sichtweite war, wie seine Schwester Avie erzählte.

Gebirge begleiten. Dies war für Mallory der Beginn eines lebenslangen Abenteuers. Im folgenden Jahr nahm Irving ihn wieder in die Alpen mit, diesmal zusammen mit mehreren Neulingen. Einer davon, Guy Bullock, beeindruckte alle mit seiner Ausdauer und seinem gesunden Menschenverstand. „Ein zäher Bursche, der nie den Kopf verlor und jedes Maß an unsanfter Behandlung aushielt", bezeugte Mallory später, als Kandidaten für den Everest gesucht wurden.

Kurz nach der Rückkehr aus der Schweiz ging Mallory nach Cambridge. Es dauerte mehrere Sommer, bis er wieder in die Alpen konnte. Er hörte Geschichte am Magdalene College, wo sein Studienleiter Arthur Benson sein Talent zum Schreiben und Debattieren förderte. Ein Freund von ihm, David Pye, erinnert sich an den Mallory der damaligen Zeit als sehr streitsüchtig: „ein überaus hartnäckiger und sogar höhnischer Argumentierer, der es fertig brachte, sich geringschätzig und verächtlich auszudrücken und seine Meinung plötzlich zu ändern". Pye räumte ein, dass dies Jugendfehler gewesen seien, aus einer Begeisterung geboren, die damals die Oberhand über seinen angeborenen Sinn für Humor erlangte, und er fügte hinzu, es sei auch nicht immer leicht gewesen, Mallory in der Konversation zu folgen. Mallory neigte dazu, unvermittelt Sätze hervorzusprudeln, so dass „vielen Wörtern dabei die Flügel gestutzt wurden". Trotz allem lag in seiner Streitlust keine Feindseligkeit. Wenn die Debatte endete, waren alle Differenzen vergessen, und George war wieder der alte warmherzige Mensch. Er gewann gern Freunde, liebte die Konversation und schloss oft in der Eisenbahn oder anderswo Bekanntschaften, aus reiner Freude daran, neue Menschen, neue Ideen und neue Sehweisen kennen zu lernen.

Mallory spielte vielleicht keine tragende Rolle in dem engen Kreis, der sich in Cambridge um den Dichter Rupert Brooke geschart hatte, „die Neo-

MALLORYS GEHEIMNIS

Heiden", wie Virginia Woolf diese Clique titulierte, aber er und Brooke waren beinahe Altersgenossen und hatten enge gemeinsame Freunde, unter anderem in James und Lytton Strachey, Maynard und Geoffrey Keynes, den Pyes (David und seine Schwestern) sowie Jacques Raverat. Alle beide besuchten die Abendgesellschaften des Bibliothekars Charles Sayle in Cambridge, und dank ihrer gemeinsamen Interessen (Fabian Society, literarische Fragen, Amateurtheater) sahen sie einander während ihrer sich überschneidenden Jahre an der Universität regelmäßig. Brooke machte 1912 gegenüber einem seiner vertrauten Freunde die Bemerkung, er möge Mallory "ziemlich gern", habe aber im allgemeinen "in seiner Gegenwart ein unbestimmtes Gefühl – als sei ich vorübergehend irgendwie dumm". Als Rupert Brooke 1915 auf der griechischen Insel Skyros starb, schrieb George: "Es erscheint so ungerecht, und irgendwie ist es ein Schlag unter die Gürtellinie. Er war ein liebenswerter Mensch, außerdem hatte er Talente. Ich glaubte nie recht, dass er das Zeug zu einem großen Dichter hatte, aber vielleicht wäre er doch einer geworden."

Diese frühen Jahre der Regierungszeit Edwards VII. waren eine Zeit voller Erregung und Energie. In Cambridge herrschte eine Stimmung der Innovation und des Idealismus, eines Abschüttelns der viktorianischen Gedanken und Fesseln; es war eine Zeit künstlerischer Expression und freien Forschens. Die Neo-Heiden widmeten sich dem Vergnügen und dem Freundschaftskult; sie hingen dem "einfachen Leben" an, liebten es, im Freien zu sein, nackt zu baden, unter den Sternen zu schlafen, doch ihr Hedonismus wurde bald von ihrem sich entwickelnden sozialen Gewissen gebändigt. An ihren Leseveranstaltungen und Lustbarkeiten beteiligte Mallory sich nur am Rande – im Grunde zog er ernste Diskurse mit älteren Freunden vor –, aber er teilte ihren Appetit auf politische Informiertheit und Reform. Die Universitätsabteilung der Fabian Society wurde 1906 gegründet, und Mallory trat ihr

bei – sehr zum Missfallen seines Vaters. Der Fabianismus selbst machte zu jener Zeit unter dem Einfluss von H. G. Wells und seinem "konstruktiven Sozialismus" eine Umwälzung durch. In Wells' schöner neuer Weltordnung sollte jeder Mensch "die Gaben einbringen, die er als Künstler hat, als Schriftsteller, als Macher irgendeiner Art, um die Konzeption eines zivilisierten Lebens auszuweiten und weiterzuentwickeln". Diese Philosophie sprach Mallory an, der damals überlegte, ob er Nachfolger seines Vaters in der Kirche werden sollte, aber das freie Denken nicht zugunsten der religiösen Orthodoxie aufgeben wollte. Er erwog, Bildung als Beruf zu wählen.

Im September 1907 verbrachte Mallory zusammen mit Geoffrey Keynes und Hugh Wilson zehn Tage in Nordwales, wo sie kletterten und in Bergbächen badeten. Alle drei fragten sich bei der Rückkehr, ob sie je wieder solche Wonnen erleben würden. Im August des folgenden Jahres nahm George seinen kleinen Bruder Trafford in die Berge mit. Inzwischen war die Familie von Mobberley nach Birkenhead übersiedelt – eine sehr plötzliche Entscheidung, die anscheinend getroffen worden war, weil Mutter Annie sich zu jemand anderem im Dorf hingezogen fühlte. In Birkenhead konnten die beiden Brüder vom Pfarrhaus mit den Fahrrädern losziehen. Ihre Mutter bekam von ihnen einen Brief aus Nordwales, wo sie am River Llugwy in einem Kuhstall hausten. Trafford (inzwischen sechzehn) schrieb: "Man kann herrlich baden zwischen den Felsen, es gibt da eine Stelle, wo man sich hineinsetzen kann und die glatt und bequem ist wie eine Wanne, und das Wasser reicht einem bis zur Mitte der Brust. Es ist so absolut großartig hier, dass ich keine Worte finde, um es zu beschreiben, also wird George den Stift übernehmen."

George fuhr fort: "Trafford will tatsächlich etwas machen, was er Bettprobe nennt! Und ahh! Was für Betten! Einige Fuß Heu mit Decken darauf –

DIE MAKELLOSE SPITZE

Die drei Expeditionen nach Tibet und die Vortragsreise durch die Vereinigten Staaten hielten George von seiner Frau Ruth und den drei Kindern fern, doch er brachte seinen Töchtern Clare (rechts) und Berridge sowie seinem Sohn John unendliche Liebe entgegen.

keine Matratzen können das schlagen." Die beiden hofften, ihre Schwestern erhielten die Erlaubnis, zu ihnen zu kommen. „Wir haben vor, auf unbestimmte Zeit zu bleiben", schrieb George. „Wir können die Hütte unterteilen." Einige häusliche Bequemlichkeiten fehlten ihnen aber doch in ihrem idyllischen Leben, und so fügte George hinzu: „Wenn du die Hemden schickst, hätten wir gern einen zweiten Zinnbecher, den wir hier nicht kriegen. Die Waliser sind sehr nett und gastfreundlich, und die meisten Dinge können wir uns leicht beschaffen. Ein selbstgebackener KUCHEN wäre sehr erfreulich."

Wie es für 1908 kaum überrascht, durften die Mädchen nicht zu ihren Brüdern fahren. Man vermutet, dass George etwa zu dieser Zeit am Lliwedd das Reibungsklettern entwickelte. Später in diesem Jahr kletterten er und Geoffrey Keynes im Lake District, wobei sie einige neue Routen am Gable Crag fanden. 1909, in seinem letzten Jahr in Cambridge, wurde George dem Kletterer Geoffrey Winthrop Young vorgestellt, der zeitlebens sein Freund und Mentor bleiben sollte. Das Klettern bekam für Mallory nun eine viel größere Bedeutung, nicht nur als aktive Erholung, sondern in seinem Bewusstsein.

Young, zehn Jahre älter als Mallory, hatte eine schöne Zahl neuer Routen in den Alpen zu Buche stehen, die sich durch ihre Qualität und ihren ästhetischen Reiz auszeichneten; er war berühmt wegen seiner vielen Tage in den Bergen. Ungeachtet dessen, dass Young einen komplizierten Charakter hatte und die verschiedenen Bereiche seines Lebens

MALLORYS GEHEIMNIS

nur in ein instabiles Gleichgewicht zueinander brachte, war er ein leidenschaftlicher Freund und ein inspirierender Lehrer. Er lud Mallory über die Ostertage ein, an einer seiner legendären Zusammenkünfte in Pen-y-Pass in Nordwales teilzunehmen – wo es um Talent, Kongenialität und widersinnige Aktivität ging. Liebe zum Klettern war keineswegs eine Grundvoraussetzung bei den Eingeladenen, denn Young sah sich vor allem als Missionar, als Werber für seine geliebten Berge und für eine kultivierte, die Generationen überspannende Kameradschaft. Die Abende verbrachte man mit Theaterspielen, Singen und Wettkämpfen. Zu den Gästen zählten Schul- und Universitätslehrer, Wissenschaftler, Historiker, Veteranen, Sportler, noch nicht graduierte Studenten, junge Protégés, aber – zumindest am Anfang – kaum Frauen. Nach Tagen in den Bergen, an denen die Männer viel Kraft aufwandten, entspannten sie sich in Sitzbädern um einen glühenden Ofen, riefen dem Hotelpersonal zu, die Stafette mit frischem heißem Wasser nicht zu unterbrechen. „Unvergesslich sind die endlosen Erörterungen der Einzelheiten des Kletterns von Badewanne zu Badewanne", schrieb Young, „...und wie George Mallory oder der junge George Trevelyan aufsprangen, um langsame Kreise über dem Dachbalken zu drehen – bis Lobes- und Protestgebrüll sowohl die heißen Eimer als auch die Stiefel in Schwierigkeiten brachten."

Zwei Jahrzehnte lang stand Young seiner „Berggesellschaft" vor, die im Lauf der Zeit, weil sich nach dem Ersten Weltkrieg seine familiäre Situation und die seiner Freunde änderte, mehr Frauen und sogar Kinder in ihren Reihen sah. In den Klettertouren, die während der ersten Jahre der

Diese frühe Aufnahme vom Mount Everest machte J. Claude White während Colonel Younghusbands Einsatz in Tibet 1903 – 1904. Der Everest, der wie ein Geist über dem Horizont zu schweben scheint, war in Younghusbands Worten „die makellose Spitze der Welt".

MALLORYS GEHEIMNIS

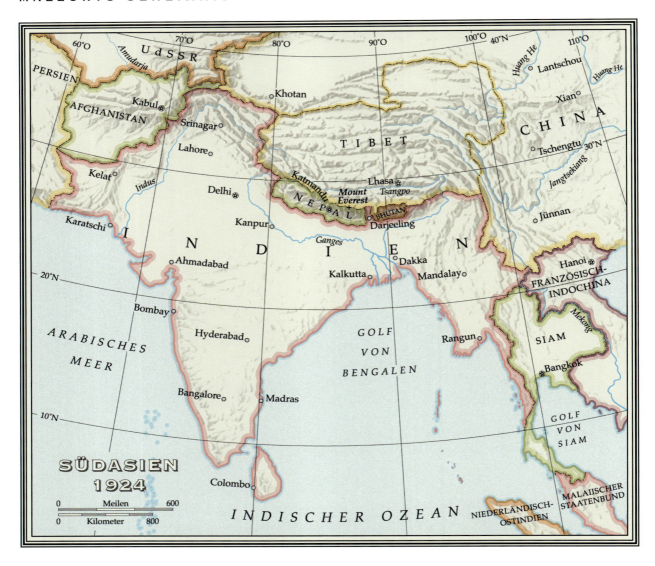

Berggesellschaft unternommen worden waren, haben viele damalige Geschichten über das Klettern ihren Ursprung. Youngs ritterliche Ideale formten den Sportsgeist, legten die Fundamente für zahlreiche ethische Grundsätze, die man mit dem Bergsteigen in Verbindung bringt. Jahre später meinte Young voll Stolz, es verrate „vielleicht etwas über das Format der Männer, die sich als Erste von der Romantik der Berge angezogen fühlten, und über die Qualität der bahnbrechenden Kletterleistungen, dass von den Bergsteigern, die nach Pen-y-Pass kamen, drei den Britischen Verdienstorden und vier den Nobelpreis erhielten, fünf Kabinettsminister, drei Peers und einer Peer auf Lebenszeit sowie fünfzehn zum Ritter geschlagen wurden und natürlich eine unbestimmte Zahl von ihnen Ehrendoktorwürden erhielten".

Mallory absolvierte die Aufnahme in die Gruppe mit einem glänzenden Sieg – er bestieg zusammen mit Edward Evans den Lliwedd auf einer neuen Route. In dem Glauben, den Großen Kamin zu machen, gerieten sie im Nebel auf plattiges Gelände und schafften eine Passage, die später als der Falsche Kamin bekannt wurde. „Er schwang sich den Fels empor mit einem langen Oberschenkel, einem angehobenen Knie und unwiderstehlichen wellenförmigen Bewegungen", schrieb Young über Mallorys Kletterstil. „Ein perfekter Körperbau und ein nachsetzender Geist vereinigten sich gleichsam zu einer Einheit von Kraft, als er losstürmte." Zu jener Zeit, wo Motorfahrzeuge selten und Karren die üblichen Transportmittel waren, kostete es viel Zeit und Mühe, zu den ferneren Felswänden des Gebirgslandes um den Snowdon zu gelangen, doch der „merkurgleiche Mallory rannte über die Gebirgsketten, nur der Chance wegen, einen schönen spitzen Felsbrocken zu finden, und kam nach Einbruch der Nacht zurück. Ein Galahad (wie er nach dem Gralsritter genannt wurde): ritterlich, unbezähmbar, die wunderbare Personifikation jugendlichen Abenteuers; dem Rotwild ähnlich an Anmut und Kraft der Bewegung, selbstsicher und doch selbstlos, dazu strahlend unabhängig". Mallory bestieg die walisischen Berge oft allein und gelangte in den Ruf der Tollkühnheit, was er für ungerecht hielt, wie auch viele seiner Freunde, die schworen, dass er dank seiner Kraft und Gelenkigkeit über eine bewundernswerte Technik verfüge und nie eine unbeholfene oder unüberlegte Bewegung mache.

Im Sommer 1909 fuhr Mallory in die Alpen zu Young und Donald Robertson. Die Zeit dort war, wie Young später schrieb, geprägt von einigen Vorkommnissen, die wegen mangelnder alpiner Erfahrung um ein Haar schlecht geendet hätten. Einmal vergaß Mallory, sich zu sichern, als er abkletterte, und wurde auf einem schmalen Stand von einem Geräusch Robertsons überrascht, der hinter ihm vom Fels rutschte. Robertsons Fall wurde von dem Seil zwischen ihm und Young gebremst, der erstarrt zuschaute, wie Mallory sich auf seiner nur „einen Fuß breiten Eiskerbe" umdrehte, in der Überzeugung, der Freund werde auf den Gletscher darunter stürzen. Die Sicherheit eines Seils bedeutete Mallory wenig, er war so „trittsicher und so geschickt darin,

sich zu fangen, wie die sprichwörtliche Gams". Einen oder zwei Tage später jedoch stürzte Mallory gegen Sonnenuntergang ernstlich, und zwar auf den arg vereisten Felsen am jungfräulichen Südostgrat des Nesthorns. Von einem Felssims am Fuß eines dunklen Turms, der den Zustieg zum Grat versperrte, suchte er einen Weg nach oben. „Soweit ich sehen konnte", schrieb Young später, „hatte er überhaupt keine richtigen Griffe, aber er kämpfte sich prächtig aufwärts. Schließlich sah ich nur noch seine beiden Stiefel an dem Felsüberhang, der mir die Sicht auf alles andere verbaute. Die Stiefel klammerten sich fest, katzenhaft, lange Sekunden hindurch, an fast nicht zu erkennende Unregelmäßigkeiten in den Wänden." Young straffte instinktiv das Seil, bereit zu „springen", sollte Mallory den Halt verlieren. Und dann, als Mallory mit einem turnerischen Schwung einen Überhang zu überwinden versuchte, stürzte er. Young sah die Stiefel von der Wand wegfliegen und bemerkte, dass ein grauer Streifen an ihm vorbei nach unten schoss, aus seinem Gesichtsfeld hinaus. „Der freie Fall kann kaum weniger als zwölf Meter betragen haben", vermutete er. Doch das Seil hielt, es federte wie ein Gummiband, als Young sich auf die Sicherung warf und das Seil mit den Händen zu bremsen versuchte. „Erst konnte man nichts tun als halten und die Pendelbewegung beobachten... Meine ersten vorsichtigen Rufe blieben unbeantwortet. Dann kam, aus dem Nirgendwo, ein ruhiger Ruf: 'Seil nachlassen!'. Mallory war unverletzt, völlig ruhig und hatte nicht einmal seinen Eispickel verloren."

Mallory ging von Cambrige mit einem niedrigeren akademischen Grad ab, als er gehofft hatte. Einen großen Teil der Verantwortung dafür übernahm jedoch Benson, der sagte, er habe Mallory ermutigt, zu lesen und Essays zu schreiben — auf Kosten des strikten Festhaltens am Studienplan. Nach einigen kurzfristigen Anstellungen und einem Aufenthalt

VIEW FROM DARJEELING OF DEODHUNGA, THE HIGHEST MOUNTAIN IN THE WORLD, LATELY MEASURED BY CO[
DRAWN BY S. READ, FROM A SKETCH BY CAPTAIN W. S. SHERWILL.—(SEE NEXT PA[

DIE MAKELLOSE SPITZE

S. WAUGH, HEIGHT ABOVE THE SEA, 29,002 FEET.

in Südfrankreich, wo er sein Französisch vervollkommnete, nahm Mallory eine Stelle als Hilfslehrer an der Charterhouse School in Godalming im ländlichen Gebiet von Surrey an.

Lehrer wurde Mallory aus Überzeugung. Er war zwar mit der Public-School-Ethik nicht einverstanden, glaubte aber fest an die kultivierende Kraft der Erziehung und hoffte, dass aus der Geschichte etwas gelernt werden könne, wenn er die Jugendlichen ermutige, selbst zu denken. Er gliederte Weltgeschehnisse, zeitgenössisches Denken, Kunst, Poesie und Literatur in seinen alltäglichen Unterricht und in außerschulische Aktivitäten ein. Wenn es die Wochenenden und die Ferien zuließen, reiste er viel, um Verbindung mit seinem wachsenden Freundeskreis zu halten; er plante ziemlich komplizierte Strecken, um möglichst viele der Freunde zu besuchen. Und diese waren immer bei ihm an der Schule willkommen. Jene Jahre waren geprägt von seinem stärksten Engagement in der literarisch und künstlerisch orientierten Bloomsbury Group um Virginia Woolf, wo für ihn der Maler Duncan Grant zu einem ganz speziellen Freund wurde.

Die Landschaft von Surrey begeisterte ihn mit ihrem prächtigen Grün. An seinen Bergfreund Cottie Sanders schrieb er: „Himmel, ist das schön hier herum, vor allem weil ich viele herrliche Nächte unter den Sternen verbringe." In diesem Sommer (1911) fuhr er mit seinen alten Freunden Graham Irving und Harry Tyndale in die Alpen. Der Höhepunkt war dort die Besteigung des Mont Blanc vom Col du Géant aus mit Überschreitung des Mont Maudit. Nach dieser denkwürdigen Tour, wahrscheinlich erst der dritten Begehung der Route, entstand einer seiner besten Essays für *The Alpine Journal*. Süffisant erklärte er Geoffrey Young in einem Brief, dieser Essay sei im Alpine Club (Alpenverein) von einem Mitglied zum anderen gegangen, und nie-

„Blick von Darjeeling auf den Dheodhunga". 1857 trug der höchste Gipfel der Welt noch nicht den Namen Everest.

MALLORYS GEHEIMNIS

mand habe gewusst, was man davon halten sollte. „Ich fürchte, er ist ein wildes Stück Arbeit: der Versuch, eine Expedition als spirituelle Erfahrung zu behandeln und viel über Geisteszustände, aber sehr wenig über die physischen Details zu bringen."
Der Essay endet (auf der Kuppel des Mont Blanc): „Haben wir einen Feind besiegt? Keinen außer uns selbst. Haben wir Erfolg errungen? Dieses Wort bedeutet hier nichts. Haben wir ein Königreich gewonnen? Nein – und ja. Wir haben höchste Befriedigung erlangt – ein Schicksal erfüllt... Zu kämpfen und zu verstehen – nie dieses Letztere ohne das Andere; so lautet das Gesetz..."

George hatte sich am Charterhouse eingerichtet und war recht zufrieden; allerdings sagten Freunde später, seine Talente seien dort zu einem gewissen Grad vergeudet worden. Godalming erwies sich als Kultur-Oase, die ihm behagte. Anfang 1914, als er in einem von Amateuren aufgeführten Theaterstück mitspielte, lernte George Mallory die Turner-Schwestern kennen, die von der Schule aus gesehen jenseits des Flusses wohnten: in Westbrook, einem schönen Haus auf einer Anhöhe westlich der Stadt. Marjorie, Ruth und Mildred waren die Töchter von Thackeray Turner, einem Architekten, einst Kollege und Freund des großen Designers, Kunsthandwerkers und Sozialreformers William Morris. Ihre Mutter, Mary Turner, war vor sieben Jahren gestorben. Turner hatte Westbrook selbst gebaut, im Stil von Lutyens, ein großes, luftiges Haus mit reicher Kiefernholztäfelung. Mallory war bald ein regelmäßiger Gast in dem Haus – offensichtlich, um die Mädchen zu besuchen, aber ebenso, um mit dem alten Herrn zu plaudern oder Billard zu spielen. Er hatte angefangen, in der Schule regelmäßig Kunstvorträge zu halten, und es begeisterte ihn natürlich, aus erster Hand Neues über die Bewegung in Kunst und Kunsthandwerk zu erfahren; außerdem lernte er damals durch Duncan Grant viel über die Nachimpressionisten.
Für die Ostertage dieses Jahres wurde Mallory von

Der Gipfel des Everest war zwar von Darjeeling aus mit dem Fernrohr zu sehen – zwischen seinen Nachbarn Lhotse, links, und Makalu, rechts –, aber seinen massigen Rumpf verbarg er. Die einzige Möglichkeit, einen Weg auf den Gipfel zu suchen, bestand darin, hinter die Gebirgsbarrieren vorzudringen und sich den Berg aus der Nähe anzusehen.

den Turners eingeladen, mit ihnen eine Woche in Venedig zu verbringen. Er ergriff die Gelegenheit nur zu gern, denn sie fügte sich ideal in seinen Plan ein, sich mit George Trevelyan und Will Arnold Foster zu einer Wanderwoche in den Apenninen zu treffen. Italien war eine Wonne, und an einem Tag auf einer Blumenwiese über Asolo gestanden George und Ruth, die mittlere Turner-Tochter, einander ihre Liebe.

„Ich verlebte eine wunderbare Zeit in Venedig", schrieb er seiner Schwester Avie, „und verließ es mit großem Bedauern." In der Wanderwoche fand er genügend Zeit, über die „furiose Revolution" nachzudenken, die in ihm vorging. Binnen einer Woche nach der Heimkehr waren George und Ruth verlobt. Die Hochzeit wurde für Juli anberaumt. Er schrieb hingerissen an seine Mutter: „Sie ist überaus brav und mutig und treu und süß. Was kann ich mehr sagen!"

Ruth Turner war eine „Botticelli-Schönheit", wie George sich ausdrückte: ein rundliches, ruhiges Gesicht mit riesigen kobaltblauen Augen, umrahmt von blondem Haar, das sie in einfachem präraffaelitischem Stil trug, einem um den Kopf gelegten Zopf. Sie war so gänzlich ohne Arg und Gekünsteltheit. George konnte es gar nicht erwarten, Young seine Braut vorzustellen. „Bitte komm", drängte er ihn. Young kam sofort – und war beeindruckt. Er habe noch nie jemanden kennen gelernt, meinte er, der eine solche Ausstrahlung von Wirklichkeit verbreitete. „Großartig ist es, einfach groß – dieses Wesen." Glücklich für seinen Freund, sagte er zu ihm: „Ich könnte jauchzen."

DIE MAKELLOSE SPITZE

Georges Vater vollzog die Trauung, Geoffrey Young war Trauzeuge. Die Gäste fanden übereinstimmend, das glückliche Paar sei „zu schön, um wahr zu sein". Leider mussten die geplanten Flitterwochen in den Alpen gestrichen werden. In Europa war Krieg ausgebrochen, deshalb gingen die Jungvermählten zum Wandern nach Devon und Sussex, wo sie eine Nacht am Strand kampierten – und unter dem Verdacht, deutsche Spione zu sein, kurz inhaftiert wurden.

Wegen seines Berufs als Lehrer wurde George nicht eingezogen. Während des Jahres 1915, als die beiden sich in einem neuen Haus einrichteten und Ruth ihr erstes Kind – Clare – erwartete, war George glücklich und zufrieden, aber voll schlechten Gewissens. Je mehr Zeit verging, desto ruheloser wurde er, besonders als Freunde und ehemalige Schüler an der Front ihr Leben ließen. Er wollte in die Uniform schlüpfen. Es war ihm gleichgültig, ob man ihn ins Fliegerkorps oder zu den Marinefliegern der Royal Navy steckte oder an einen Schreibtisch in der Admiralität setzte. Sein Schulvorstand weigerte sich jedoch, seinen Weggang zu genehmigen. Anfang 1916 wurde für ihn ein Ersatz an der Schule gefunden, und er konnte seine Ausbildung zum Leutnant der Königlichen Garnisonsartillerie beginnen. Am 4. Mai setzte er nach Frankreich über.

Plötzlich wurde alles wirklich, obwohl er anfangs an einem „ruhigen" und sehr geschützten Ort postiert war. Die Trennung von Ruth tat weh. „Lass mich hören, dass Du irgendwie glücklich bist, meine arme, liebe Ruth", schrieb er an seinem

DIE EVEREST-EXPEDITIONEN VON 1922 UND 1924 FOLGTEN NAHEZU UNVERÄNDERT DER ANMARSCHROUTE, DIE FÜR DIE ERKUNDUNGSEXPEDITION VON 1921 ERSTELLT WURDE.

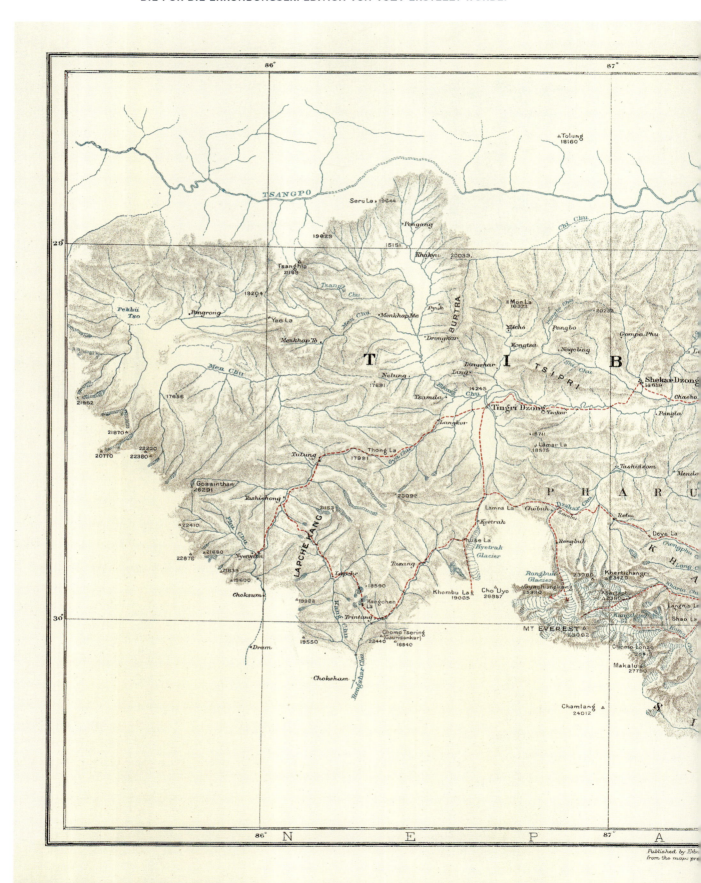

DIE ABBILDUNG ZEIGT DIE HISTORISCHE VORBEREITUNGSKARTE DES MOUNT EVEREST COMMITTEE.

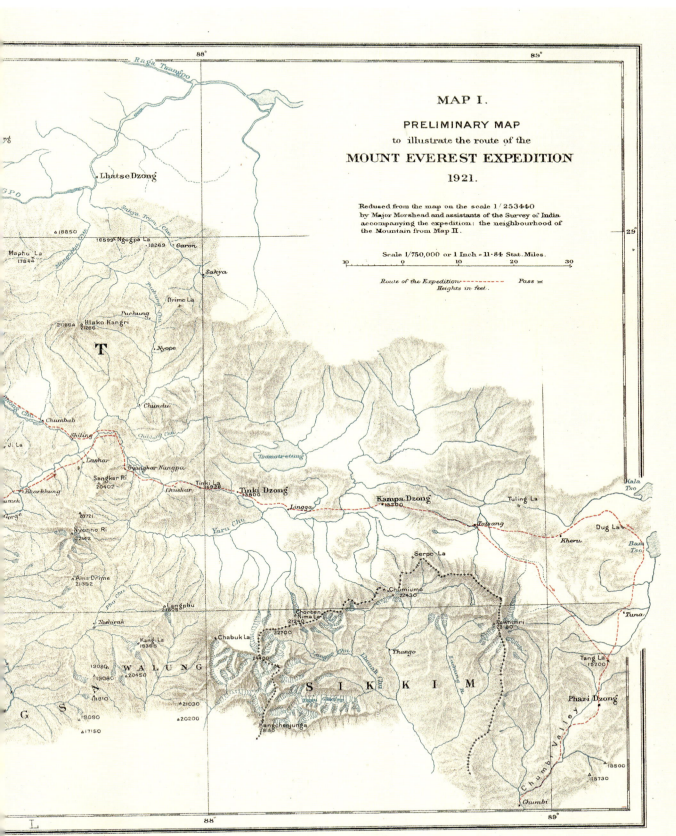

MALLORYS GEHEIMNIS

ersten Abend im Ausland. „Ich rechne damit, dass unsere Gesichter in der Nacht zusammenfliegen und sich auf halbem Weg zwischen Frankreich und England küssen werden."

Die feldzugmäßige Seite des Soldatenlebens gefiel George. Er beschrieb seinen Unterstand und stellte ihn als recht gemütlich dar mit dem Munitionskastentisch, dem Bretterboden, der Schnur als Wäscheleine. Durch das glänzende, schwarze Dach tropfte es, aber er besaß einen Koffer für seine Schätze, berichtete er Ruth, nur das kleine Buch mit *Romeo und Julia, König Lear, Hamlet* und *Othello* hatte er gewöhnlich in der Tasche stecken. Alle drei Tage wurde auf der Wiese dahinter ein Bad bereitet. „Nein, ich langweile mich nicht und habe nicht die Absicht, es je zu tun", und wenn ihm auch die feuchte Erde zusetzte, fand er die ganze Lebensweise irgendwie „verjüngend". Ruths Familie hänselte sie, als dieses Wort die Runde machte: „Vater sagte, wenn Du jünger würdest, wisse er nicht, wo das hinführe. Und Marjorie meinte, ich sollte Dich auf dem einen Arm wiegen und Clare auf dem anderen. Sie sind doch zu albern!"

Natürlich gab es härtere Realitäten und Zeiten, als George und seine Kameraden unter schweren Beschuss gerieten. Zu seiner Erleichterung stellte er fest, dass er beim Anblick von Toten nicht in Ohnmacht fiel oder schwach wurde, sondern die Nerven behielt, die Fassung bewahrte und tun konnte, was er tun sollte. „Aber ach! Dieser Jammer!" schrieb er. „Und die Wut, die mich auch manchmal packt, wenn ich Leichen sehe, die unverzeihlicherweise nicht beerdigt worden sind." Im August bekannte er, dass er einmal nur mit knapper Not heil davongekommen war, es aber zuerst Ruth nicht habe sagen wollen. „Wir hatten uns doch vor langem darauf geeinigt, dass mit dem Tod nicht zu rechnen ist. Aber jeder hier draußen, der irgendwo in die Nähe der Kampflinie gerät, kommt manchmal nur knapp mit heiler Haut davon und das kann einem eine Million oder ein Dutzend Male passie-

ren. Dies quält mich manchmal Deinetwegen, Liebes."

An Weihnachten bekam George ein paar Tage Urlaub, der zwar zu kurz war, aber „mehr war, als ich je erträumte", wie er Ruth sagte. Bei seiner Rückkehr an die Front stellte er voll Verwirrung fest, dass er neue Pflichten hatte. „Man sagte mir, ich müsse mich um den Oberst kümmern, aber verdammt noch mal, ich bin kein Diener. Ich habe eine wunderbare Art, das Salz zu reichen und Whisky anzubieten – also kurz, es ist eine 'leichte' Arbeit, sehr ruhig und sicher in einer kleinen Kalksteinsenke unweit der Batterien." Ende Januar bot man ihm die Möglichkeit, sich um einen Posten im Stab zu bewerben, doch wie er Ruth schrieb: „Ich glaube nicht, dass ich Stabsoffizier sein könnte... Irgendwie scheinen die nicht zur Welt des Krieges zu gehören, ausgenommen die großen Tiere." Bald danach wurde George nach Hause geschickt, um eine alte Knöchelverletzung operieren zu lassen, die ihm zunehmende Schwierigkeiten machte. Er hatte den Knöchel 1909 gebrochen, als er beim Klettern gestürzt war, und ihn nicht behandeln lassen. Jetzt heilte der Knöchel zufriedenstellend. Im August konnte George ihn bei einem kurzen Urlaub in Schottland auf die Probe stellen, bevor er sich in einem Heereslager unweit von Winchester meldete, um darauf zu warten, abkommandiert zu werden. An den Wochenenden konnte er Ruth besuchen, bei der die Geburt ihres zweiten Kindes näher rückte. Tochter Berridge kam Anfang der dritten Septemberwoche zur Welt.

Etwa zu dieser Zeit traf die Nachricht ein, dass Geoffrey Young bei der Schlacht um den Monte San Gabriele schwer verwundet worden war und dass sein linkes Bein über dem Knie amputiert werden musste. George war entsetzt. „Das bedeutet, etwas Makelloses, Perfektes zu verderben", sagte er voller Mitgefühl mit Geoffreys Mutter. „Wir hatten einander weitere Tage zusammen in den Bergen versprochen – falls wir uns wiedersehen sollten –, und ich kann jetzt meinen Verlust nicht von dem seinen trennen."

George kehrte erst in der zweiten Septemberhälfte nach Frankreich zurück, für die letzten Kriegsmonate. Es gab wenig zu tun, also blieb Zeit zum Nachdenken und Schreiben. Er wandte sich wieder seinen Ideen für eine Bildungsreform zu und dem *Book of Geoffrey*, einem Vater-Sohn-Roman, den er 1915 begonnen hatte. Außerdem träumte er von all den Bergtouren, die er machen würde, wenn wieder normale Zustände herrschten.

Während des größten Teils der Menschheitsgeschichte wusste niemand, welches der höchste Punkt auf Erden war. Schließlich aber, bei der Vermessung und Kartierung Indiens und des Himalaja im 19. Jahrhundert, als ein Gipfel nach dem anderen registriert und vermessen wurde, erwachte die Neugier, welcher von ihnen sich als höchster erweisen könnte. Es gibt eine bekannte Geschichte, der zufolge eines Tages im Jahr 1852 der bengalische Chef des Berechnungsbüros beim Survey of India zu seinem Vorgesetzten Sir Andrew Waugh gerannt kam und rief: „Sir! Sir! Ich habe den höchsten Berg der Welt entdeckt!"

Fest steht, dass sich Waugh nach ausführlicher Analyse einer Reihe Triangulationsberechnungen sicher genug war, um im März 1856 bekannt zu geben, was man beim Survey of India längst vermutet hatte: Der durch seine Survey-Nummer „Peak XV" identifizierte Berg sei „höchstwahrscheinlich der höchste auf der Welt". Durch Kollationieren der Messungen von verschiedenen Standorten erhielt man einen „ungefähren Durchschnitt" von 8840 Metern, was bestätigte, dass Peak XV den ihm am nächsten kommenden Höhenrivalen übertraf, den K2 im Karakorum, bei dem 8582 m gemessen worden waren.

Ein Berg von solcher Bedeutung brauchte natürlich statt seiner Nummer einen Namen, und ein paar Monate später schlug Waugh vor, man

solle ihn nach seinem berühmten Vorgänger im Survey of India benennen, der den Hauptteil jener Arbeit in die Wege geleitet hatte, die zur Bestimmung des großen Meridiankreises führte: Sir George Everest. Darin lag eine gewisse Ironie. Sogar Sir George selbst war nicht einverstanden, denn gemäß der regulären Survey-Politik sollten für geographische Orte lokal gebräuchliche Namen ermittelt und nicht fremde vergeben werden. Obwohl heute klar ist, dass der Berg unter dem tibetischen Namen Chomolungma, „Göttinmutter des Landes", am bekanntesten war, wird er weiterhin allgemein Mount Everest genannt.

Nachdem er einmal als Spitze der Welt erkannt war, fragten sich die Menschen natürlich, ob je ein Mann (oder eine Frau) den Fuß auf den Everest setzen würde. Man weiß, dass die amerikanische Alpinistin Miss Meta Brevoort im Sommer 1876 Informationen über den Berg sammelte. „Keine wilden Tiere zu fürchten", notierte sie voll Zufriedenheit, „kein Regen in der entsprechenden Jahreszeit, auch keine feindseligen Eingeborenen, sofern man entsprechend akkreditiert ist", doch was, so fragte sie sich, ist mit der Höhe? Sie war das Problem; 8840 Meter konnte man sich kaum vorstellen. Ein Ingenieur, aus Indien auf Urlaub, zeigte ihr an einer Wolke über dem Horizont, wie diese Höhe aus der Ferne in etwa aussah. Doch sie verzagte nicht. Der Versuch, den Everest zu besteigen, sollte ihr allerdings nicht beschieden sein: Der Tod ereilte die fünfzigjährige Miss Brevoort überraschend etwas später in jenem Jahr. Trotzdem, sie hatte vorausgesehen, wie vorteilhaft, wenn nicht notwendig es war, für ein solches Unternehmen die Unterstützung der Royal Geographical Society in London zu erlangen, die eine herausragende Position in Forschung und Wissenschaft einnahm.

In den Jahren nach 1890 entspannen sich unter Bergsteigern und Reisenden ernsthafte Diskussionen über die Probleme, die sich am Everest stellen könnten. Captain Charlie Bruce (sein dama-

IN DEN WÄLDERN TIBETS ERRICHTEN EXPEDITIONSMITGLIEDER IHRE LEINWANDZELTE UNTER DEN BÄUMEN UND BÜSCHEN.

DIE ÜPPIGE VEGETATION WAR EIN WILLKOMMENER KONTRAST ZU DER KARGEN TIBETISCHEN HOCHEBENE.

MALLORYS GEHEIMNIS

liger Rang) schlug als einer der Ersten eine Erkundung der Zugangswege zu dem Berg vor, mit dem Ziel, einen Gipfelversuch zu unternehmen. Er und der reisende Soldat Francis Younghusband schmiedeten voll Begeisterung Pläne, aber keiner von ihnen war in der Lage, ihre Träume irgendwann Wirklichkeit werden zu lassen. 1905 kam das Thema wieder zur Sprache, als bekannt wurde, dass Lord Curzon, damals Vizekönig von Indien, einen Besteigungsversuch befürwortete und gewillt war, eine Expedition mit 3000 Pfund zu unterstützen. Auch daraus wurde nichts, und zwar wegen eines Vetos des Indienministers John Morley, der die Beziehungen mit Indiens Nachbarn Tibet und Nepal für so zerbrechlich hielt, dass er es nicht wagte, um eine Erlaubnis für den Durchgang durch ihr Gebiet zum Erreichen des Bergs nachzusuchen.

Captain John Noel bat überhaupt nicht um Erlaubnis, als er ausprobieren wollte, ob man den Everest erreichen könnte. 1913 hatte er Urlaub von seinem indischen Regiment und schlich mit einem kleinen Spähtrupp von Bergbewohnern verbotenerweise über einen unbewachten Pass nach Tibet. Dann wählte er eine hoch gelegene Route, um nicht auf der großen Handelsdurchgangsstraße entdeckt zu werden; er umging die Siedlung von Khamba Dsong und gelangte bis auf etwa 60 bis 80 Kilometer an den Everest heran, bevor er von bewaffneten Posten zurückgeschickt wurde. Diesen Vorstoß hatte er zur Erkundung für eine geplante Expedition im folgenden Jahr unternommen. Leiten sollte sie Colonel Rawling, der die Unterstützung der Royal Geographical Society und des Alpine Club hatte. Der Kriegsausbruch vereitelte diese Pläne, und Rawling gehörte zu den vielen, die den Waffenstillstand nicht erlebten.

Nach außen hin gab es mit dem Ende des Kriegs kaum eine Änderung in der Haltung gegenüber Tibet. Der Indienminister zögerte weiterhin zu kooperieren, weil die Beziehungen zu Tibet gespannt waren. Außerdem fürchtete man eine

Der Leiter der Expedition von 1922, General Charles Bruce, kühlt sich im Rongpo Chu ab, einem Fluss, der dem Team auch als Schwimmbad diente.

„japanische Infiltration in dieser Richtung". Dr. T. G. Longstaff schrieb, wie „hoffnungslos frustrierend" es sei, gegen politische Zugangsprobleme zu kämpfen, und „nur Schwierigkeiten dieser Art waren es, die uns so lange daran hinderten, den Mount Everest zu erforschen und eine Besteigung zu versuchen". Doch der Drang, diese Schwierigkeiten zu überwinden, wurde immer stärker. Als Sir Francis Younghusband 1919 Präsident der Royal Geographical Society wurde, versprach er hoch und heilig, während seiner dreijährigen Amtszeit würden Vorstöße zum Everest unternommen, diesem letzten großen ungelösten Problem für Geographen und Bergsteiger.

Am 10. März erstattete Captain Noel der Society Bericht über seinen vor sechs Jahren unternommenen Versuch, den Mount Everest von Nordosten zu erreichen. Die dadurch ausgelöste Diskussion ließ keinen Zweifel an der allgemeinen Unterstützung für Younghusbands jüngste Unternehmung. Dr. Alexander Kellas bekannte, dass er sich seit vielen Jahren mit dem Problem befasste und Fotos des Zielobjekts aus möglichst vielen verschiedenen Richtungen sammelte. Er besaß zwei Bilder, die den „Nordost-Gletscher des Mount Everest" zeigten, aufgenommen von einem seiner eingeborenen Assistenten aus einer Entfernung von 40 Kilometern. Der Präsident des Alpine Club sicherte volle Unterstützung für weitere Erforschungen zu: Der Verein werde finanzielle Hilfe leisten, soweit es in seiner Macht stehe, sagte er, und er könne zwei junge Bergsteiger empfehlen, bei denen er sicher sei, dass sie mit allen bergsteigerischen Schwierigkeiten fertig würden, die sich am Mount Everest stellten. Kollegen wussten, dass er George Mallory und George Ingle Finch meinte.

GEORGE H. LEIGH MALLORY   ANDREW C. IRVINE

MITGLIEDER
DER EVEREST-EXPEDITIONEN

1921

Lt. Col. Charles K. Howard-Bury
(*Leiter*)

Harold Raeburn
(*Bergführer, aber indisponiert*)

George H. Leigh Mallory
(*faktischer Bergführer*)

Guy H. Bullock

Dr. Alexander M. Kellas

Dr. A. M. Heron
(*Geological Survey of India*)

Maj. Henry T. Morshead
Maj. Edward O. Wheeler
(*Survey of India*)

Dr. Alexander F. R. Wollaston
(*Expeditionsarzt, Naturkundler*)

Gyalzen Kazi
Chettan Wangdi
(*Dolmetscher*)

1922

Brig. Gen. Charles G. Bruce
(*Leiter*)

Lt. Col. Edward Lisle Strutt
(*stellvertretender Leiter*)

Capt. C. Geoffrey Bruce
Colin G. Crawford
C. John Morris
(*Transportoffiziere*)

George Ingle Finch

Dr. Tom G. Longstaff
(*Expeditionsarzt, Naturkundler*)

George H. Leigh Mallory

Maj. Henry T. Morshead

Maj. Edward F. Norton

Capt. John B. L. Noel
(*Fotograf, Filmkameramann*)

Dr. T. Howard Somervell

Dr. Arthur W. Wakefield

Karma Paul
(*Dolmetscher*)

Gyaljen (Gyalzen Kazi)
(*Sirdar*)

1924

Brig. Gen. Charles G. Bruce
(*Leiter, aber indisponiert*)

Lt. Col. Edward F. Norton
(*faktischer Leiter nach Bruces Erkrankung*)

George H. Leigh Mallory
(*Bergführer*)

Bentley Beetham

Capt. C. Geoffrey Bruce

John de Vars Hazard

Maj. R. W. G. Hingston
(*Expeditionsarzt*)

Andrew C. Irvine

Capt. John B. L. Noel
(*Fotograf, Filmkameramann*)

Noel E. Odell

E. O. Shebbeare
(*Transportoffizier*)

Dr. T. Howard Somervell

Karma Paul
(*Dolmetscher*)

Gyaljen (Gyalzen Kazi)
(*Sirdar*)

JELEP LA, DAS TOR ZUR TIBETISCHEN HOCHEBENE, IST AUF DIESEM AQUARELL DARGESTELLT, DAS COL. E.F. NORTON 1922 WÄHREND DES ANMARSCHS DER EXPEDITION MALTE.

ZWEITES KAPITEL

Während die Wolken vor den Anhöhen auseinander wogten, sahen wir langsam, ganz langsam die großen Bergflanken und Gletscher und Grate, hier ein Bruchstück und dort eines, durch die dahintreibenden Lücken, bis viel weiter oben am Himmel, als unsere Phantasie sich vorzustellen vermochte, ein gewaltiger weißer Hauer erschien — ein Auswuchs aus dem Kiefer der Welt — der Gipfel des Everest.

GEORGE MALLORY, 1921 (als er Gyangkar Nangpa verließ)

DIE LANDKARTE VERLASSEN

Man eröffnete ihnen, dass es zu früh für die Jahreszeit sei, um die kurze Straße zwischen Phari und Khamba Dsong zu nehmen. Die Expedition war also gezwungen, einen Umweg auf einer Route zu machen, die in großer Höhe blieb und die doppelte Zeit kostete. Auf dem letzten Streckenteil musste die Karawane einen 5600 m hohen Pass überqueren, bevor sie durch tiefe Kalksteinschluchten nach Khamba absteigen konnte. Während die Männer nacheinander in das von Mauern umschlossene Areal einzogen, das ihr Lager unter dem großartigen Berg sein sollte, kam plötzlich ein Bote mit alarmierenden Nachrichten angerannt. Dr. Kellas war bei der Überquerung des letzten hohen Passes an Herzversagen gestorben. Der Expeditionsarzt Sandy Wollaston sprang auf sein Pony und ritt das Tal hinauf, um ihn zu holen.

George Mallory war entsetzt. Kellas war der erfahrenste Himalaja-Reisende von ihnen allen und der Einzige, der nicht nur eingehend über mögliche Routen auf den Everest nachgedacht hatte, sondern auch über die ganze Wissenschaft der Akklimatisation. Er war vor mehr als einer Woche erkrankt, an Darmentzündung, wie sie gemeint hatten, doch er hatte sich wenig anmerken lassen, so dass keiner

MALLORYS GEHEIMNIS

Maultiere und Träger trotten auf einem schlechten Weg durch die tibetische Hochebene; sie transportieren Lebensmittel, Zelte und Kletterausrüstungen. Dieses Panoramabild der Expedition von 1922 veranschaulicht, wie ermüdend die vom Erkundungsteam 1921 ausgearbeitete Route über das karge Gelände war.

erkannte, wie ernst sein Zustand war. In Phari hatte man erwogen, ihn zurückzulassen, damit er sich erholen könnte, doch die Ansiedlung war trostlos und ungesund, „der unglaublich dreckigste Ort, den man sich vorstellen kann", wie Mallory fand. Deshalb hatten sie nicht darauf bestanden, dass er blieb. Seine Träger bastelten eine Art Stuhl zusammen, um ihn tragen zu können, denn zum Gehen oder zum Reiten war er nicht mehr kräftig genug. Als ihn im letzten Moment der Mut verließ und er erklärte, es sei doch gescheiter, wenn er bliebe, war es zu spät. „Der ganze Trupp, die Köche mit ihren Kochtöpfen und die Ausrüstung aller waren über die Ebene verteilt", wie Mallory in einem Brief vertraulich mitteilte. „Es wäre zu schwierig gewesen, den Plan zu ändern, so dass man nun Kellas überredete mitzukommen."

Vor Khamba war kein Halt mehr möglich, aber wenn bei Kellas bis dahin keine Besserung eintrat, konnte man ihn von dort nach Sikkim transportieren. „Um es mal so zu sagen, wir verabschiedeten ihn, aber keiner von uns begleitete ihn", schrieb Mallory, „und er traf etwa zwei Stunden nach uns anderen im Lager ein." Rückblickend sieht dies gefährlich nach einer Vernachlässigung durch die anderen aus, und Mallorys Gewissensbisse sind auch klar zu erkennen: „Kann man sich etwas Mieseres vorstellen als eine Bergsteigergruppe? Er starb, ohne dass einer von uns bei ihm war. Trotzdem, die Situation war schwierig. Der alte Herr (als solcher erschien er) musste sich unterwegs mehrere Male zurückziehen und konnte es nicht ertragen, in seiner peinlichen Lage gesehen zu werden, also

DIE LANDKARTE VERLASSEN

bestand er darauf, dass alle vor ihm gehen sollten. Ist man erst einmal vorn, wartet man an staubigen Stellen der windigen Ebene nicht lange; und nach unserer anfänglichen Besorgnis verweilte dann keiner von uns mehr, um auf Kellas zu warten. Schließlich konnte man nichts für ihn tun..."

Der Tod des Arztes war eine Katastrophe. Nicht nur wegen des Verlustes eines prächtigen, unkonventionellen Mannes, den Mallory unbedingt hatte besser kennen lernen wollen, sondern auch wegen seines einmaligen Erfahrungsschatzes. Kellas war der weltweit führende Spezialist, was Höhenkrankheit und die Müdigkeit betraf, die in Hochlagen bekanntermaßen die Leistung beeinträchtigen. Sieben Sommer hindurch hatte er Kashmir, Sikkim und den Garhwal-Himalaja bereist und dort Berge bestiegen; außerdem hatte er, wie allgemein zugegeben wurde, als Erster die Überlegenheit von Sherpas bei harten Forschungsaufgaben erkannt. Drei der großen sikkimischen Gipfel, die man von Khamba

Dsong am Horizont sieht, hatte er als Erster bestiegen: Chumiomo, Pawhunri, Kangchenjhau. Er hatte zusammen mit dem gefeierten Wissenschaftler Professor Haldane Experimente in Druckkammern durchgeführt und Tests mit in Flaschen abgefülltem Sauerstoff als Steighilfe begonnen, eine Arbeit, die er auf dieser Expedition fortsetzen wollte.

Ein gesundheitlicher Zusammenbruch im Jahr 1919 hatte dazu geführt, dass er seine Stellung als Dozent für Chemie an einer Medizin-Fakultät in London aufgab; doch sechs Monate später war er in den Himalaja aufgebrochen, wo sich er seither aufhielt. Im Dezember 1920 folgte er der Wasserscheide zwischen Sikkim und Nepal, um auf den Pass Kang La in der Nähe des Kangchenjunga zu gelangen und den Mount Everest aus einer Entfernung von 130 Kilometern zu forografieren. Auf seiner mit dem Teleobjektiv aufgenommenen Fotografie, die am 18. März 1921 in der *Times* veröffentlicht wurde, fing

MALLORYS GEHEIMNIS

er auch die Berge nördlich des Everest ein, die bisher weder vermessen noch fotografiert worden waren.

Als Kellas für die Everest-Erkundung ausgewählt wurde, begann er sofort eine Gruppe von Sherpas zu trainieren, die ihn begleiten sollten. Nach Darjeeling, wo sich das Team versammelte, kam er erst verspätet zu einer „vornehmen Dinnerparty", die Seine Exzellenz Lord Ronaldshay, der Gouverneur von Bengalen, für das Team gab. Mallory schilderte seiner Frau Ruth amüsiert den phantastischen Kontrast zwischen dem Pomp der Veranstaltung und dem abrupten, völlig unzeremoniellen Erscheinen von Kellas:

„Es war eine großartige Show. Seine Exzellenz trat ein, machte in völliger Stille die Runde durch den Raum und schüttelte jedem die Hand. Im Speiseraum schob eine kleine Schar von eingeborenen Dienern, die lange rote, mit Gold- und Silberborten verzierte Mäntel trugen, unsere Stühle zurecht, als wir uns setzten, und sie schenkten Champagner in unsere Gläser nach, wenn wir einen Schluck genommen hatten.

Kellas liebe ich schon jetzt. Er ist unbeschreiblich schottisch und unfein in seiner Ausdrucksweise. Zu der Dinnerparty kam er zehn Minuten nachdem wir uns gesetzt hatten, unordentlich und zerzaust, denn er war von Grom, einem sechseinhalb Kilometer entfernten kleinen Ort, zu Fuß hierher gegangen. Seine Erscheinung würde ein großartiges Bühnenmodell für die possenhafte Darstellung eines Alchemisten abgeben. Er ist von sehr schmächtigem Körperbau, klein, mager, gebeugt

---

Ein Ausblick auf die Ewigkeit breitet sich hinter dem Stein aus, mit dem man das Grab von Dr. A. M. Kellas kennzeichnete, der 1921 auf dem Weg zum Everest starb. Kellas, Teilnehmer an sieben Himalaja-Expeditionen, wurde von der Mannschaft an einer Stelle zur letzten Ruhe gebettet, von der aus mehrere Gipfel zu sehen sind, die er bei früheren Reisen bestiegen hatte. Mallory schrieb an seine Frau, die Zeremonie sei „außerordentlich ergreifend" gewesen.

MALLORYS GEHEIMNIS

und schmalbrüstig; sein Kopf hat eine seltsame Form und wirkt grotesk durch ein regelrechtes Nasenfahrrad von Brille und einen langen Schnurrbart mit spitzen Enden. Er ist ein absolut aufopfernder, uneigennütziger Mensch."

Und jetzt war er tot. Kellas hatte sich verschlissen, noch bevor sie überhaupt aufbrachen. Das hatte niemand erwartet. Mallory, der einen voreingenommenen Blick auf seine Gefährten warf, schätzte ihre Chancen auf Erfolg gering ein. Er bedauerte fast, mitgekommen zu sein. Ihnen stand keine „leichte Partie" bevor, wie er Ruth anvertraute.

Mallory hatte nicht erst lange überredet werden müssen, als sich die Gelegenheit bot, zum Everest zu gehen. Seit der Rückkehr aus dem Krieg hatte er sich rastlos und unzufrieden gefühlt. Gleich vielen heimkehrenden Soldaten vor und nach ihm fiel es Mallory schwer, sich wieder in ein Leben der ereignislosen Routine zu fügen. In sein Gefühl, einen enttäuschenden Abstieg zu erleben, mischte sich der Drang, das herrschende soziale und politische Klima zu verbessern. Das Unterrichten war für ihn nicht länger das Betätigungsfeld, nach dem sein Idealismus verlangte. Falls seine Rolle im Leben darin bestehen sollte, den Geist von Menschen zu beeinflussen, dann wollte er, dass dieser Geist reaktionsfähiger sei. Er hätte es vorgezogen, mit Erwachsenen zu arbeiten, statt mit kleinen Jungen. Im Juni 1920 bot Mallory in einem an Sir Gilbert Murray adressierten Brief dem Völkerbund seine Dienste an und betonte, sein Denken und seine Gefühle hinsichtlich der internationalen Politik seien „leidenschaftlich". Es steht nicht fest, ob sein Angebot angenommen wurde, doch später in diesem Jahr ging er nach Irland, um dort aus erster Hand Informationen über das Leben unter dem „Terror" zu sammeln.

Mallory wusste, dass die Erforschung des unbekannten Tibet und der entschlossene Versuch, den höchsten Berg der Erde zu besteigen, keine radikalen Folgen für die Reformierung der Gesellschaft haben würden, aber inspirierend würde die Expedition bestimmt wirken; außerdem konnte sie ihn berühmt machen und seinen Ansichten eine gewisse zusätzliche Autorität verleihen. Alle Vorbehalte, die sich als Hemmschuh hätten erweisen können, verflüchtigten sich, auch wegen Ruths Unterstützung und Begeisterung. Sie drängte ihn zu gehen und meinte, dies könne die Chance seines Lebens sein. Als er im Februar 1921 eine offizielle Einladung erhielt, sich der Expeditionsmannschaft anzuschließen, nahm er begeistert an und gab sofort sein Lehramt am Charterhouse auf. „Die Zukunft sieht insgesamt recht abenteuerlich aus", schrieb er seiner Schwester Avie. „Ich werde Anfang April nach Tibet aufbrechen und habe keine sehr klare Vorstellung davon, was ich nach der Rückkehr im Herbst machen werde — abgesehen davon, dass mir viel durch den Kopf geht, was verlangt, niedergeschrieben zu werden."

Einen ersten Dämpfer erhielt seine Begeisterung, als er die geplante Zusammensetzung der Gruppe erfuhr. Neben ihm selbst und Finch, einem sehr guten Alpinisten, der zwei Jahre jünger war als er und dem er größten Respekt entgegenbrachte (wenn auch keine sonderliche Zuneigung), waren die übrigen Mitglieder offenbar fortgeschrittenen Alters oder keine wirklichen Bergsteiger. Der Leiter, Col. Charles Kenneth Howard-Bury, war nicht die erste Wahl des Everest Committee gewesen. Man hatte General Charles Bruce haben wollen, der viel in Gebirgen reiste, ein hervorragender Bergsteiger war und mit den Bergbewohnern des Himalaja ausgezeichnet zurecht kam, doch die britische Armee konnte ihn 1921 nicht entbehren. Und weil dieses erste Unternehmen nur der Erkundung dienen sollte, hielt man es für wichtiger, sich der Dienste Bruces für den Besteigungsversuch zu versichern, der mit ziemlicher Sicherheit im folgenden Jahr in Angriff genommen werden sollte. Howard-Bury

DIE LANDKARTE VERLASSEN

In der Festungsstadt Khamba Dsong am Weg der Expedition durch die tibetischen Berge fotografierte Mallory das mauerbewehrte Hauptgebäude. Und in Linga machte er Aufnahmen von Bhotias (rechts). Die in Höhen über 3000 Metern geborenen und aufgewachsenen Männer waren für die anstrengende Aufgabe des Lastentragens so gut geeignet wie sonst kaum jemand.

MALLORYS GEHEIMNIS

Shegar Dsong, die „Weiße Kristallfestung", wie die Übersetzung lautet, lässt die an ihrem Rand aufgestellten Zelte der Expedition winzig erscheinen. Sie stehen an dem Platz, wo sie auch schon 1921 errichtet worden waren. Das Kloster von Shegar Dsong klebte an einem steilen Felshang und war nur über eine fürchterlich hohe Treppe zu erreichen.

war auf eigene Kosten nach Indien und Tibet gereist und behilflich gewesen, vom Dalai Lama für britische Bergsteiger die Erlaubnis zu beschaffen, zum Everest zu gehen – ein wahres Bravourstück nach den jahrelangen fruchtlosen Bemühungen des India Office. Das Committee, tief in Howard-Burys Schuld, hatte ihm die Leitung für 1921 angetragen. Seine Auftrag lautete, durch ein Land, an dessen Grenzen die Karten der Europäer endeten, eine gangbare Route zu dem Berg zu finden. Falls sich die Gelegenheit ergab, einen Besteigungsversuch zu unternehmen, worauf Mallory und andere hofften, würde dies ein Sonderleistung sein.

Howard-Bury war vierzig und damit fünf Jahre älter als Mallory. Sein Vater war gestorben, als er ganze zwei Jahre zählte, und man hatte ihn unter

DIE LANDKARTE VERLASSEN

die Vormundschaft seines Vetters gestellt, des damaligen Vizekönigs von Indien. Als Soldat und wohlhabender junger Mann hatte er jede Gelegenheit zum Reisen ergriffen und unter anderem eine sechsmonatige Reise in das abgelegene Tian-Shan-Gebirge unternommen. Er war begabt für Sprachen, ein guter Fotograf, ein leidenschaftlicher Pflanzensammler und ein Meisterschütze. Da er für strenge Ordnung und Disziplin eintrat, konnte er einschüchternd wirken. Schon bei ihrer ersten Begegnung in London fand Mallory es schwer, ihn zu mögen, und er hatte in seiner Gegenwart immer ein Gefühl des Unbehagens, das er nie überwand. „Kein toleranter Mensch", schrieb er an Ruth. „Er ist vielseitig gebildet und starrsinnig und mag es gar nicht, wenn jemand Dinge weiß, die er nicht weiß. Um des lieben Friedens willen achte ich sorgfältig darauf, bestimmte Gesprächsthemen nicht aufs Tapet zu bringen."

Harold Raeburn, den man zum „Leiter der Alpingruppe" ernannte, war einst ein wagemutiger Kletterer gewesen, ein Führerloser, aber seine Zeit war vorbei. Dieser zähe, genügsame Schotte machte Mallory und Finch wütend, als es um die Bestellung

59

MALLORYS GEHEIMNIS

Die Dolmetscher der Expedition von 1921, Gyalzen Kazi und Chettan Wangdi, wurden von dem Team in Darjeeling angeworben.

der Bergsteigerausrüstung ging, denn er wollte Dinge streichen, die sie für lebensnotwendig hielten, besonders als Vorkehrung gegen die extreme Kälte, der sie in großen Höhen unweigerlich ausgesetzt sein würden. Raeburn reagierte empfindlich, wenn er Ratschläge annehmen sollte, und er wollte mit gebührendem Respekt behandelt werden. Als sie dann unterwegs waren, versuchte Mallory ihn für sich zu gewinnen, und wie sich zeigte, besaß Raeburn „eine ganze Menge Väterlichkeit und Güte", während „sein völliger Mangel an Ruhe und Humor ein Unglück sind".

Mallory empfand das Team von Anfang an als untauglich. Er konnte sich nicht vorstellen, dass Raeburn oder Kellas eine größere Höhe als 7000 oder 8000 Meter erreichen würden – also würde es bei jedem ernsthaften Besteigungsversuch auf ihn und Finch ankommen, es sei denn, einer der Landvermesser, die der Expedition vom Survey of India zugewiesen worden waren, übernahm die Besteigung und führte sie zum Erfolg. An Geoffrey Young hatte Mallory geschrieben: „Vielleicht werde ich schließlich und endlich der Schwächste des Haufens sein; derzeit aber habe ich größere Bedenken im Hinblick auf Finchs Gesundheit."

Die hatten auch die Ärzte, als sie die Mitglieder der Expedition untersuchten. Ein paar Wochen vor dem geplanten Aufbruch wurde George Ingle

DIE LANDKARTE VERLASSEN

Finch, damals vielleicht der beste Alpinist, aus offenbar falschen medizinischen Gründen abgelehnt. Das Auswahlkomitee suchte nach Ersatz, doch ihm fehlte es an Phantasie. Der Vertreter des Alpine Club, Percy Farrar, hätte gern einige talentierte ausländische Bergsteiger in das Team aufgenommen, andere dagegen wollten, dass es, wie Bruce sich ausdrückte, „durch und durch britisch" blieb. Als ein weiterer „Veteran" dazukommen sollte, setzte sich der aufgebrachte Mallory für seinen Bergsteigerfreund Guy Bullock ein, den er seit der Schulzeit kannte. Dieser hatte eben eine diplomatische Mission in Übersee beendet und stand sofort zur Verfügung. Mit Freuden nahm man Bullock ins Team auf.

Vervollständigt wurde die neun Mann umfassende Bergsteigergruppe durch Kellas, die Männer vom Survey of India – Henry Morshead und Oliver Wheeler –, einen Geologen namens A. M. Heron und den Forscher Sandy Wollaston, der als Arzt und gleichzeitig als Botaniker fungieren sollte. Die Teilnehmer strebten aus verschiedenen Richtungen dem Himalaja entgegen; und es ergab sich, dass Mallory allein mit dem Schiff nach Indien fuhr, zuständig für 40 Kisten „persönliches Gepäck", die er auf dem Weg nach Darjeeling scharf im Auge behalten musste. Die Expedition sollte von Darjeeling aus in zwei Gruppen reisen, um zu vermeiden, dass die Rasthäuser, in denen die Sahibs unterwegs abstiegen, überfüllt würden. Die erste Abteilung verließ Darjeeling am 18. Mai mit 50 Maultieren, der Hälfte von insgesamt hundert Tieren, die man von der indischen Regierung ausgeliehen hatte, 17 Hochträgern (alle Sherpas), zwei Lepcha-Trägern, zwei Köchen und einer Ordonnanz. Die restlichen Männer und Maultiere, dazu 22 weiter Träger folgten einen Tag später.

Dr. Kellas wurde auf einem steinigen Hügel über der tibetischen Hochebene begraben. Von dort aus sah man die drei hohen Schneegipfel in Sikkim, die er bestiegen hatte, und weit hinten im Westen, mehr als 160 Kilometer entfernt, sogar den Everest. Mallory fand die kurze Zeremonie „außerordentlich ergreifend" und schrieb an einen Freund: „Ich werde die vier Jungs nicht leicht vergessen, diese von Kellas trainierten Gebirgler, Naturkinder, die verwundert auf einem großen Stein unweit des Grabes saßen, während Bury die Textstellen aus den Korinthern las."

Als genüge der Verlust von Kellas noch nicht, traten bei Raeburn beunruhigend ähnliche Symptome auf. Wollaston wollte kein Risiko eingehen und beschloss, ihn nach Lachen hinunterzubringen, wo er sich erholen konnte. Auf einen Schlag hatte das Team drei Männer und mit ihnen seine ganze Himalaja-Erfahrung verloren. Seltsamerweise hob sich von diesem Tiefpunkt an die Stimmung. Nachdem der Mount Everest endlich in Sicht war, widmete sich Mallory den anstehenden Aufgaben und erneuerte sogar seine Bemühungen, mit Howard-Bury gut auszukommen. „Er ist ein mutiger Bergsteiger", sagte er sich, „und ein Blumenliebhaber, also muss etwas Gutes in ihm sein; aber", fügte er hinzu, „er kann den Everest nicht als Kenner für sich beanspruchen."

Erfreulicherweise kamen Mallory und Bullock ganz gut miteinander zurecht, denn sie sollten während der ganzen Erkundung zusammenarbeiten und die meiste Zeit miteinander verbringen. Bullock war ruhig, flexibel und Mallory an Unerschütterlichkeit ebenbürtig. Zu Morshead fasste Mallory rasch Zuneigung, obwohl dieser mit seiner Vermessungsarbeit bis weit in den Juli hinein beschäftigt war; danach wurde sie – was Mallory sehr freute – zugunsten der Besteigungsversuche aufgegeben. Weniger gut verstand sich Mallory mit Wheeler, den er für einen „Langweiler im Kolonialstil" hielt und für „eine lahme Ente, die fast ständig an Verdauungsstörungen leidet", wozu noch kam, dass „er häufig nörgelt". Dagegen erwies sich Heron als fröhlicher, netter Mensch, der dazu beitrug, dass

61

MALLORYS GEHEIMNIS

die Stimmung locker blieb – „ein wahrer Schatz" und bewundernswert darin, wie er die Leute zu führen verstand. An Geoffrey Young schrieb Mallory: „Wir sind gerade dabei, die Landkarte zu verlassen – das seinerzeit von der Lhasa-Expedition vermessene Gebiet. Wir hatten einmal einen guten Fernblick auf den Everest, oberhalb von Khamba Dsong, und ich glaube nicht an die leichte Nordflanke. Ich hoffe, dass wir ihn nächste Woche aus einer Entfernung von 50–65 Kilometern sehen werden, von einigen Hängen auf dieser (der östlichen) Seite des Arun-Tals aus. Geoffrey, es fängt an, aufregend zu werden."

Mallory hat diese erste gute Sicht beschrieben und gesagt, man könne den Everest oder seinen Nachbarn nicht verkennen: „Der links muss der Makalu sein, grau, ernst und dabei ausgesprochen anmutig, und der andere weiter rechts drüben – wer könnte an seiner Identität zweifeln? Er war ein gewaltiger weißer Hauer, der aus dem Kiefer der Welt herauswuchs." Mallory war sichtlich angetan von diesen Ausdrücken, denn sie erschienen auch in Berichten über die nächste, bessere Sicht auf ihr Ziel, die ihm und Bullock einige Tage später beschieden wurde. Nachdem sie einige zwischen ihnen und dem Everest liegende Bergkämme überquert hatten, erreichten sie das Becken des Flusses Arun, der nach Süden fließt und die Kette des Himalaja durchschneidet; ab hier hielten sie eifrig Ausschau, für den Fall, dass der Makalu und der Everest wieder auftauchen sollten. „Ich fühlte mich irgendwie als Entdeckungsreisender", schrieb Mallory aufgeregt an Ruth. „Nicht nur, dass vor uns kein Europäer je hier gewesen ist, wir drangen in ein Geheimnis ein: Wir schauten hinter die große Barriere, die sich nach Norden und Süden erstreckt und wie ein Schirm vor uns gestanden hatte, seit wir von Khamba Dsong aus den Blick nach Westen richteten." Doch zu ihrer Enttäuschung verhüllten Wolken jede Sicht. Sie beschlossen, ihre Ponys grasen zu lassen und auf einen kleinen Berg oberhalb

Schneebedeckte Vorberge säumen den Horizont, als die Expedition einen Fluss überquert, der sich durch die tibetische Hochebene schlängelt.

von Shilling zu steigen, in der Hoffnung, dass die Wolken sich verzogen. Nach einer Stunde steilen Aufstiegs setzten sie sich mit ihren Feldstechern nieder, um zu warten: „Plötzlich fingen unsere Augen durch die Wolken das Glitzern von Schnee ein; und nach und nach, ganz allmählich, im Lauf von zwei Stunden oder so, sahen wir durch die dahintreibenden Lücken die großen Wände und Gletscher und Grate – Formen, die zum größten Teil für das bloße Auge unsichtbar oder nicht von den Wolken zu unterscheiden waren –, und sie besaßen eine Bedeutung für uns: eine einzige, klare Bedeutung, zusammengesetzt aus diesen Bruchstücken, denn wir hatten eine ganze Bergkette gesehen, Teil für Teil, vom kleineren zum größeren, bis viel weiter im Himmel oben, als unsere Phantasie sich vorzustellen vermochte, der Gipfel des Everest selbst erschien."

Die Sicht wurde immer klarer, während sie hinabstiegen und auf ihren Ponys losritten, um den Gepäcktross einzuholen. Starker Wind wirbelte den Sand auf und „die ganze Landschaft auf der Leeseite war wie ein hin und her wogender Alptraum aus moirierter Seide". Bei Sonnenuntergang, als sie sich in ihrem Lager am Weg eingerichtet hatten, flaute der Wind ab, und im Süden erschien der Everest „absolut klar und prächtig" in dem verblassenden Licht. Er war, wie Ruth gesagt bekam, kein Phantasiegebilde mehr. „Das Problem seiner gewaltigen Grate und Gletscher begann Gestalt anzunehmen und im Geist herumzuspuken, in seltsamem Momenten aufzutauchen und zu definitiven Plänen zu führen."

Was sie sahen, war die Ostflanke des noch immer 80 Kilometer entfernten Mount Everest, dessen untere Hänge ihnen verborgen blieben. Doch schon jetzt ließ sich feststellen, dass der lange Nord-

DIE LANDKARTE VERLASSEN

grat nicht unmöglich steil war und dass zwei beachtliche Joche den großen Berg von seinen Nachbarn trennten.

Die spektakuläre Festungsstadt Shegar Dsong mit ihren „geweißten Klostergebäuden", die wie Schwalbennester am Hügel klebten, wurde am 17. Juni erreicht. Diese Bezirkshauptstadt verfügte über zwei *dsongpens* oder Häuptlinge, die freundlich und eine große Hilfe für die Expedition waren; sie stellten dem Team auch ein schönes Zeremonienzelt zur Verfügung. Mallory und Bullock entfernten sich für mehrere Tage von der Hauptgruppe, um einen Abstecher auf den Pang La zu machen, einen großartigen Aussichtspunkt, von dem aus gesehen der Everest den Horizont, den die Himalaja-Riesen bildeten, beherrschte.

Das Hauptquartier der Expedition wurde in dem Dorf Tingri eingerichtet, ein gutes Versorgungslager, das vom Everest in ein paar Tagen zu erreichen war. Der Expedition wurde ein großes, altes chinesisches Rasthaus überlassen, das ziemlich baufällig war und in dem es angeblich spukte. Hier stieß Wollaston wieder zur Mannschaft – er hatte Raeburn zur Erholung in Sikkim untergebracht –, und von hier aus begann die eigentliche Erkundung. Mallory und Bullock brachen sofort auf, um die nordöstlichen Zugänge zum Everest zu erforschen, während Wheeler und Heron nach Kyetrak gingen, um ihre Vermessungen zu beginnen. Morshead und einer der beiden indischen Vermessungsassistenten, die er mitgebracht hatte, Gujhar Singh, forschten in nördlicher und westlicher Richtung; dem zweiten,

MALLORYS GEHEIMNIS

Lalbir Singh, überließen sie es, die Umgebung mit dem Messtisch aufzunehmen. Howard-Bury richtete sich in einem der leeren Zimmer eine Dunkelkammer ein – und vergaste sich beinahe mit den giftigen Dämpfen, die von seinen Chemikalien ausgingen. Wollaston war begierig darauf, mit seiner naturgeschichtlichen Sammlung weiterzumachen, aber zwei Männer aus dem einheimischen Personal waren schwer an Typhus erkrankt und in akuter Gefahr, so dass er einen der vier Höfe des Rasthauses in ein Hospital verwandeln musste. In seinem Tagebuch notierte er brummig, dies sei „der denkbar mieseste Ort für ein Lager". Einer seiner Patienten, Wheelers Träger, starb trotz seiner Behandlung, doch der andere wankte nach drei Wochen wieder herum; er wurde, als es ihm gut genug ging, heim nach Indien geschickt. Alle Träger, die nicht mit den Forschern unterwegs waren, mussten jeden Tag ins Gelände und an naturkundlichen Proben und Exemplaren sammeln, was sie konnten. Jeden Abend lag dann ein Haufen Kadaver – Ratten, Eidechsen, Vögel und Käfer – vor Wollastons Tür. Später konnte er wieder selbst sammeln, allerdings tat er es heimlich, aus Furcht, die Menschen in einem Land zu beleidigen, in dem es der buddhistische Glaube verbot, einem Wesen das Leben zu nehmen. Er erzielte Erfolge, konnte unter anderem beweisen, dass die „Pfeifhasen" keine Hasen sind und auch nicht pfeifen, sondern einer murmeltierartigen Familie, Pika genannt, angehören. Mehr noch, an einem seiner Pika-Spezimen fand er zwei verschiedene Spezies von Flöhen, die beide für die Wissenschaft neu waren.

Wie ein Strom, wie eine Prozession von Gestalten in Mönchskutten wandert der Rongbuk-Hauptgletscher vom Fuß des Mount Everest herab. George Mallory stieg beim ersten Anmarsch des Teams auf den nahen Ri-ring, um den Gletscher zu fotografieren. Wieder unten, stellte er fest, dass er den Film falsch eingelegt hatte. Also stieg er noch einmal auf den Ri-ring und machte diese dramatische Aufnahme.

MALLORYS GEHEIMNIS

Drei Tage, nachdem Mallory und Bullock Tingri verlassen hatten, drangen sie mit sechzehn ihrer besten Träger in das lange, vom Wind durchtoste Tal des Rongbuk-Flusses vor. Begleitet wurde die Gruppe von Dolmetscher Gyalzen und fünfzehn Yaks, die man statt der Ochsen und Esel mit dem Gepäck beladen hatte. Das Rongbuk-Gebiet war öde und trist, doch als sie an diesem Nachmittag eine steile Anhöhe überwanden, auf der zwei Tschorten-Schreine standen, verharrten sie wie gebannt. „Ein prächtigerer Anblick, als ich ihn zu schildern im Stande bin", schrieb Mallory aus dem ersten Lager unterm Everest an Ruth. „Möge es genügen zu sagen, dass er die steilsten Grate und die schrecklichsten Abgründe hat, die ich je gesehen habe, und dass das ganze Gerede von einem leichten Schneehang ein Mythos ist."

Mallory wusste, dass er den Anblick vom Lager aus für das Expeditionsbuch beschreiben musste: „Der Mount Everest ist im Talschluss und über dem Gletscher weniger Gipfelaufbau als ungeheure Bergmasse", schrieb er. „Für das Auge gibt es keine Schwierigkeit. Der Höchste unter den großen Bergen der Welt muss offenbar nur eine einzige Geste der Erhabenheit machen, um der Herr aller zu sein, gewaltig in unangefochtener und einsamer Oberhoheit. Für das Auge, das zu unterscheiden vermag, sind noch andere Berge sichtbar, zwischen 7000 und knapp 8000 Meter hohe Riesen. Keiner ihrer schlankeren Gipfel reicht auch nur an die Schulter ihres Häuptlings; neben dem Everest entgehen sie der Aufmerksamkeit – solcher Art ist die Vorherrschaft des Größten."

Als ihre Zelte in 5000 Meter Höhe aufgestellt waren, knapp oberhalb des Rongbuk-Klosters und nicht weit vom Standort des Basislagers der heutigen Expeditionen, begann das Team die Umgebung zu erkunden. Am 27. Juni, um 3.25 Uhr morgens, machten sich Mallory und Bullock mit Gyalzen und fünf Trägern auf den Weg zur Zunge des Rongbuk-Hauptgletschers. Dort überquerten sie mit

Zum Erkundungsteam von 1921 gehörten diese grimmig blicken- den, dennoch triumphierenden Herren (von links: hinten) Sandy Wollaston, Charles Howard-Bury, A. M. Heron, Harold Rae- burn, (und vorn) George Mallory, E. O. Wheeler, Guy Bullock und H. T. Morshead.

einiger Mühe den hervorbrechenden Bach, um dem rechten („in Wahrheit linken") Rand des Gletschers zu folgen. Um 7 Uhr, als die Sonne sie endlich erreichte, rasteten sie, um zu frühstücken. Eine weitere Gehstunde brachte sie zur Einmündung des Westlichen Rongbuk-Gletschers, hinter dem die Lingtren-Spitzen die Sicht auf den oberen Bereich des Hauptgletschers blockierten. Mallory und Bullock wollten diese attraktiven Spitzen ein Stück hochsteigen, um weiter zu sehen, aber es war klar, dass das von ihnen vorgelegte Tempo die Träger erschöpfte. Also führten sie ihre Leute durch das Gewirr von Eistürmen, aus denen der Hauptgletscher bestand. Die Eisformationen erinnerten Mallory an irgend etwas aus Alice im Wunderland, eine seltsame, zusammenhanglose Welt aus Spitzzacken, Spalten und Seen, aber Mut machte ihm, dass es offensichtlich keine Querspalten gab, woraus er richtigerweise schloss, dass die Türme weniger durch Bewegung als durch Schmelzen entstanden waren. Binnen einer Stunde gelangten alle sicher auf die andere („in Wahrheit rechte") Seite, und zwar ohne Schaden, abgesehen davon, dass Mallory nass wurde, als er durch die Eisdecke eines kleinen Sees brach. „Der Verlust an Würde war vielleicht schlimmer als die Abkühlung der Leidenschaft", erklärte er rational, und er war in der warmen Sonne bald wieder trocken.

Die letzten sechseinhalb Kilometer zurück zum Lager waren ein „scharfer Wettlauf mit der zunehmenden Dunkelheit", bei dem sie einen zweiten angeschwollenen Bach überqueren mussten. Mallory war jedoch begeistert und zufrieden mit seiner Leistung. „Mein Liebling", schrieb er an Ruth,

DIE LANDKARTE VERLASSEN

„das alles ist insgesamt eine aufregende Angelegenheit. Ich kann Dir gar nicht sagen, wie sie mich fesselt und was in Aussicht steht. Und die Schönheit des Ganzen!"

Tags darauf schrieb er in sein Tagebuch: „Ich wünschte, einige Leute zu Hause könnten den Abgrund auf dieser Seite sehen – ein grausiger Anblick, völlig anders als die langen, sanften Schneehänge, auf die einige Fotos hindeuteten. Amüsant, wie sich die eigene Sicht der letzten anstrengenden Unternehmung geändert hat; es sah aus, als kröchen wir halb blind durch leichten Schnee, einen glatten Hang ganz hinauf, von einem Lager auf einer flachen Schneeschulter aus; aber es war keine Schinderei dieser Art; wir werden Kletterer brauchen, allerdings keine halb lahmen; eine

schwierigere Aufgabe, als ich angenommen hatte. Der Everest ist ein Felsberg."

Bis zum 18. August, als sie den Pass Lhakpa La erreichten, arbeiteten sich Mallory und Bullock unermüdlich um den Berg herum, Gletscher hinauf und auf Nebengipfel hoch; so ermittelten sie seine genaue Formen und Schwierigkeiten. Sie errichteten ein vorgeschobenes Standlager in der Nähe der Stelle, wo sie am ersten Tag gefrühstückt hatten. Von dort erkundete Mallory das obere Becken des Rongbuk-Gletschers und berichtete Farrar, dieser stürze sich „in ein Cwm [walisisch = Kar oder Tal] wie die 'Leichte Brigade' in das Tal des Todes [in Tennysons bekannter Ballade], empor unter einen Absturz von 3000 Metern und ... links herum zu etwas wie dem Col du Lion auf der

DIE LANDKARTE VERLASSEN

Tiefenmatten-Seite [dem Nordsattel]." Der Nordgrat über dem Sattel schien gangbar, aber wie sollte man auf den Nordsattel selbst kommen? War seine andere Seite vielversprechender? Das mussten sie erkunden, aber zuerst wollten er und Bullock das von ihnen so getaufte „Western Cwm" (Westkar) queren, um zu prüfen, wie der Berg auf seiner nepalesischen Seite aussah. Nach mehreren vergeblichen Versuchen gelang es ihnen schließlich, vom Sattel zwischen Lingtren und Pumori in dieses Becken hinabzuschauen. Zu ihrer Enttäuschung fiel das Gelände fast 4600 Meter steil zum Gletscher ab. Sie bedauerten nicht, dass diese Seite jenseits der Grenze in Nepal lag: Ein Anstieg auf dem schrecklich steilen, arg zerklüfteten „Westgletscher" (dem Khumbu-Gletscher und -Eisbruch) wäre fürchterlich gewesen – und wenn überhaupt möglich, so bezweifelten sie, dass die „Lücke zwischen dem Everest und dem Südgipfel [= dem Südsattel]" von dort zu erreichen war.

Ein Fragezeichen stand auch über dem „Nordwestgrat" (heute Westgrat): Befände man sich in den Alpen, dann würde der Grat vielleicht bis zur Schulter hinauf reichen – keine reizvolle Aussicht! Ab der zweiten Juliwoche wankte Mallorys Optimismus, er schrieb an einen Bergsteigerfreund: „Manchmal halte ich diese Expedition für einen Betrug vom Anfang bis zum Ende, ersonnen von der wilden Begeisterung eines einzigen Mannes, Younghusband, aufgebläht durch die Pseudoweisheit bestimmter Auguren im A. C. (Alpine Club) – und dem jugendlichen Eifer Deines ergebensten Dieners aufgezwungen... Die Aussicht auf eine Besteigung ist in jeder Richtung fast null, und unsere gegenwärtige Beschäftigung besteht darin,

Das Team, das sich dem Everest von Osten näherte, errichtete auf dem Kharta-Gletscher ein Lager auf 6000 Metern. Vom Gipfel eines 6460 Meter hohen Vorbergs südwestlich des vorgeschobenen Basislagers fotografierte George Mallory die imponierenden Gipfel Chomolunzo und Makalu.

69

MALLORYS GEHEIMNIS

unsere Nasen am Unmöglichen zu reiben, auf eine Weise, welche die Menschheit überzeugt, dass nobler Heroismus einmal mehr gescheitert ist."

Mittlerweile befanden sie sich in der Monsunzeit, und die zweite Julihälfte brachte auf der ganzen Kette Neuschnee. Alle Hoffnungen, weiter oben einen Weg auf die Ostseite des Berges zu finden, wurden aufgegeben – und mit ihnen Mallorys letzte Chance, den Östlichen Rongbuk-Gletscher zu entdecken, der eine leichtere Route zur Nordostseite des Everest geboten hätte. Er und Bullock waren sich einig, dass es auf der anderen Seite des Nordsattels einen weiteren großen Gletscher geben musste, aber sie nahmen nicht an, dass er einen Bogen beschrieb und ins Rongbuk-Tal abfloss. Dass der aus einem Seitental kommende Bach tatsächlich von einem großen Gletscher nach Osten floss, entdeckte erst später Wheeler bei einer routinemäßigen Vermessungsarbeit in dem Tal.

Mallory und Bullock stießen zu Howard-Bury, der in Kharta ein neues Standlager angelegt hatte, das nach dem kahlen Rongbuk idyllisch und grün wirkte. Mallory genoss die kurze Erholungspause und beschrieb Ruth überschwänglich die wilden Blumen, bevor er den Kampf wieder aufnahm. Einheimische sollten sie zu Chomolungma führen, auf einer Route, die sie zu weit nach Süden zu bringen schien. Wie sich herausstellte, kannten die Tibeter dieser Gegend zwei Chomolungmas, und jener, auf den sie zustrebten, musste der Makalu sein. Den Irrweg mussten sie nicht bedauern: Die Szenerie war umwerfend. Mallory war sprachlos vor „lebhaftem Entzücken" darüber, dass nicht weniger als drei der fünf höchsten Berge der Welt das Kama-Tal überragten, das sie jetzt betreten hatten. Vor allem der Makalu war „unvergleichlich in seiner spektakulären, zerklüfteten Großartigkeit".

Im breiten Talschluss erhob sich der Everest, auf beiden Seiten von seinen langen Graten flankiert, dem Nordost- und dem Südgrat, der sich vom Lhotse herüber wand. Am 6. August errichteten die Männer ein Lager, das es ihnen ermöglichen sollte, den Carpo-ri zu besteigen, einen konischen Schneegipfel auf der Wasserscheide zwischen dem Kama-Tal und dem Tal nördlich von ihnen, von dem sie hofften, es sei das bisher nicht einsehbare Becken unter dem Nordsattel. In der Nacht verzogen sich die Wolken, und aus schimmernden Nebeln tauchte der Everest auf, „riesig, unmessbar. Nein, kein schwebendes Trugbild: standfest wie Keats' Fixstern, ‚in einsamem Glanze aufgehängt in der Nacht', scheinbar weltweit ein erhabenes Strahlen aussendend".

Vor der Morgendämmerung des folgenden Tages bestiegen sie den steilen Sattel, Carpo-ri, der östlich von ihrem Berg lag. „Die weißen Berge belebte ein schwacher blauer Schein – ein Schein, der sich mit zunehmendem Tag veränderte. Blasses Gelb überzog den Everest, dann ein lebhaftes Blaugrau, bis er schließlich golden erglühte, als ihn die Sonne traf, während der sogar noch schönere Makalu uns rötlichere Schattierungen bot, das Erglühen rosaroter und purpurner Schatten", schrieb Mallory. „Aber mir fehlen schlicht die Worte. Die ganze Bergkette vom Makalu bis zum Everest übertrifft jede Bergszenerie, die ich je zuvor sah."

Sie hatten gute Sicht auf die große Ostwand des Everest, die spektakulär war in ihrer architektonischen Grandiosität, mit ihren massiven Felspfeilern und dem Eis, das auf den Gletscher darunter hing. Doch für den Bergsteiger bot sie wenig Angenehmes. Praktisch die ganze Wand wurde von dem mächtigen Band aus Eisnadeln mit Eisgeschossen bestrichen. „Kurz", schrieb Mallory, „andere, weniger weise Männer sollten es auf diesem Weg versuchen, wenn sie möchten, aber für uns war das absolut nichts."

Der Anstieg war steiler, als sie erwartet hatten, und die Träger fielen nacheinander aus, doch Mallory und ein junger Bursche namens Nyima schafften es schließlich bis oben. „Und während der Wind

DIE LANDKARTE VERLASSEN

Die majestätische Gestalt des Mount Everest, die George Mallory sprachlos machte vor Staunen über „die Schönheit des Ganzen", lässt vom Lager auf dem Kharta-Gletscher (oben) keine Route zum Gipfel erkennen.

Auf der Suche nach einem Weg zum Gipfel steigt das Erkundungsteam am 7. August 1921 vom Carpo-ri am oberen Ende des Kamatals ab.

MALLORYS GEHEIMNIS

Vom Lhakpa La erspähte Mallory, was er suchte: eine gangbare Route auf den Gipfel des Everest. Jenseits des Beckens (rechts in dem Panoramabild der Expedition von 1921) war ein Grat, über den Kletterer den Nordsattel oder die Schulter des Everest erreichen konnten. Mallory schrieb: „Wir haben den Weg gefunden."

Riefen in den Schnee blies, erhaschte ich flüchtige Blicke auf das, was ich sehen wollte, flüchtige Blicke nur, aber sie reichten, um ein hohes Schnee-Cwm unter dieser Nordwestflanke des Everest zu ahnen, das seinen Abfluss irgendwo im Norden haben musste." Jetzt blieb nur, diesen Abfluss zu suchen: Das würde die nächste Aufgabe sein.

Bis zu dem Punkt waren Mallory und Bullock mit ihrer Leistung zufrieden gewesen. Einer oder zwei der Träger hatten etwas unter Höhenkrankheit gelitten, aber die meisten waren kräftiger geworden, wie auch sie selbst. Bullock hatte viel Gewicht verloren, aß jetzt jedoch mit Appetit. Mallory fühlte sich rundum wohl und voller Optimismus, deshalb überraschte es ihn, dass er beim Abstieg vom Carpo-ri plötzlich Kopfschmerzen bekam und von Müdigkeit überwältigt wurde. Unten im Lager dann erfasste ihn Schüttelfrost, den er nicht unterdrücken konnte, und in der Nacht hatte er Fieber. Fast eine Woche lang war er unpäss-

lich, nach seiner Vermutung litt er an Mandelentzündung: Halsweh und geschwollene Drüsen. Das Team zog sich ins Kharta-Tal zurück und errichtete dort am 11. August auf 5000 Meter Höhe ein Lager. Bullock forschte allein, bis es Mallory wieder so gut ging, dass er weitermachen konnte. Die Zeit wurde knapp. Wenn sie nicht rasch von dieser Seite aus einen Zugang zum Nordsattel fanden, war es nicht mehr möglich, im September die Besteigung des Everest zu versuchen, wie geplant und von allen erhofft.

Der Durchbruch erfolgte am 18. August, als sie, nun zusammen mit Morshead, zum südlichen Ausläufer des Kharta-Gletschers aufbrachen. Der Schnee war so tief, dass sie fast den ganzen Tag über Schneereifen benutzen mussten, um nicht bis zu den Knien einzusinken. Nebel herrschte, die Luft war stickig, und je weiter der Tag vorschritt, desto mehr hatten sie das Gefühl, „in einem weißen Ofen" zu gehen, wie Mallory an Ruth schrieb. „Morshead, der die größte Hitze der Ebenen Indiens kennt, sagte, er habe noch nie eine so unerträgliche Hitze erlebt wie diese hier." Der Anstieg auf den Pass über dem Talschluss war grimmig. Doch später am Tag, als die drei Männer und der unermüdliche Nyima endlich auf dem Lhakpa La standen, jenem Pass, der den Kharta-Gletscher vom Östlichen

DIE LANDKARTE VERLASSEN

Rongbuk-Gletscher trennte, sahen sie, was sie lange gesucht hatten: „Da war zweifelsohne der vermutete Gletscher, der sich von dem Cwm unter der Nordostflanke des Everest nach Norden schob", schrieb Mallory an Ruth. „Wir wünschten uns sehr, es wäre möglich gewesen, ihm nach unten zu folgen und das Rätsel seines Abflusses zu lösen. Daran wurden wir gehindert. Aber der obere Rand dieses Gletschers befand sich nur ein kurzes Stück unter uns, höchstens 200 Meter, und über ihn führte unser Weg, über den leichten Schnee auf die andere Seite des Cwm, von wo der Zugang zum Nordsattel, diesem lang ersehnten Ziel, nicht schwierig und auch nicht weit sein konnte."

Mallory war außer sich vor Freude. Endlich hatte die Erkundung einen Hoffnungsstrahl aufleuchten lassen. Er konnte es nicht erwarten, Ruth die Neuigkeiten mitzuteilen. „Als wir den langen, ermüdenden Weg herab kamen, waren meine Gedanken von dieser Aussicht auf Erfolg erfüllt. Ich weiß nicht, wann ich mir gestattet habe, eine persönliche Leistung so zu genießen. Ich blähte meine Brust ziemlich auf vor Stolz und im Bewusstsein, etwas gut erledigt zu haben; größte Anstrengung unternommen zu haben und gebührend belohnt worden zu sein; eine große Aufgabe vollbracht zu haben. Denn mit diesem Erfolg ist unsere Erkundung abgeschlossen. Wir haben den Weg gefunden, und jetzt planen wir den Angriff."

Erst als Mallory wieder zur Hauptgruppe im Kharta-Tal stieß, erfuhr er die ernüchternde Neuigkeit von Wheelers Entdeckung über den Verlauf dieses Gletschers und dem leichteren Zugang zu ihm vom Rongbuk-Hauptgletscher aus. Die Neuigkeit kam zu spät und konnte ihre Pläne nicht mehr umwerfen. Sie hatten weder die Zeit noch die Energie, ihr gesamtes Gepäck zurück zum Rongbuk zu schaffen

Schlechtes Wetter verhinderte jedoch fast einen Monat lang jede Aktivität. Mallory und Bullock kehrten in ihr vorgeschobenes Basislager zurück, um auf einen Umschwung zu warten, und die anderen folgten ihnen im Lauf der nächsten Tage. Zu einem früheren Zeitpunkt der Erkundung waren sich Mallory und Bullock einig gewesen, dass die Chance für den Erfolg einer Everest-Expedition in jedem beliebigen Jahr fünfzig zu eins gegen sie stand. Jetzt, als ihnen die Zeit davonlief, wurde Mallory mutloser, er schrieb Ruth, dass er die Chancen nicht mehr höher einschätze als eins zu tausend.

Dann, „Wunder über Wunder", am 16. September, „wachten wir auf und stellten fest, dass es anders war". Sofort organisierten sie den Transport

MALLORYS GEHEIMNIS

der Lasten durch die Träger. Vier Tage später, nach einer kalten Nacht, begannen Mallory und Morshead, Männer mit Traglasten auf den Lhakpa La zu leiten.

Anfangs knirschte der Schnee unter den Schuhen, aber weiter oben war es schlimmer, als sie sich vorgestellt hatten. „Die Vorangehenden konnten keine festen Tritte für die Kulis hinter ihnen stampfen, jeder musste selbst mit dem rieseligen Pulverschnee kämpfen." Drei Träger fielen durch Erschöpfung aus, die Lasten von zwei anderen mussten knapp unterhalb des Passes zurückgelassen werden, und die Gruppe zog sich arg auseinander, doch gegen Ende des Tages befanden sich elf Ladungen auf dem Pass. Dort wurde am 22. September ein Lager errichtet, wegen des besseren Schutzes ein Stück unter dem Kamm. „Jeder kroch in sein Loch", schrieb Mallory an Geoffrey Young. „Ein paar Minuten später war alles ruhig. Der Platz war ziemlich beengt, sieben Zelte, glaube ich, in der kleinen flachen Schneemulde; aber kaum eine Bemerkung wurde gewechselt. Kein Kochen, keine Hand regte sich für ein bisschen Komfort; nur Ruhe, keine süße, sondern todesähnliche, als sei der Geist der Gruppe in ihr erloschen."

Alle Träger litten in gewissem Maß an den Auswirkungen der Höhe und der Anstrengung, doch am nächsten Tag wählte man zehn aus, die Mallory, Bullock und Wheeler über das Gletscherbecken begleiten sollten. In dieser Einsenkung errichteten sie ein weiteres Lager; es bot jedoch keinen Schutz vor den Windstößen, die während der ganzen Nacht an den Zelten zerrten und sie aus ihren Verankerungen zu reißen drohten.

Am nächsten Morgen, etwa eine Stunde nach Sonnenaufgang, trotteten sie mit ihren drei stärksten Trägern los, die steilen Hänge zum Nordsattel hinauf, dem Chang La. „Über den Aufstieg ist mir nichts Bemerkenswertes in Erinnerung geblieben — außer vielleicht Wheelers schwarzer Bart, der hinter mir her kam", berichtete Mallory später Young. Um

Mallory, den Eispickel in der Hand, unterweist Träger in den Techniken des Eiskletterns. Er und die anderen Mitglieder des Teams hofften, als Finale der Erkundungsfahrt den Mount Everest besteigen zu können, doch die Jahreszeit war zu weit fortgeschritten.

Sie mussten ihre Wiederkehr zur Eroberung des Everest planen — der auf den folgenden Seiten so zu sehen ist, wie er sich vom Gipfel über dem vorgeschobenen Basislager aus darbot.

11.30 Uhr waren sie auf dem Sattel. Stürmischer Wind wehte dort („dieser Teufel, er tanzte in einem plötzlichen Schneewirbel, der mir den Atem wegnahm"). Weiter oben hing dichter Nebel, der ihnen die Sicht auf den Grat nahm, aber der Weg dorthin schien gangbar. So weit sie sahen, ließen die Schrofen und Firnhänge keine Gefahr oder Schwierigkeit erkennen. Wären sie frischer und der Wind weniger heftig gewesen, hätte diese Route sie nach Mallorys Überzeugung auf den Gipfel geführt. Doch es wäre Wahnsinn gewesen, jetzt weiter zu gehen. Sie kämpften sich probehalber ein paar Schritte voran, doch als sie die volle Kraft des Windes zu spüren bekamen, hasteten sie schnell unter den Rand des Sattels zurück. Niemand mehr sagte etwas über die Fortsetzung des Angriffs.

An Ruth schrieb er bei der erstbesten Gelegenheit: „Es geht mir gut, trotz aller Anstrengungen und der Enttäuschung. Es ist eine Enttäuschung — darum kommt man nicht herum —, dass das Ende nun so viel zahmer sein sollte, als ich hoffte. Aber ich bezweifle, dass je ein großes Berg-Wagnis mit einem kleineren Spielraum an Kraft unternommen worden ist. Ich habe bis zum Ende die ganze Gruppe auf meinen Schultern getragen, und wir sind von einem Wind zur Umkehr gezwungen worden, in dem kein Mensch eine Stunde lang leben könnte... Wie es aussieht, haben wir den Weg zum Gipfel ermittelt, für irgendjemanden, dem daran liegt, das größte Abenteuer zu versuchen."

MALLORY (LINKS) UND MAJ. E. F. NORTON, DIE WÄHREND DER EXPEDITION VON 1922 DEN NORDGRAT ERKLETTERN, NÄHERN SICH IHREM HÖHENREKORD AUF 8225 METERN.

DRITTES KAPITEL

Wir waren jämmerlich müde... Die Knie beugten und streckten
sich nicht immer wie erforderlich. Manchmal gaben sie ganz nach...
Schwach vor Hunger und Erschöpfung durch diesen alptraumhaften Lebenskampf und
nicht im Stande, weiterzugehen.

GEORGE FINCH, 1922

IM SCHOSS DER GÖTTER

Mallory kämpfte auf der langen Heimreise gegen ein Gefühl des Versagens an. Ihn verlangte schrecklich danach, Ruth und die Kinder zu sehen; sieben Monate waren eine lange Zeit der Trennung. Er merkte, dass er sich nach Ruhe und vertrauten Szenerien sehnte: „Bloomsbury im Nebel – Rinder, die auf den westlichen Wiesen grasten..." Auf dem Schiff von Bombay blieb er die meiste Zeit in seiner Kabine und schrieb wie wild. Briefe an Freunde, einen Bericht für Younghusband, einen Artikel für die Zeitschriften des Alpine Club und der Royal Geographical Society, den Vortrag, den er bei der gemeinsamen Tagung dieser beiden Körperschaften halten wollte, seinen Beitrag zu dem geplanten Buch über die Expedition... Er ging die Ereignisse der Erkundungsfahrt und des Besteigungsversuchs immer wieder durch, verarbeitete seine Enttäuschung. Es gelang ihm, „Bilder von mir und ein paar entschlossenen Geistern, wie wir von unserem hingeduckten Lager auf diesem hohen Pass aufbrachen, um wenigstens zu einem höheren Punkt hinaufzukriechen, wo der Gipfel fast in Reichweite sein würde, und wie wir herunterkamen, müde, aber nicht entmutigt, vielmehr zufrieden, einfach mit der Leistung" mit der Wirklichkeit zu versöhnen, die er vorgefunden hatte:

MALLORYS GEHEIMNIS

„verblasener Schnee, der endlos über die grauen Hänge fegte, einfach diese düstere Aussicht, kein Atemholen und keine Hoffnung".

Als sie sich Marseille näherten, wohin ihm Ruth entgegengefahren war, fühlte er sich geistig wohler. Sein überwältigendes Gefühl war jetzt, wie er zu Geoffrey Young sagte, Erleichterung darüber, nicht versucht zu haben, weiter zu gehen. „Wir kamen ohne Unfall zurück, hatten nicht einmal eine erfrorene Zehe. Jetzt scheint mir, dass die Frage nicht war, was höher oben hätte passieren können, sondern was mit unfehlbarer Sicherheit passiert wäre. Eine bemitleidenswerte Schar war das zumindest, nicht geeignet, irgendwo auf einem Berghang zu sein." Und an David Pye schrieb er: „Wenn ich an dieses wunderbare Everest Committee denke und an alle die ernsten Meinungsverschiedenheiten, die zwischen den nickenden Köpfen hin und her gegangen sein müssen, das Prüfen von Fotos und die Erörterung von Briefen, wobei in schleimigen Kehlen ernste Zweifel darüber hochgehustet wurden, ob die Gruppe wirklich 'auf dem richtigen Weg' sei, und alle die bemühten Weisheiten, die man der sensationshungrigen Öffentlichkeit servierte — Himmel, wenn ich daran denke, blubbert in mir etwas hoch. Das Überschäumen wird natürlich unnachgiebig unterdrückt. Ich beruhige mich, finde zu überlegteren Urteilen."

Eines hatten sie erkannt, nämlich dass die beste Zeit für einen Gipfelangriff wahrscheinlich der Vormonsun war, was bedeutete, dass man im April im Basislager eintreffen musste. Nach Mallorys Ansicht war es nicht möglich, rechtzeitig für das folgende Jahr eine neue Expedition zusammenzustellen. Man brauchte mindestens acht ausgezeichnete Bergsteiger — und woher sollten die kommen? Zu seiner Schwester Avie sagte er, wenn das Committee ihn zu einer Antwort dränge, werde er entgegnen, man solle zuerst die sieben anderen suchen. „Ich würde nächstes Jahr nicht um alles Gold Arabiens gehen", erklärte er.

Natürlich bestand keine Aussicht auf irgendein Entgelt, und er hatte keine Arbeit, die er wieder aufnehmen konnte. Als dann klar war, dass die nächste Expedition von General Bruce geleitet und „echte" Bergsteiger in ihren Reihen haben sollte, fand Mallory, diese Chance könne er nicht ungenutzt lassen. Er würde drei Monate in England bleiben und dann in den Osten zurückkehren, um den Kampf wieder aufzunehmen.

Diesmal sollte George Ingle Finch zum Team gehören. Bullock konnte nicht mitkommen — tatsächlich sollte von den Teilnehmern der 1921er Expedition neben Mallory einzig Morshead wieder dabei sein, aber als Bergsteiger und nicht als Landvermesser. Topographische Arbeiten waren für 1922 nicht vorgesehen. Offizielle Kreise hatten sich beunruhigt gezeigt wegen der unbedachten Bemerkung, dass die Landvermessung von 1921 eine „militärische" Aufklärung gewesen sei. Sogar A. E. Heron, der seine geologische Vermessung unbedingt abschließen wollte, wurde im letzten Moment abgelehnt, weil er im Vorjahr mit dem Sammeln von Steinen die „Drachen" gestört hatte, die unter den heiligen Bergen lebten. Jedenfalls hatte das Team von 1921 die Vermessung von 31 000 Quadratkilometern beendet und weitere 2600 in Sikkim einer Revision unterzogen; Wheeler hatte eine detaillierte fotografische Vermessung in der Umgebung des Mount Everest durchgeführt. Vorausexemplare davon sollte das 1922er Team unterwegs erhalten.

Die restlichen Bergsteiger waren Maj. Edward „Teddy" Norton, ein großartiger Sportler und Botaniker; die Ärzte Howard Sommervell und Arthur Wakefield, beide aus dem Seengebiet im Nordwesten Englands; ferner zwei ältere Alpine-Club-Mitglieder, Col. Edward Strutt als stellvertretender Expeditionsleiter und Tom Longstaff als Chirurg und Naturkundler. Zu ihnen sollten in Indien der Vetter des Generals, Capt. Geoffrey Bruce, und Capt. C. J. Morris stoßen — beide aus Gurkha-Regimentern — sowie Colin Crawford von der indischen Zivilver-

IM SCHOSS DER GÖTTER

Beim Anmarsch von 1922 musste das Team auf der tibetischen Hochebene einen Fluss überqueren. Arthur Wakefield (rechtes Bild, Mitte) zog die Stiefel aus, damit sie trocken blieben. Howard Somervell (links) übertraf ihn — und zog auch die Hose aus. Mallory (rechts) fragte sich, warum die beiden so verschämt seien...

Die Mahlzeiten waren eine formelle Angelegenheit. Die Expeditionsmitglieder sitzen auf Stühlen an Tischen, und General Bruce, der Expeditionsleiter, präsidiert an der Stirnseite.

81

MALLORYS GEHEIMNIS

Die Expedition schlug erneut ihr Lager auf der trockenen Ebene bei der Bergstadt Shegar Dsong auf. Neugierige Tibeter schauten in die Zelte der Bergsteiger und staunten über die exotischen Ausrüstungsgegenstände, mit denen der Mount Everest erobert werden sollte.

waltung. Diese Männer beherrschten die in dem Gebiet gesprochenen Sprachen und sollten helfen, die Überlandreise zu arrangieren. Unter der Leitung von Capt. John Noel wurde eine großartige fotografische Ausrüstung zusammengestellt, bestehend aus drei Filmkameras, zwei Panoramakameras, von denen eine sich voll im Kreis drehte, vier Plattenkameras (darunter eine großformatige), eine Stereokamera und fünf Westentaschen-Kodaks. Er nahm eine Dunkelkammer-Ausrüstung mit, um die Filme an Ort und Stelle entwickeln zu können.

Die britische Gesellschaft war in den zwanziger Jahren streng in soziale Schichten unterteilt. Die Menschen wurden unausweichlich nach ihrem Rang oder Beruf in Kategorien eingestuft. Deshalb überrascht es nicht, dass Arthur Hinks, Sekretär des Everest Committee und Herausgeber von *The Geographical Journal*, voll Stolz verkündete: „Von den elf Mitgliedern der Expedition sind sechs Soldaten: drei von den Gurkhas, einer von den Royal Scots, einer von der Royal Field Artillery und einer vom Maschinengewehrkorps, früher Angehöriger des East Yorkshire Regiment. Drei Team-Mitglieder

IM SCHOSS DER GÖTTER

kommen von der Universität Cambridge: Mr. Mallory vom Magdalene College, Mr. Somervell vom Caius und Dr. Wakefield vom Trinity. Zwei kommen von der Universität Oxford: Colonel Strutt und Dr. Longstaff, beide vom Christ Church College. Drei sind Chirurgen, zwei sind Biologen, mehrere sind ausgezeichnete Fotografen, mindestens einer ist Maler, und alle sind hervorragende Bergsteiger. Es ist in der Tat ein sehr starkes Team, von dem viel erwartet wird."

Ohne seinen Schreibtisch in einem der Büros der Royal Geographical Society zu verlassen, war Hinks vor dem Zweiten Weltkrieg intensiv an allen von Briten unternommenen Expeditionen zum Everest beteiligt. Er befasste sich mit der täglichen Korrespondenz, hatte die Finger in jedem Planungsstadium, las die Expeditionsbulletins als Erster und verteilte sie. Als begabter Kartograph versuchte er, vor den Kartenaufnahmen widersprüchliche geographische Daten in Einklang zu bringen. Er scheute sich nicht, aus eigener Initiative zu handeln und seine Befugnisse zu überschreiten, was dem Committee durchaus recht war, solange alles gut ging und glatt lief. Doch gelegentlich kleidete er seine eigenen Vorurteile und geäußerten Kritiken in ein hoheitliches „Wir" und erzeugte so den Eindruck, diese Ansichten würden vom Committee als Ganzem vertreten. Zweifellos war auch er von der Aufregung über den Kampf um den Everest erfasst worden, aber im Grunde hatte er wenig Geduld mit

MALLORYS GEHEIMNIS

Bergsteigern oder dem Bergsteigen als solchem, das er im Vergleich zu wissenschaftlicher Arbeit oder zur Fotografie für leichtfertig hielt. Besonders häufig geriet Hinks mit seinem Kollegen vom Alpine Club aneinander: mit Percy Farrar, der genauso halsstarrig sein konnte wie er.

Die Historiker stehen bei Hinks in großer Schuld, denn er war ein pedantischer Registrator. Jedes Stück Papier, das über seinen Schreibtisch ging, wurde abgelegt. Als Folge davon besitzt die Royal Geographical Society, die das Bildmaterial und die Schriftstücke des Mount Everest Committee erbte, nicht nur eine einmalige Sammlung an topographischen Fotos, die in diesen Forschungsjahren aufgenommen wurden, sondern auch eine Zeitkapsel voller Dokumente, Rechnungen, Committee-Notizen, Ausschnitten, indischen Zeitungen, Briefen an fast alle und von fast allen frühen „Everestern" sowie von Menschen aus der breiten Öffentlichkeit – Papier, das Dutzende von Kästen und Ordnern füllt.

Verblüffend ist ein Detail: In der damaligen Zeit, als die Post drei- oder viermal täglich ausgeliefert wurde und ein Brief binnen Stunden von einem Ende Londons zum anderen gelangte, fanden Diskussionen gewöhnlich auf Papier statt und nicht per Telefon. Mit Hilfe von Hinks' Sammlung kann man verfolgen, welche Argumente und welch gründliche Prüfungen bei der Auswahl von Ausrüstung und Team-Mitgliedern mitspielten. Ein wahrhaft unbezahlbares Erbe!

Mallory schilderte Ruth, was für eine fröhliche und kongeniale Gruppe sie in diesem Jahr waren und welchen Gegensatz zu Charles Howard-Bury doch Bruce darstellte, dessen heiterer Charakter an Größe seinem Umfang entsprach. In dem kleinen Eisenbahnzug nach Darjeeling schaute der General die meiste Zeit zum Fenster hinaus, er „schäumte über vor Freude und winkte Passanten mit seinem Taschentuch".

Bei einem Treffen mit dem dsongpen *oder zivilen Bezirksvorstand von Shegar Dsong (Zweiter von rechts) erörterten, von links, Mallory, Norton und Geoffrey Bruce ihr Vorhaben. Der* dsongpen *jedes Bezirks, den die Gruppe durchquerte, bekam Geschenke überreicht.*

Bruce hatte fast dreißig Jahre warten müssen, bis sich sein Everest-Traum erfüllte. Seine in der Jugend robuste Gesundheit war angenagt vom langen Dienst in Indien, von schlimmen Malaria-Anfällen und einer Reihe Verwundungen. Er war 1919 als dienstuntauglich aus der Armee entlassen worden, wegen „Herzschwäche mit starker Herzvergrößerung". Die Ärzte, so erzählte er gern, hätten ihm empfohlen, nach Hause zu gehen und ein ruhiges Leben zu führen, denn „in meinem Körper gebe es kaum ein Organ, das nicht krankhaft verändert sei. Sogar meine Leber ist derart vergrößert, dass zwei Männer und einen Junge nötig waren, um sie zu tragen". Zu seinem Glück fand er einen bergsteigenden Arzt, der erklärte, die beste Art, sich fit zu halten, sei für ihn leichtes Bergsteigen, und das funktionierte. 1921 erhielt er die Erlaubnis, in den Alpen herumzuklettern, so viel er wollte, und er kam sehr fit von dort zurück.

Younghusband beschrieb Bruce einmal als „eine ungewöhnliche Mischung aus Junge und Mann" und fügte hinzu, „man weiß nie, mit welchem von den beiden man gerade spricht". Bruce sprudelte ständig über vor jungenhaftem Spaß, aber er war schlau, fähig und duldete nicht den geringsten Unsinn – eine wirksame Kombination. Seine Überschwänglichkeit und sein lärmender Humor riefen bei Hinks Misstrauen und die Sorge hervor, die Geldmittel der Expedition könnten ihm durch die Finger laufen wie Wasser.

Morshead hörte amüsiert zu, wenn Bruce seine Berichte dem auf der Schreibmaschine des Teams tippenden Morris diktierte. „Unlängst erwähnte er in einem Brief an die R.G.S., er habe

IM SCHOSS DER GÖTTER

'alles denkbar Mögliche getan, um die Expedition voranzubringen, angefangen vom Antrittsbesuch beim Vizekönig bis hin zum Leeren der Töpfe in einem Rasthaus'", berichtete Morshead seiner Frau. „Kannst Du Dir den alten Hinks vorstellen, der kein Körnchen Humor in seinem Naturell hat, wie er verwundert seine goldgefaßte Brille putzt, wenn er Bruces Berichte an das Committee liest?!"

Der Treck zum Basislager folgte weitgehend der 1921 erkundeten Route, doch weil man zwei Monate früher im Jahr dran war als damals, war es auch kälter; die Männer gingen zu Fuß, um warm zu bleiben, und ritten nur auf ihren Pferden, wenn sie erschöpft waren. Nachts wickelten sie sich in Schichten ihrer Kleidung. Von Phari nahmen sie die kürzere Route nach Khamba Dsong, hatten aber mit tiefem Schnee und heulendem Wind zu kämpfen. Der bohrende Verdacht, Kellas hätte gerettet werden können, wenn sie beim letzten Mal diesen Weg genommen hätten, wurde ausgeräumt. Sie besuchten sein Grab, legten ein paar weitere Steine auf den Hügel.

In Khamba stießen Finch und Crawford, die durch das verspätete Eintreffen der Sauerstoffgeräte aufgehalten worden waren, zur Mannschaft. Finch vergeudete keine Zeit, sondern sorgte sofort dafür, dass alle Bergsteiger wussten, wie man mit den Geräten umging; außerdem führte er ein tägliches

MALLORYS GEHEIMNIS

Sauerstofftraining ein. „Eine interessante Unterhaltung", nannte es Mallory, die „einige Schwächen an dem Apparat aufzeigte ... Nichts, was nicht reguliert werden kann, aber es macht nur allzu deutlich, wie hoch die Chancen dagegen stehen, dass es richtig funktioniert." Mallory konnte seine Abneigung gegen dieses Verfahren nicht überwinden, bei dem man einen Gummischlauch in den Mund halten musste. „Mich ekelt bei der Vorstellung, dass Speichel herabtropft", vertraute er Ruth an.

Hinter Khamba herrschte wärmeres Wetter, aber mehrere Team-Mitglieder hatten sich erkältet und zeigten grippeähnliche Symptome. Longstaff fühlte sich in Tinki Dsong so schlecht, dass sie einen zusätzlichen Ruhetag einlegten, damit er wieder Kräfte sammeln konnte. Der alte Herr wirkte beunruhigend schwach und hatte im Grunde nicht die Konstitution für ein derartiges Leben.

Nachdem sie Shegar Dsong verlassen hatten, überquerten sie den Pang La, und am letzten Apriltag gelangten sie ins Rongbuk-Tal. Am 1. Mai, „pünktlich nach dem Programm", brachte Bruce seine Karawane von rund 160 Mann „stark und fit" bis auf einen guten Kilometer an die Zunge des Hauptgletschers heran. Dort wurde das Basislager errichtet, wo man den Everest voll im Blickfeld hatte. An diesem Abend tranken sie mit Champagner auf Bruces Gesundheit.

Beim Anmarsch zum Nordsattel auf der kürzeren Route vom Östlichen Rongbuk-Gletscher ging es der Gruppe vor allem um die Erkundung, an welchen Stellen der 19 Kilometer langen Strecke zum vorgeschobenen Basislager die Zwischenlager platziert werden sollten. Das vorgeschobene Basislager sollte dann am oberen Gletscherrand unter den

Captain Noels handkolorierte Aufnahme eines tibetischen Zeremonienzelts am Fuß des Klosters von Shegar sollte daheim die Phantasie der Zuhörer anregen. Mallory und andere aus dem Team hielten häufig Vorträge, bei denen sie auch Lichtbilder von ihren Expeditionen zeigten.

MALLORYS GEHEIMNIS

Steilhängen des Sattels errichtet werden. Strutt, der die meiste Erfahrung in der Beurteilung der Schnee- und Eisbeschaffenheit hatte, wurde zur Erkundung der Route ausgeschickt und nahm Longstaff, Morshead und Norton mit. „Eine ideale Gruppe, voller Energie und Erfahrung und nicht zu jung", sagte er. „Morshead und Norton sind mit den sanftesten Temperamenten und Charakteranlagen gesegnet, während Longstaff und ich, mit dem genauen Gegenteil begabt, einander wegen der Stärke einer langjährigen Freundschaft ungehemmt und ohne Gehässigkeit verfluchen können."

Bruce wollte oberhalb des Basislagers Yaks einsetzen, vielleicht bis hinauf zum vorgeschobenen Basislager — so weit gehen diese Tiere heute —, aber die Treiber waren nicht willens, sie auf den weglosen, zerklüfteten Moränen Gefahren auszusetzen. Vorräte und Ausrüstung mussten also von einheimischen Trägern transportiert werden, um die Energien der sorgfältig ausgewählten nepalesischen Hochträger für später aufzusparen. In Tibet waren gerade diese Tage jedoch die Zeit des Pflügens, deshalb ließen sich nur wenige Dorfbewohner überreden, länger als einen oder zwei Tage für die Expedition zu arbeiten. Trotzdem strömten unaufhörlich einheimische Träger heran, aber nur für kurze Einsätze, „ein bunter Haufen aus alten Männern, Frauen, Jungen und Mädchen", schrieb Wakefield und er fügte hinzu: „Um sicherzustellen, dass keiner von ihnen etwas fallen ließ oder einfach unterwegs ablegte und dann die volle Bezahlung fordern kam, teilte man Morris und mich dazu ein, ihnen zu folgen, die Schar zusammenzuhalten und zu verhindern, dass es Versprengte oder Nachzügler gab. Man instruierte uns, sie nicht zur Eile anzutreiben. Ich kam mir vor wie ein Farmer aus Westmoreland, der eine Herde zum Markt treibt. Auf 5500 Meter hinauf — wie diese Kulis ihre Lasten tragen, das ist mir ein völliges Rätsel! Manche wogen 40 Kilo!" Einige der Frauen trugen dazu noch ihre Kinder, und alle schliefen im Freien unter Felsen, auf

4900 oder 5100 Meter Höhe, wo die Temperaturen ein ganzes Stück unter die Frostgrenze sanken und die Wasserläufe zugefroren waren.

Mallory kannte das Becken oben im Östlichen Rongbuk-Gletscher; Wheeler hatte von der anderen Seite eine Längenmessung vorgenommen, aber niemand war je ganz auf den Gletscher gestiegen. „Es war eine seltsame, verzauberte Welt, in die Strutt und seine Gefährten da eindrangen", schrieb Younghusband in seiner Geschichte der Everest-Erforschung. „Im Mittelabschnitt war der Gletscher zerfressen zu den phantastischsten Eiszacken, ganzen Flotten, die herabzusegeln schienen wie riesige Jachten, in der Sonne funkelnd und glitzernd."

Für Lager I wurde ein ausgezeichneter Platz in 5400 Meter Höhe auf einer Kiesterrasse gefunden, nicht weit vom Östlichen Rongbuk-Tal entfernt. Man schichtete Steinmauern auf und bedeckte sie mit Zeltplanen, um zusätzlichen Platz und Schutz zu haben. Lager II befand sich 600 Meter höher, eine Strecke von drei Stunden, und es stand spektakulär neben einem Eisturm. Captain Noel nannte es in seinem Film und seinen Schriftwerken „Camp Gefrorener See". Das vorgeschobene Basislager III — Noels „Schneefeld-Lager" —, wurde in 6400 Metern auf einer Moräne im Schutz des Nordgipfels errichtet, an einem öden, kalten Platz, wo die Nachttemperaturen oft unter null sanken. Longstaffs Einsätze auf dem Gletscher laugten ihn aus. Zu seiner großen Bestürzung („Oh, diese Schande!") musste er auf einer Bahre ins Lager zurückgetragen werden und fiel für den Rest der Expedition praktisch aus. Wakefield diagnostizierte „Grippe, Laryngitis, Pharyngitis, Tracheitis und sehr schwach". Morshead schrieb an seine Frau: „Ich habe schreckliche Angst vor einem weiteren Fall Kellas, wenn der General nicht darauf besteht, dass Longstaff unten im Lager bleibt. Es ist ein Jammer, dass die Menschen nicht einsehen, dass Bergsteigen im Himalaja eine Sache für junge Männer ist; ich werde es aufgeben, wenn ich vierzig bin!"

IM SCHOSS DER GÖTTER

Das Basislager wurde auf 5000 Metern errichtet. Das ebene, grasige Gelände und das reichliche Wasser gaben einen idealen Lagerplatz ab.

Danach begann die Arbeit des Teams, fern der Heimat ein Zuhause zu schaffen: Zelte aufstellen, Vorräte auspacken, die warmen Kleider und die Atemgeräte verstauen, die sie beim Angriff auf den Everest verwenden wollten.

MALLORYS GEHEIMNIS

Das Bergsteigerteam wurde zahlenmäßig weit übertroffen von den Trägern, die man nach drei Kriterien angeheuert hatte: jene, die Waren und Ausrüstungsgegenstände zum Basislager transportierten; jene, die halfen, Lager weiter oben am Berg auszustatten; und eine Elite von etwa einem Dutzend Männern, die talentiert genug für Aufgaben in den Hochlagen waren.

In allen Lagern wurden Köche untergebracht, und während des ganzen Monats schaffte man Vorräte und Sauerstoffgeräte an ihren Bestimmungsort auf dem Gletscher. Mallory und Somervell verließen das Basislager am 10. Mai in der Absicht, über das Lager III hinaus vorzudringen, hinauf auf den Nordsattel, und auf seinem Kamm ein Lager zu errichten. Als Younghusband darüber schrieb, betonte er, was für ein Fehler es nach seiner Ansicht war, zwei so starke Bergsteiger derart hoch hinauf zu schicken. Die beiden waren „die Besten der ganzen Gruppe" und hätten „im Basislager in Watte gepackt werden sollen oder in einem der Gletscherlager üben und sich akklimatisieren, aber immer ein bequemes Lager haben, in das sie zurückkehren konnten". Wenn man die Schinderei anderen überließ und wartete, bis der Weg „ganz geebnet" war, hätten sie ihn schnell und ohne große Mühe bewältigen können und wären in der bestmöglichen Verfassung für die größte Anstrengung gewesen, von der alles andere abhing.

„Das ist es, was theoretisch hätte geschehen sollen", sagte er. „Aber einmal mehr musste man von der Theorie abgehen."

Die gefährlichen Hänge des Nordsattels machten es nötig, dass man eine völlig andere Aufstiegsroute wählte als im Herbst zuvor, außerdem waren oben jetzt mehr Spalten offen. Die zusammengedrängten Zelte, die das Lager IV bildeten, standen auf einem Sims knapp unter dem Rand. Es war Noels „Eisklippen-Lager", und zu ihm trug man nun Vorräte herauf. Strutt, für das Bergsteigen zuständig, hielt die Zeit für gekommen, „eine formelle Erkundung" durchzuführen.

IM SCHOSS DER GÖTTER

Fast alle außer Bruce, Morshead und Wakefield litten an Magenbeschwerden unterschiedlichen Grades. Bei Mallory waren sie leicht. Er rechnete damit, sie bald überwunden zu haben, doch Finch war mehrere Tage lang ans Bett gefesselt. „Eine schlechte Art, für Bergsteigen in großer Höhe zu trainieren", stellte Morshead fest. Der ursprüngliche Plan, dass Mallory und Somvervell einen Versuch ohne Sauerstoff machen sollten, gefolgt von einem Versuch mit Sauerstoff durch Finch und Norton, reihte sich unter die aufgegebenen Theorien ein. Nachdem Finch flach lag und zu befürchten war, dass der Monsun bald hereinbrechen würde, führten Mallory, Somervell, Norton und Morshead neun Träger auf den Nordsattel, stellten fünf weitere Zelte auf und schliefen dort. Am nächsten Tag wollten sie früh aufbrechen und zum Kamm des Nordgrats steigen, also auf dem eigentlichen Berg die ersten Schritte machen, die dort je getan wurden.

Mallory schrieb Ruth am Abend vor diesem Versuch: „Ich werde mich, falls es Schwierigkeiten geben sollte, glücklicher fühlen bei dem Gedanken, dass ich Dir eine Botschaft der Liebe geschickt habe." Er glaubte nicht, dass die zu erwartenden Schwierigkeiten viele Überraschungen enthalten würden; unbekannte Faktoren waren vielmehr die Grenzen ihrer eigenen Ausdauer und ihres Willens, weiter zu gehen. „Es liegt alles im Schoß der Götter, und das ist ein nackter, kalter Schoß." Er endete: „Liebste, Du musst wissen, dass der Antrieb, mein Bestes zu leisten, nur Du bist und abermals Du. In Augenblicken der Depression oder mangelnden Vertrauens oder überwältigender Müdigkeit möchte ich mehr als alles andere mich Deiner würdig erweisen. Alle meine Liebe für Dich. Viele Küsse an Clare und Berridge und John."

Geplant war, Lager V in einer Höhe von etwa 8200 Metern zu errichten, zwei „Mummery"-Zelte, Schlafsäcke, etwas Proviant und Kochutensilien mitzunehmen; die Träger sollten dann wieder nach unten geschickt werden, möglichst die ganze Strecke bis ins Lager III. Als die Sonne um 16.30 Uhr

IM SCHOSS DER GÖTTER

den Berg verließ, lagen auf dem Sattel alle in ihren Schlafsäcken, neben sich die gefüllten Thermosflaschen für das Frühstück am nächsten Morgen. Für Mallory erschienen ihre Aussichten „außerordentlich vielversprechend".

Mallory war um fünf Uhr wach, weckte die anderen und musste feststellen, dass die Träger sich nicht rühren mochten. Alle litten unter der Höhe, und nur fünf waren fit genug, um sie zu begleiten. Eine weitere Verzögerung gab es, weil die fürs Frühstück vorgesehenen Spaghettibüchsen vor den Zelten im Schnee gelegen hatten und erst aufgetaut werden mussten. Deshalb wurde es 7 Uhr, bis die kleine Gruppe aufbrechen konnte. Morshead gab das Tempo vor. Die Hoffnung, dass es mit fortschreitendem Tag wärmer würde, verflog, als von Westen her kalter Wind aufkam. Die Kletterer zogen ihre ganze Ersatzkleidung an – ausgenommen Morshead, der katastrophal trödelte.

Die weniger gut ausgerüsteten Träger froren mit zunehmender Höhe immer mehr. Mallory wurde klar, dass sie ihre Pläne überdenken mussten. Das Schlagen von Stufen im harten Firn hatte die Männer erschöpft, deshalb waren sie froh, gegen Mittag in 7600 Meter Höhe die Windschattenseite einiger Felsen zu erreichen. Es konnte keine Rede davon sein, noch höher zu steigen. Sie querten auf die geschützte Ostseite des Grats. Dort ließ sich aus aufeinander geschichteten Steinen eine wacklige Zeltplattform errichten; als zweite diente eine fünfzig Meter entfernte schiefe Platte. „Eine unbequemere Anlage hätte man nicht erfinden können", schrieb Mallory über Letztere. Die beiden Männer in dem Zelt dort rollten nachts immer wieder aufeinander und auf die scharfen Steine am Fuß der Platte.

Vom Basislager war das Ziel immer in Sicht: Die Nordflanke des Everest ragte knapp 20 Kilometer entfernt in den dunklen Himmel. Jetstream-Winde aus dem Westen umwehten den Gipfel und erzeugten jene Wolkenfedern oder Nebelstreifen, die zum „Kennzeichen" des Berges geworden sind.

Trotz der Kälte konnte die grelle Sonne in den Hochlagen des Everest — hier im Lager II — die Haut verbrennen und Schneeblindheit verursachen. Die Team-Mitglieder benutzten Schirme, Brillen und Zinkoxidsalbe, um sich vor den starken Strahlen zu schützen.

Die Träger waren froh, absteigen zu können, und machten sich auf und davon zum Sattel. Die Kletterer litten bereits unter den Auswirkungen der Kälte, doch zum Glück war die Nacht recht mild, nicht kälter als −22° C. Am schwersten betroffen war Morshead. „Zu spät am Tag hatte er seinen Rodelanzug als Schutz vor dem Wind angezogen", schrieb Mallory. „Bei der Ankunft im Lager war er durchgefroren und fühlte sich sichtlich unwohl." Zu allem Überfluss hatte Norton seinen Rucksack mit zusätzlicher warmer Kleidung für die Nacht eingebüßt; bei einer Rast war er ihm von den Knien gerutscht und den Berg hinuntergerollt.

Der Wind legte sich, und während der Nacht zeigten sich immer wieder Sterne, die einen besseren nächsten Tag zu verheißen schienen. Doch als es zu tagen begann, stellte Mallory angewidert fest, dass draußen alles weiß war. „Etwas später", schrieb er, „hörten wir feinen Körnerschnee auf die Zelte fallen, und als wir durch die Zelttür schauten, konnten wir erkennen, dass die Wolke und der Nebel von Osten auf einer Monsunströmung heraufkamen." Gegen 6.30 Uhr besserte sich die Lage etwas. Die Männer begannen erneut das Spiel, unter misslichen Umständen ein Frühstück zubereiten. Ein zweiter Rucksack machte sich selbstständig und sprang den Berg hinunter. Dieser enthielt wertvollen Proviant und wäre ein katastrophaler Verlust gewesen, doch er verfing sich dreißig Meter weiter unten an einem Vorsprung. „Morshead", so berichtet Mallory, „holte ihn unter heroischen Anstrengungen herauf." Danach war er ziemlich fertig. Als sie sich gegen 8 Uhr rüsteten, den Berg wieder anzugehen, erklärte Morshead: „Ich gehe lieber nicht

mit. Ich bin sicher, dass ich euch nur aufhalten würde."

Enttäuscht gingen die anderen ohne ihn los, immer noch benommen vom Kopfweh nach der schlechten Nacht. Der Schnee verdeckte Bänder und lockere Steine und erschwerte das Vorankommen. Man konnte das Gelände zwar nicht als schwierig bezeichnen, aber Mallory stellte fest, alle die kleinen Simse, aus denen es bestand, seien „unvorteilhaft geneigt", so dass große Vorsicht und gute Balance erforderlich waren. Die Männer hielten sich nahe am Grat und strebten auf die Nordostschulter zu. Doch so tief sie auch einatmeten, ihr Vorankommen war kaum mehr als „ein elendes Kriechen", bei allen dreien. Um 14 Uhr stand fest, dass sie nicht auf die Schulter gelangen konnten, die noch immer 150 Meter über ihnen lag, wenn sie Morshead für die Nacht auf den Nordsattel hinunter in Sicherheit bringen wollten. „Und wie dem auch sei", berichtete Mallory später auf der gemeinsamen Versammlung der Royal Geographical Society und des Alpine Club, „es wäre ein irrsinniges Risiko gewesen, am Mount Everest bis an die äußerte Grenze der eigenen Kraft aufzusteigen und auf Inspirationen oder Kognak zu vertrauen, um wieder sicher nach unten zu kommen; der Körper erlangt nämlich beim Abstieg keine Kraft zurück, wie er es in den Alpen tut."

Um 14.15 Uhr kehrten sie um. Nach ihrer Überzeugung hatten sie noch genügend Kraftreserven für die vor ihnen liegende lange Strecke. Keiner von ihnen empfand es als allzu unangenehm, nicht weiter zu gehen; die Überanstrengung bewirkte, dass sie nicht sonderlich viel fühlten. Bis zu ihrem Aufbruch auf dem Nordsattel hatte der Höhenweltrekord für Bergsteiger 7500 Meter betragen; die Anstrengungen dieses Tages schraubten ihn nunmehr auf 8225 Meter.

Beim Lager hielten sie nur an, um Morshead und einige wichtige Dinge mitzunehmen. Sie ließen die Zelte und die Schlafsäcke, wo sie waren, und

MALLORYS GEHEIMNIS

gingen auf dem Aufstiegsweg zurück. Die frische Schneeschicht hatte jedoch die Spuren ausgelöscht und machte das zuvor leichte Gelände glatt und rutschig. An manchen Stellen mussten sie Stufen schlagen. Sie seilten sich an, Mallory führte die meiste Zeit, außer wenn Norton ihn beim Stufenschlagen ablöste. Wie er Ruth ein paar Tage später schrieb, fühlte er sich beim Abstieg „ziemlich stark". Nur gut, dass er auf dem Posten war. „Ich hatte anfangs nicht erkannt, in welch wackeligem Zustand Morshead sich befand, und ziemlich schlechte Stufen geschlagen; aber für den Pickel gab es guten Halt", berichtete Mallory. „Norton und Somervell müssen kurz eingenickt sein. Ich hatte das Seil nicht über den Pickel gesichert, als ich eine Stufe schlagen wollte, aber als ich hinter mir ein verdächtiges Geräusch hörte, rammte ich den Pickel in den Firn, schlang das Seil herum und war längst bereit, als der Ruck kam."

Alle drei waren gestürzt, glitten mit wachsender Geschwindigkeit abwärts – und wurden von Mallory am Seil gehalten. Schwer erschüttert gingen sie weiter, nun mit äußerster Vorsicht. Morshead war inzwischen so schlecht beisammen, dass er immer nur einige Schritte machen konnte. Als das Gelände flacher wurde, konnte Norton ihn stützen, während Mallory die Vorhut bildete und Somervell die Nachhut. Blitze zuckten durch die zunehmende Dunkelheit.

Ihr Lager auf dem Nordsattel befand sich zwischen den Gletscherspalten am jenseitigen Ende, in Richtung des Nordgipfels Changtse. Die Stelle war schon bei Tageslicht nicht leicht zu erreichen, geschweige denn in nahezu völliger Dunkelheit.

Die Eistürme des Östlichen Rongbuk-Gletschers beim Lager II, von einigen mit Segelschiffen verglichen, von anderen mit Haifischzähnen, waren eine ständige Quelle des Staunens für die Team-Mitglieder, die oft herumwanderten, um sie zu erforschen. Auf dieser handkolorierten Aufnahme von Noel wirken sie vielleicht etwas blauer, als sie in Wirklichkeit waren.

MALLORYS GEHEIMNIS

In den Weiten des Östlichen Rongbuk-Gletschers sind John Morris und die Träger, die er zum Lager II bringt, kaum zu sehen.

Flimmerndes Sternenlicht beleuchtete die Spalten. Somervell brachte aus seinem Rucksack eine Laterne mit Kerze zum Vorschein, und mit etwa dem zwölften Streichholz gelang es ihnen, die Kerze anzuzünden. „Mit diesem Licht", schrieb Mallory, „tappten wir auf der Suche nach unserem Weg hierhin und dorthin." Rein durch göttliche Fügung fiel keiner in eine der verborgenen Spalten, bevor sie den Rand einer kleinen, etwa viereinhalb Meter hohen Klippe erreichten. Diese mussten sie hinunterspringen, was in der Dunkelheit ziemlich beängstigend war, doch sie landeten alle sicher. Ein Fixseil, das sie zu ihren Zelten hätte leiten sollen, war eingeschneit, und die letzte Kerze ging flackernd aus. „Wir tappten eine Weile am Rand des Abgrunds entlang und begannen dann steil hinunter zu steigen, nicht sicher, ob das der Weg war. Plötzlich verhakte sich einer in dem Seil. Da wussten wir, dass wir die Zelte erreichen würden."

Von George Ingle Finch wird oft gesagt, es sei sein Pech gewesen, dass er in den zwanziger Jahren das richtige Alter für den Mount Everest hatte. Eine oder mehrere Generationen später, als die Expeditionen der Rolle der Wissenschaft und der Technologie bei der Überwindung physischer Hindernisse und menschlicher Grenzen größere Aufmerksamkeit widmeten, hätte er sich wesentlich mehr in seinem Element gefühlt. Anfangs war er keiner festen Meinung in der einen oder anderen Richtung gewesen, was die Verwendung von zusätzlichem Sauerstoff als Steighilfe in Hochlagen anbelangte, doch seine Arbeit mit Professor Dreyer hatte ihn bekehrt. Ungeachtet des Gewichts und der Kompliziertheit der Sauerstoffgeräte glaubte er jetzt, ihre Verwendung sei wichtig und logisch. Kein Bergsteiger würde den Gipfel ohne zusätzlichen Sauerstoff

IM SCHOSS DER GÖTTER

erreichen; und ihn als „künstliche" Hilfe zu betrachten sei eine Folge nachlässigen Denkens, fand er. „Der Bergsteiger bewahrt seine animalische Körperwärme soweit wie möglich, indem er besonders warme Kleidung trägt", argumentierte er. „Könnte die Wissenschaft Sauerstoff in Tablettenform herstellen oder ihn uns in Thermosflaschen liefern, so dass wir ihn trinken könnten wie unseren heißen Tee, würde er das Stigma des 'Künstlichen' vielleicht verlieren. Doch wenn er in speziellen Behältern mitgetragen werden muss, meint man, seine ganze Substanz sei verändert und durch seine Verwendung verschaffe sich der Bergsteiger einen heimlichen, unfairen Vorteil gegenüber dem Berg!"

In seinem Denken und seiner Art harmonierte Finch nicht mit seinen Gefährten. Und weil man ihn im Vorjahr willkürlich aus dem Team geschasst hatte, war ihm bewusst, dass nicht alle seine Anwesenheit begrüßten. Er fühlte sich als Außenseiter. Dies machte das Lagerleben nicht einfach.

Finch hatte wegen des Sauerstoffdrills, dem er seine Kameraden unterzog, auf der Anreise seinen Anteil an Fopperei abbekommen. Mallory hatte gesagt, es sei phantastischer Unsinn zu glauben, man brauche eine vierzehntätige Schulung, um das Gerät zu verstehen. Zwei Tage seien genug. Man darf annehmen, dass die anderen seine Meinung teilten, denn eines Tages bekam Finch auf dem Schiff ein Gedicht überreicht, das seine meuternden Schüler verfasst hatten. Es enthielt Strophen wie diese:

> *Das Wetter war schön, und wir genossen es sehr,*
> *bereit für Erholung und Rast auf dem Meer.*
> *Doch horch! Was ist das? Sechs Uhr ohne Zweifel*
> *Und damit sind unsere Ferien beim Teufel.*
> *Denn ob einer ruht, ob lesen er will,*
> *Man ruft uns gar grausam zum Sauerstoff-Drill.*

Der Drill wurde daraufhin aufgegeben, bis zur Reise durch Tibet, wo er aber auch auf keine

MALLORYS GEHEIMNIS

größere Begeisterung stieß. Das Committee wünschte, dass man die Geräte auf dem Berg gründlich testete, und Bruce sorgte dankenswerterweise dafür, dass im vorgeschobenen Basislager genügend Geräte bereitlagen. Er war aber trotzdem nicht begeistert, sondern bekannte, dass ihm der Apparat „ziemliche Angst mache". Insgesamt schien er zu anfällig für Beschädigungen durch Anschlagen oder Hängenbleiben der Schläuche an Felsen, außerdem konnte das Wechseln der Flaschen in steilem Gelände für ermüdete Männer ein tückisches Unterfangen sein.

Während Finch am 14. Mai im Basislager krank in seinem Schlafsack lag, sah er alle fitten Bergsteiger – die erste Angriffsgruppe – „an die Front" gehen, und ihm wurde klar, dass der zweite Angriff, der für ihn und Norton geplante Sauerstoff-Versuch, nicht stattfinden würde. Seine Stimmung sank auf den Nullpunkt. Doch ein Charakterzug, den er mit Mallory gemeinsam hatte, war eine „von keiner Halbherzigkeit ausgehöhlte Entschlusskraft". Seine wissenschaftliche Arbeit musste immer noch getan werden; er wollte immer noch seine Chance an dem Berg bekommen. Auch wenn die Aussichten sich geändert hatten, draußen war er noch lange nicht.

Sobald es ihm gut genug ging, hielt Finch Ausschau nach Gefährten für seine Aufgabe. Die Wahl war recht einfach. Da gab es einmal Geoffrey Bruce, den jungen Vetter des Generals: „Groß, athletisch gebaut, stark, mit viel geistiger Energie begabt – eine unschätzbar wertvolle Eigenschaft bei Unternehmen wie diesem – und fröhlich in jeder Situation." Leider war Bruce noch nie im Leben auf einen Berg gestiegen. In Betracht kam für Finch außerdem einer der beiden Gurkha-Unteroffiziere, die man der Expedition zugeteilt hatte: ein großer Mann mit gewölbter Brust und einem Grinsen, das fast so breit war wie seine Schultern. Nach dem Prinzip, dass „der Mann, der am meisten grinst, gewöhnlich jener ist, der in den Bergen am weitesten kommt",

Lager III, auch als vorgeschobenes Basislager bezeichnet – von dem aus der Gipfelversuch unternommen werden sollte –, wurde auf 6400 Metern errichtet. Zu einer Mahlzeit aus Dosennahrung versammelten sich, von links, Bergführer Edward Strutt, A. W. Wakefield, H. T. Morshead, Teddy Norton, Howard Somervell und George Mallory.

wurde Lance-Corporal Tejbir als Verstärkung des Teams gewählt. Die drei riefen alle verfügbaren Träger zusammen, und dann gingen sie „an die Front".

Drei Tage verbrachten sie im Lager III, überprüften das Gerät und nahmen wichtige Einstellungen vor. Eisensäge, Zange und Lötkolben kamen zum Einsatz. Das veränderte Gerät testeten sie dann bei einer Tour auf den Rapiu La am Fuß des langen Nordgrats. Am 21. Mai sahen sie gegen Sonnenuntergang die vier Mitglieder der ersten Seilschaft beim Abstieg vom Nordgrat zum Lager IV. Am nächsten Morgen ging Finch ihnen mit seiner Gruppe und mit Wakefield zu den unteren Hängen des Sattels entgegen; er stellte fest: „Sie befanden sich offensichtlich im letzten Stadium der Erschöpfung, wie auch es sein sollte bei Männern, die an einem Berg wie dem Everest ihr Bestes geleistet haben." Er hielt es für unmöglich, dass sie sich genügend erholten, um einen weiteren Versuch unternehmen zu können. Deshalb stieg er, nachdem er ihnen Thermosflaschen mit heißem Tee gegeben und sie Wakefields Obhut anvertraut hatte, weiter in Richtung Sattel. Das war ein zweiter Testlauf mit dem Sauerstoffgerät, und ihn begeisterte das Tempo, mit dem sie vorankamen. Er vermutete, dass auch einige Sherpas zu der Erkenntnis gelangten, diese „englische Luft" habe tatsächlich therapeutische Wirkungen.

Am 24. Mai hatte Finch dann alles bereit, um seine Männer ganz auf den Nordsattel zu führen. Am nächsten Morgen waren die Träger bereits um 8 Uhr unterwegs zum Nordgrat, er selbst und seine beiden Gefährten folgten eineinhalb Stunden

IM SCHOSS DER GÖTTER

später. Finch, Bruce und Tejbir trugen jeweils 13 Kilo schwere Lasten, mehr als durchschnittliche Träger, doch dank des Einatmens von Sauerstoff holten sie die anderen ein, als sie 7460 Meter erreichten.

Finch wollte sein Lager unbedingt weiter oben aufschlagen als Mallorys Gruppe – auf 7600 Metern. Er musste sich jedoch mit 150 Metern weniger begnügen, weil am Nachmittag starke Winde aufkamen. Bevor er die Träger zurückschickte, ebneten sie eine kleine Kanzel am First des Grats ein und bauten ein Zelt auf, an einer ausgesetzten Stelle, wo die Hänge auf der einen Seite zum Östlichen Rongbuk-Gletscher und auf der anderen zum Rongbuk-Hauptgletscher abfielen. Es begann zu schneien und

später wurde der Wind zum Sturm. Böen zerrten an dem kleinen Zelt, drohten es aus seiner Verankerung zu reißen. An Schlaf war nicht zu denken, weil die Männer sich an ihrem dünnen Obdach festklammern mussten.

Die heftigen Winde legten sich erst gegen 13 Uhr am nächsten Tag. Es befriedigte Finch sehr, dass seine Kameraden bereit waren, die Sache auszusitzen, statt den Versuch aufzugeben.

Etwa um 18 Uhr abends hörten sie draußen Stimmen. Zu ihrer Freude waren Sherpas vom Sattel heraufgestiegen, um ihnen heißen Tee und Bovril zu bringen.

(Fortsetzung auf Seite 106)

SAUERSTOFF AUF DEM EVEREST

Namhafte Wissensschaftler waren 1922 keineswegs überzeugt, dass der Mount Everest ohne zusätzlichen Sauerstoff als Hilfsmittel bestiegen werden könnte. Ballonfahrer waren bekanntermaßen auf geringeren Höhen kollabiert und gestorben. „Sollten Sie doch Erfolg haben", warnte Professor Dreyer, beratender Physiologe der Royal Air Force, das Everest Committee, „dann könnte es passieren, dass Sie nicht mehr herunter kommen." Als Folge davon bildete der Alpine Club einen Sauerstoff-Unterausschuss, dem Capt. Percy Farrar, George Finch, Howard Somervell und ein weiterer Bergsteiger und Wissenschaftler namens P. J. H. Unna angehörten. Sie sollten das Problem untersuchen und an Ausrüstung bestellen, was erforderlich war. In Professor Dreyers Druckkammer in Oxford führten Finch und Somervell Tests durch, die sie in eine simulierte Höhe von 7000 Metern brachten. Sie mussten mit einer 16 Kilo schweren Last immer wieder auf einen Stuhl und von ihm herab steigen. Finch schaffte das ohne erkennbare Schwierigkeiten, aber Somervell geriet nach dem fünfzigsten Schritt ins Wanken. Er stritt heftig ab, irgendwelche unangenehmen Auswirkungen zu spüren, doch sein Leugnen wurde als Zeichen dafür angesehen, dass er die umstrittenen Merkmale zeigte, die eines der bekannten Symptome von Hypoxie (Sauerstoffmangel) waren, und ihm wurde gewaltsam Sauerstoff verabreicht.

Nicht der Anteil des Sauerstoffs in der Luft nimmt ab, wenn die Bergsteiger in größere Höhen kommen – er bleibt konstant bei 20,93 Prozent –, doch der atmosphärische Druck verringert sich. In 5500 Metern ist er nur halb so stark wie auf Meereshöhe, und auf dem Gipfel des Everest beträgt er ein Drittel des Drucks auf Meereshöhe. Der Körper hat Mühe, bei derart niedrigem Druck den notwendigen Gasaustausch in der Lunge zu vollziehen. Erstes Anzeichen für Sauerstoffmangel ist beschleunigtes Atmen, weil der Bergsteiger brauchbare Luft zu bekommen versucht. Der Puls beschleunigt sich auf 140 Schläge pro Minute, was körperliche Anstrengungen ungeheuer erschwert; selbst wenn man sich nur im Schlafsack umdreht, ist man hinterher minutenlang

SAUERSTOFFGERÄT VON 1922;
OBEN: SAUERSTOFFFLASCHE
VON 1924.

atemlos. Das Blut wird dicker, so dass man anfälliger für Thrombosen und Schlaganfälle ist, und es wird dunkelrot, so dass Gesicht und Hände eine bläuliche Farbe annehmen – besonders die Fingernägel. Nähert man sich der Bewusstlosigkeit, können geistige Verwirrung und Gereiztheit auftreten, und die Bläue verstärkt sich noch.

Heute wissen wir mehr über Höhenstörungen wie Lungen- oder Hirnödeme und andere Zirkulationsstörungen, doch in den zwanziger Jahren waren die Kenntnisse rudimentär. Bei Bergsteigern und Trägern, die entsprechende Symptome zeigten, wurden oft Fehldiagnosen gestellt. Der Grund für die Verwendung von zusätzlichem Sauerstoff war die Leistungssteigerung. Sie sollte es Menschen ermöglichen, in dünnere Atmosphären vorzudringen. Dr. Alexander Kellas hatte nützliche Forschungen auf dem Gebiet der Höhenkrankheit und erste, ergebnislose Experimente mit künstlichem Sauerstoff durchgeführt, doch vor den Pionier-Expeditionen zum Everest wusste man wenig über den natürlichen körpereigenen Abwehrmechanismus: die Akklimatisation.

Als Arthur Hinks bekannt gab, dass die Expedition von 1922 eine Sauerstoffausrüstung mitnehme, verriet er seine Skepsis im Hinblick auf ihren Wert. „Einige der Bergsteiger hatten sich überzeugt", schrieb er, „oder sind überzeugt worden, dass sie ohne die Ausrüstung niemals auf den Gipfel kämen. Das Committee, das sich verpflichtet fühlt, alles zu liefern, was vernünftigerweise verlangt wird, nahm die hohen Kosten bereitwillig auf sich." Er machte sich lustig über die Ausrüstung und die komplizierten Verfahren, die man zum Auslegen der Flaschen ersonnen hatte, um sicherzustellen, dass auf dem Berg an gewissen Stellen der Aufstiegsroute genügend Vorrat deponiert wurde. Captain Farrar war wütend auf ihn. „Ich will offen bekennen, dass mir der irgendwie satirische Ton Ihres Artikels nicht gefällt", sagte er zu Hinks. „Man wird Sie als Zweifler ansehen." Hinks entgegnete unbeeindruckt: „Wenn einige aus der Mannschaft es ohne Sauerstoff nicht bis auf 7600 oder 8000 Meter schaffen, sind sie einfach Schweinehunde."

Sauerstoff stellte nach Farrars Meinung keine künstlichere Hilfe dar als Nahrung. Der menschliche Körper war auf eine gewisse Menge davon eingestimmt, und der Unterausschuss versuchte nichts anderes, als die Versorgung damit sicherzustellen. Zu Hinks sagte er: „Ich bin der festen Überzeugung, dass kein Team, was immer es leistet, unter ähnlichen Bedingungen mehr leisten könnte als unseres."

GEOFFREY BRUCE, 1922.

SAUERSTOFFDRILL BEIM ANMARSCH 1922.

Der größte Fürsprecher des zusätzlichen Sauerstoffs war George Finch, den man zum Sauerstoff-Offizier des Teams ernannt hatte. Zweifellos war die Ausrüstung bei vielen der Bergsteiger unbeliebt, denen es schwer fiel, sie als legitim oder auch nur ästhetisch anzusehen. Bergsteigen bedeutete, Mann gegen Berg, nicht Mann und Technologie, womit man den Berg zur Unterwerfung zwang. Außerdem war es nicht sonderlich reizvoll, wie Mallory sagte, mit einem solchen Gewicht und einer Maske auf dem Gesicht zu klettern. Finch tendierte anfangs keineswegs so stark zu der einen oder der anderen Auffassung, doch seine Arbeit mit Dreyer bekehrte ihn völlig. Ungeachtet des Gewichts hielt er die Verwendung des Geräts jetzt für wichtig und logisch. Es als „künstliche" Hilfe anzusehen sei eine Folge nachlässigen Denkens. „Der Bergsteiger bewahrt seine animalische Körperwärme soweit wie möglich, indem er besonders warme Kleidung trägt", argumentierte er. „Niemand erhebt Einwände dagegen; das zu tun, ist nur vernünftig. Er gießt sich seinen heißen Tee aus der Thermosflasche ein – und errötet nicht! Ohne Furcht vor negativer Kritik putscht er sein Inneres mit speziellen Nahrungs- und Anregungsmitteln auf, die Wärme und Energie spenden! Seine Augen erdreistet er sich sogar mit einer Crookes-Blendschutzbrille vor den ultravioletten Strahlen der Sonne und der bitteren Kälte des Windes abzuschirmen; außerdem trägt er Stiefel, die für den durchschnittlichen Laien lächerlich aussehen! Die Verwendung von Koffein, um einen fast ausgelaugten menschlichen Körper ein bisschen aufzumöbeln, wird nicht bekrittelt, obwohl es eine synthetische Droge ist, für deren Herstellung bestimmte Pflanzen und komplizierte Verfahren nötig sind. Könnte die Wissenschaft Sauerstoff in Tablettenform herstellen oder ihn uns in Thermosflaschen liefern, so dass wir ihn trinken könnten wie unseren heißen Tee, würde er das Stigma des ‚Künstlichen' vielleicht verlieren. Doch wenn er in speziellen Behältern mitgetragen werden muss, meint man, seine ganze Substanz sei verändert und durch seine Verwendung verschaffe sich der Bergsteiger einen heimlichen, unfairen Vorteil gegenüber dem Berg!" Durch das Einatmen von ein bisschen lebensspendendem Gas beseitigte der Bergsteiger keineswegs die rauen Felsen des Bergs, noch brachte er den Sturm zum Erliegen, noch wurde er von unsichtbaren Wirkstoffen zu seinem Ziel getragen. Nein, erklärte Finch, „Sauerstoff macht ihm mehr von seiner Energie verfügbar und beschleunigt dadurch seine Schritte, aber er lässt – leider! – an seinen Füßen keine Merkurflügel wachsen."

Trotzdem – als 1922 das Basislager erreicht wurde, wusste Finch, dass „ich in meinem Glauben an Sauerstoff fast allein dastehe". Der Mut sank ihm noch tiefer, als er und ein völliger Neuling am Berg, Geoffrey Bruce, mit Hilfe des umstrittenen Gases hoch hinaufstiegen und ihre Leistung heruntergespielt wurde; als das Team nach Hause zurückkehrte, ignorierte man sie praktisch. Finch und Bruce waren mit Hilfe des Sauerstoffs auf 8326 Meter gekommen, wogegen Mallory, Norton und Somervell 8225 Meter erreichten und eine wesentlich kürzere horizontale Strecke in Richtung Gipfel zurücklegten. Doch die sauerstofflose Leistung erregte die größte Aufmerksamkeit und erntete das meiste Lob.

Das Mount Everest Committee nahm weiterhin keine klare Linie ein: Ohne wirklich an die Ausrüstung zu glauben oder ihre Verwendung zu befürworten, beschloss es, die für 1924 geplante nächste Expedition damit auszustatten. Das System von 1922 war eine adaptierte Version des Standardgeräts, das die Royal Air Force benutzte. Zwischen 1922 und 1924 wurden einige kleine Veränderungen vorgenommen. Der 1924er Expedition lieferte man Sauerstoffflaschen mit größerem Fassungsvermögen, das bedeutete, dass drei Zylinder die gleiche Gasmenge enthielten wie vier alte. Das Gewicht blieb ziemlich gleich – zwischen 14,5 und 15 Kilo –, bis es von Irvine geändert wurde. Sowohl 1922 als auch 1924 traten an den Zylindern schwerwiegende Lecks auf.

1953, als ein britisches Team den Everest bestieg, waren die verwendeten Atemgeräte viel einfacher und zuverlässiger, größtenteils dank der technischen Fortschritte im Zweiten Weltkrieg. Doch die Expedition machte sich auch die Erfahrungen der bahnbrechenden ersten Everest-Expeditionen zu Nutze. Dank der besseren Zylinder, die das Gas unter stärkerem Druck hielten, konnte man einen Kletterer mit bis zu sechs Litern Sauerstoff pro Minute versorgen, wogegen man 1922 maximal zwei Liter liefern konnte. Erst 1978 wurde der Gipfel ohne jede Verwendung von zusätzlichem Sauerstoff erreicht: von den beiden Tirolern Reinhold Messner und Peter Habeler. Seither sind viele Bergsteiger auf dem Gipfel gewesen, die sich nicht auf zusätzlichen Sauerstoff verließen, manche von ihnen mehrmals (Ang Rita hat den Everest bemerkenswerte zehn Mal ohne Sauerstoff bestiegen). Die große Mehrheit zieht es jedoch vor, die Vorteile der Sauerstoffhilfe zu nutzen und das Erlebnis zu genießen.

SAUERSTOFFDEPOT AM NORDSATTEL, 1922.

GEOFFREY BRUCE TESTET DAS GERÄT 1922 BEIM VORGESCHOBENEN BASISLAGER.

MALLORYS GEHEIMNIS

An dem Abend atmeten sie etwas Sauerstoff ein, um wieder Leben in ihre kalten Glieder zu bringen, und in der Nacht stellten sie eine Vorrichtung auf, durch die alle ständig eine kleine Sauerstoffmenge erhielten, so dass sie wenigstens ein bisschen Schlaf fanden. Am 27. Mai wärmten sie vor Tagesanbruch ihre Stiefel über einer Kerze an, und als der erste Sonnenstrahl auf ihr Zelt fiel, waren sie bereits unterwegs.

Tejbir, der keine winddichte Kleidung besaß, begann zu erlahmen. In 7925 Metern Höhe brach er zusammen. Die anderen beiden teilten sein Gepäck auf und schickten ihn zum Zelt zurück, in dem er auf sie warten sollte. Bald danach beschloss Finch, vom Gratfirst in die Nordflanke auszuweichen, statt weiter direkt zur Schulter aufzusteigen. Das bedeutete, dass sie es mit rutschigen Platten und Bändern zu tun bekamen, die erneut unter lockerem Neuschnee verborgen waren, aber wenigstens blieben sie von dem heftigen Wind weitgehend verschont. Bruce war recht trittsicher, also stiegen sie des Tempos wegen unangeseilt und blieben eng beisammen. Das Gelände wurde steiler und an manchen Stellen tückisch, doch Bruce hielt sich gut. Ab und zu blieben sie stehen, um die Flaschen zu wechseln; die leeren ließen sie scheppernd den Hang hinabrollen, wobei sie riefen: „Wieder zweieinviertel Kilo vom Rücken herunter!"

In horizontaler Richtung machten sie gute Fortschritte, doch sie gewannen nicht an Höhe. Finch wählte eine diagonalere Linie, und als sie das nächste Mal auf ihren Höhenmesser schauten, zeigte er 8326 Meter an. Das war höher als alle Gipfel rundum, mit Ausnahme der lockenden Pyramide vor ihnen. Plötzlich stieß Bruce verblüfft auf.

George Finch und Geoffrey Bruce verwendeten 1922 Sauerstoff bei ihrem Gipfelversuch. Finch fotografierte auf dem Nordsattel in 7010 Meter Höhe den mit ihm angeseilt gehenden Bruce beim Überqueren einer Spalte. Der Gipfel im Hintergrund ist der Kharta Phu.

MALLORYS GEHEIMNIS

Aus seinem Gerät strömte kein Sauerstoff mehr, und er strauchelte gefährlich. Finch reagierte schnell. Er packte ihn an der Schulter – gerade als er nach hinten zu kippen drohte – und führte ihn zu einem Sims; dann reichte er ihm seine Atemvorrichtung und montierte ein T-Stück, so dass sie beide aus dem gleichen Gerät atmen konnten, während er die schadhafte Verbindung an Bruces Gerät ersetzte.

Finch erkannte, dass sich Bruce, genau wie Tejbir, bis zur äußersten Grenze angetrieben hatte. Wenn sie weiter gingen, und seien es nur einige hundert Meter, würden sie mit ziemlicher Sicherheit nicht lebend zurückkommen. Bis dahin hatte Finch mit keinem Gedanken an ein Scheitern gedacht. „Der Gipfel war vor uns; noch ein bisschen gehen – und wir wären oben." Binnen weniger Sekunden verschwand diese Vision. Die beiden seilten sich an und kehrten um.

Als sie nach unten stapften, hörten sie, dass ihnen ihre Träger entgegenkamen. Sie schickten Tejbir mit den Trägern zurück und setzten ihren Weg zum Bruchschnee des Nordsattels fort, wo sie „jämmerlich müde" um 16 Uhr eintrafen. Dort empfing sie Captain Noel, der hier drei Nächte verbracht hatte. Nach einem kurzen Imbiss, bestehend aus Tee und Spaghetti, machten sie sich mit seiner Hilfe den restlichen Abstieg. Lager III erreichten sie um 17.30 Uhr, vierzig Minuten nach dem Aufbruch vom Sattel. Seit dem Mittag waren sie fast 2000 Meter abgestiegen. Nun waren sie, wie Finch bemerkte, „völlig fertig".

Hier hätte die Geschichte von 1922 eigentlich zu Ende sein müssen, und das wäre sie auch gewesen, hätte sich Longstaff als Arzt durchgesetzt. Man hatte den Höhenrekord nicht nur einmal, sondern zweimal gebrochen, auch wenn dabei fast alle in irgendeiner Form „kampfunfähig" geworden waren. Geoffrey Bruce hatte an den Füßen und Morshead an den Händen so starke Erfrierungen, dass mit ihnen definitiv nicht mehr zu rechnen war.

Finch und Bruce wurden von Wakefield bei der Rückkehr ins Lager IV auf 7010 Metern aufgenommen. Ihr fehlgeschlagener Gipfelversuch bewies für einige den Wert zusätzlichen Sauerstoffs in Hochlagen. Finch (hinten) trägt seine Daunenjacke, die erste ihrer Art; einige Bergkameraden machten sich darüber lustig, aber dank der Jacke hatte er es wärmer als die anderen.

Auch Norton konnte nicht mehr gehen. Mallory hatte einen erfrorenen Finger, und sein Herz „vibrierte" besorgniserregend. Finch war erschöpft und sein Herz vergrößert. Nur bei Somervell traten keine irgendwie bedeutsamen Symptome auf. Longstaff war jedoch nicht der einzige Arzt; man holte auch die Meinungen von Somervell und Wakefield ein und deren Diagnosen fielen nicht so düster aus. Sollte man also nicht die gemachten Erfahrungen nutzen und einen allerletzten Gipfelangriff unternehmen?

Finch und Bruce waren nicht nur 65 Meter höher gestiegen als Mallorys Gruppe, sondern hatten auch horizontal eineinhalb Kilometer mehr in Richtung Gipfel zurückgelegt. Das reichte, um Mallory ins Sauerstofflager überwechseln zu lassen. Schön, er würde Sauerstoff verwenden. Er zog sich zurück, um Ruth zu schreiben: „Liebste, glaube mir, ich werde nie vergessen, wie prächtig Du Dich bei diesem Abenteuer verhältst." Es war einer dieser Briefe zur Gewissensberuhigung, in denen er mit ihr seinen Frieden machte, wenn er wusste, dass er ein großes Risiko eingehen würde. In ähnlicher Weise gestand er David Pye, der Everest sei „ein höllischer Berg, kalt und trügerisch. Offen gesagt, das Spiel ist nicht aussichtsreich genug – die Risiken, erwischt zu werden, sind zu groß; die Spanne an Kräften ist zu gering, wenn Menschen in Hochlagen sind. Vielleicht ist es reiner Wahnsinn, noch einmal hinaufzugehen. Aber wie könnte ich mich jetzt aus der Jagd zurückziehen?"

Und so geschah es, dass Morshead von Longstaff, Strutt und Finch zur ärztlichen Behandlung

MALLORYS GEHEIMNIS

nach Indien hinunter gebracht wurde, während die meisten anderen wieder aufstiegen. Am 7. Juni führten Somervell, Mallory und Crawford 14 Träger durch tiefen Schnee die steile Flanke des Nordsattels hinauf, als plötzlich ein Schneebrett die ganze Gruppe traf. Vier Seilschaften waren gebildet worden, die Sahibs gingen alle am ersten Seil und traten die Spur. Sie waren etwa halb oben. Mallory, der an seinem Seil als Letzter ging, hörte gegen 13.30 Uhr ein Geräusch „nicht unähnlich einer Explosion von lockerem Schießpulver". Obwohl er noch nie eine Lawine erlebt hatte, wusste er sofort, was da kam. Ein relativ kleines Schneebrett war ein paar Meter rechts über ihnen losgebrochen und glitt auf sie zu. Er und die anderen an seinem Seil wurden nur leicht verschüttet und konnten sich schnell ausgraben.

Träger (oben) steigen vom Nordsattel ab. Bruce, an Erfrierungen leidend und erschöpft, wird auf dem Weg zum Lager III von einem Sherpa ins Lager III gestützt (gegenüber); ihnen folgen der Filmemacher der Expedition, Noel, und zwei Sherpas, von denen einer Finchs Ski trägt. Die Bergsteiger waren nach Finchs Worten „fertig, fertig, erschlagen".

Die Gruppe unmittelbar hinter ihnen war 30 Meter mitgerissen worden. Von den übrigen neun Männern fehlte jede Spur; sie waren über eine mehr als zwölf Meter hohe Eiswand gefallen, und die Spalte darunter hatte sich mit Lawinenschnee gefüllt. Die meisten hatten schon bei dem Sturz den Tod gefunden. Zwei Männer wurden lebend und fast unverletzt geborgen, doch alle anderen waren tot.

MALLORYS GEHEIMNIS

Unten im Lager III wussten Noel und Wakefield sofort, dass etwas passiert war. Sie hatten durch Ferngläser beobachtet, wie sich die Gruppe die steile Flanke hinaufwand, dann aber kurz in eine andere Richtung geschaut. „Als ich wieder hinsah, war die ganze Wand weiß", schrieb Wakefield in sein Tagebuch. Die Männerkette war verschwunden. Zuerst dachte er, alle seien von der Lawine weggefegt worden, doch als sich der Schneestaub verzog, konnte er auf dem Hang einige Gestalten ausmachen. Sofort stellten er und Noel einen Rettungstrupp zusammen und eilten ihnen zu Hilfe. Noel wäre beinahe dabei gewesen. Er hatte sich schon am Schluss der Bergsteigergruppe eingereiht, war aber umgekehrt, weil ihm das Steigen mit seiner ganzen Foto-Ausrüstung zu mühsam erschien. Die sieben Toten hatten sich alle am Ende der Kolonne befunden.

Mallory und Somervell waren niedergeschmettert. „Warum, oh, warum konnte nicht einer von uns Briten ihr Los teilen?" schimpfte Somervell. Mallory spürte die ganze Last der Verantwortung, versuchte aber Younghusband, Young, Strutt und anderen Alpin-Freunden brieflich zu versichern, dass das Unglück keine Folge von Leichtsinn ihrerseits gewesen sei.

Doch General Bruce war sich dessen insgeheim nicht so sicher. Er vertraute Strutt an: „Ich persönlich glaube nicht, dass das hätte passieren können, wenn Finch gesund und fit gewesen wäre... Ich bat sie vor ihrem Aufbruch, größte Vorsicht walten zu lassen, und es bestand nicht die geringste Notwendigkeit, Menschenleben zu riskieren, geschweige denn ihr eigenes, um ein paar Zelte vom Nordsattel zu holen."

Der Everest hatte die größten Anstrengungen zunichte gemacht, als dieses Foto vom „sauerstofflosen" Team aufgenommen wurde (von links: Morshead, Mallory, Somervell und Norton). Die Gruppe kehrte jedoch mit einem neuen Höhenrekord ins Basislager zurück.

MALLORY (LINKS) UND SEIN KLETTERPARTNER ANDREW „SANDY" IRVINE,
AUF DEM KÖNIGLICHEN POSTSCHIFF CALIFORNIA UNTERWEGS NACH INDIEN,
FAHREN IHREM SCHICKSAL ENTGEGEN.

VIERTES KAPITEL

*Was man braucht, um auf den Everest zu kommen,
ist P. B. S. — purer blutiger Schweiß.*

T. G. LONGSTAFF, 1922

RUNDE EINS

Viele Freunde George Mallorys bezeugten später, dass er in den Bann des Everest geraten sei. John Noel sagte wiederholt, Mallory sei absolut davon besessen gewesen, auf den Gipfel zu kommen, der Berg habe „geistige Gewalt" über ihn gehabt. Geoffrey Keynes erklärte, wenn die Antwort zutreffe, die Mallory angeblich auf die Frage, warum er diesen Berg besteigen wolle, gegeben hat – „Weil er da ist" –, verrate sie eine „psychologische Fixierung". In dieser Meinung bestärkte ihn George, als er ihm vor seiner letzten, todbringenden Reise zum Everest eröffnete: Was er vor sich habe, sei eher Krieg als Abenteuer, und er bezweifle, dass er lebend wiederkomme.

Wir wissen nicht, wie stark diese Erinnerungen vom Ablauf der Ereignisse nachträglich gefärbt sind. Nach 1922 konnte es zweifellos keine falsche Abenteuerlust mehr geben. Der fröhliche Optimismus früherer Unternehmungen war zwangsläufig strengem Realismus gewichen. Die Männer erkundeten nicht länger das Unbekannte: Sie wussten genau, womit sie es zu tun hatten. Und nach der tragischen Lawine hatten sie auch eine Ahnung von den Gefahren. Bis dahin war es fast so gewesen, als seien die Expeditionsmitglieder an dem Berg durch einen Zauber

MALLORYS GEHEIMNIS

unverwundbar und überlebten wie durch ein Wunder ein ums andere Mal. Der Ausrutscher beim Abstieg nach dem ersten Gipfelversuch hätte leicht mit dem Tod der vier Männer enden können, als nacheinander drei von ihnen gestürzt waren. Nur Mallorys prompte, instinktive Sicherung über den Pickel hatte sie gehalten – seine phantastische Reaktion nach acht oder neun äußerst anstrengenden Stunden am Berg. Das Herumtappen zwischen den Eisnadeln des Nordsattels bei Dunkelheit ohne Lampe hätte ebenfalls zu einem Unglück führen können. Auch Finch und Bruce waren nur um Haaresbreite davor verschont geblieben, in Bewusstlosigkeit zu sinken, als Bruces Sauerstoffgerät versagte. Das Bewusstsein, dass sie von geborgter Zeit lebten, nahm bei ihnen allen ständig zu. Doch Mallory hatte ein starkes Pflichtgefühl gegenüber sich selbst und seiner Familie – ja, er kannte seine Verpflichtungen wohl; aber er war auch ein Kind des Empire und sich stets bewusst, was England erwartete. Er konnte damals nicht (oder nie) akzeptieren, nicht genügend geleistet zu haben. Zu der Entscheidung, 1922 einen dritten, letztlich katastrophalen Versuch zu unternehmen, obwohl seine Intuition ihm sagte, das sei nach den Schneefällen reiner Wahnsinn, erklärte er: „Umkehren, dafür war es zu früh, und es war zu einfach – wir wären hinterher nicht zufrieden gewesen."

Mallory machte sich Vorwürfe wegen des Verlusts der Träger. Vielleicht mehr als irgendein anderer außer dem General hatte er sich um ihr Wohlergehen gesorgt, und er hatte die arrogante Art bedauert, in der Finch die ohne Seil gehenden Männer ihren Weg beim Auf- und Abstieg selbst suchen ließ. Es war fast zu schwer für ihn, die Ironie des Schicksals zu ertragen, dass trotz all seiner guten Absichten *er* dafür verantwortlich war, dass sie sich auf diesem unheilvollen Hang befunden hatten. „Ich bin viel zu bekümmert für persönliche Erinnerungen", schrieb er an seinen Vater. „Aber solche Dinge

lassen sich nicht leicht verdrängen, und sie sollten nach meinem Gefühl auch nicht verdrängt werden. Was geschehen ist, kann man nicht ungeschehen machen – und das Schlimmste an der Sache ist, dass man nichts zur Wiedergutmachung tun kann. Es gibt keine Verpflichtung, die ich so unbedingt erfüllen wollte, wie die Sorge für diese Männer."

Die Schuldlast drückte ihn monatelang, trotzdem konnte er sich nicht vom Everest lösen. Er und Finch wurden zu einer Vortragsreihe verpflichtet, um die Neugier der Öffentlichkeit zu befriedigen und die Geldtruhen des Mount Everest Committee zu füllen. Inzwischen hatte das Verlangen, einen Menschen auf die Spitze der Welt zu stellen, eine Eigendynamik entwickelt. Zweifellos würde es weitere Versuche geben; das erwarteten alle. Zu treffen war nur die Entscheidung, wie bald der nächste stattfinden sollte.

Zuerst mussten aus den 1922 gemachten Erfahrungen Schlüsse gezogen werden. Was wusste man über die Einschätzung der wirklichen Natur der zu erwartenden Schwierigkeiten hinaus? Auf der Plusseite standen die Träger, wie George in der gemeinsamen Versammlung der Royal Geographical Society und des Alpine Club sagte. Ihre Kraft und ihre Unterstützung waren weit größer, als man erwartet hatte. Sie trugen Lasten bis auf eine Höhe von 7600 Metern; einige von ihnen wiederholten diese Leistung sogar an drei aufeinander folgenden Tagen und zeigten erstaunlich wenig Ermüdungserscheinungen. Dies bedeutete für ihn, dass sie mit ziemlicher Sicherheit ein sechstes Lager auf etwa 8200 Metern errichten konnten. Dadurch wurde „die Steiggrenze nicht mehr von dem schwierigen Lagerbau bestimmt, sondern schlicht vom Faktor Ausdauer bei den trainierten Bergsteigern". Mallory hielt die Vorstellung, dass eine Seilschaft die letzten 600 Meter zum Gipfel an einem Tag bewältigte, nicht für phantastisch, allerdings trugen die 1922 mit Wind und Wetter gemachten Erfahrungen nicht dazu bei, entsprechende Hoffnungen entste-

RUNDE EINS

Irvine (rechts), ein Anfänger auf den Skihängen im schweizerischen Mürren, war alles andere als ein erfahrener Bergsteiger. Er wurde überraschend ins Team gewählt und bekam den reizlosen Posten des Ausrüstungsoffiziers.

Doch als sich die Mitglieder der 1924er Everest-Expedition in Darjeeling zu einem Pressefoto versammelten (unten), saßen Irvine und Mallory bereits nebeneinander in der Mitte (Mallory mit Hut).

Als das Team auf dem Weg zum Everest in die Wälder Sikkims eindrang, machte Irvine an einem Bergbach ein kurzes Nickerchen.

hen zu lassen. Ohne längere Ruhepause waren die Chancen, den Gipfel zu erreichen und wieder sicher herunterzukommen, allzu gering. „Der Mensch kann überlegen, wie er sein Problem lösen will, und − Sie können diesen Satz selbst vollenden", schloss er geheimnisvoll.

Dieser Vortrag, den ersten einer neuen Reihe, die er und Finch zu halten hatten, fand am 16. Oktober 1922 in London statt, in der Central Hall in Westminster. Beide Männer sprachen lebendig und mitreißend und die Presse spielte die Unterschiede in der Einstellungen der beiden hoch, um für ihre weiteren Veranstaltungen zu werben. Mallory hatte immer noch Zweifel im Hinblick auf die Verwendung von Sauerstoff. Die Unterstützung war hilfreich, das akzeptierte er, aber er konnte sich nicht zu dem Glauben durchringen, dass die letzten Meter auf den Everest ohne das Gas wirklich nicht zu bewältigen wären. Er hatte seinen Zuhörern großes Vergnügen bereitet, indem er erzählte, er habe einem gelernten Physiologen gesagt: „Experimente, die man in einem leergepumpten Tank durchführt, mögen ja vielleicht interessant sein, sind aber wertlos für die Ermittlung, wo genau an diesem konkurrenzlos hohen Berg der beharrliche Mensch zum Stillstand gebracht wird." Seine Botschaft an die Wissenschaftler lautete, möglicherweise würden sie „in ihrer Teufelskammer selbst platzen, aber wir möchten tun, was wir können, um ihre verdammenswerte Irrlehre zum Platzen zu bringen!" Der größeren Wirkung wegen sagte er es halblaut, trotzdem betonte es den Unterschied zwischen ihm und Finch.

Hinks hätte es gern gesehen, dass eine Vorausabteilung vor dem Jahresende nach Tibet reiste, um ein permanentes Basislager zu bauen, das künftige Expeditionen von der vordringlichen Aufgabe

befreite, eine Nachschublinie einzurichten; die Bergsteiger konnten dann bereits im Januar nachkommen, vielleicht unterwegs in den Alpen trainieren, damit sie vom Beginn der Bergsaison an stark und fit waren. Das ließ sich allerdings nicht machen. Man brauchte mehr Zeit, um die Konstruktion des Sauerstoffgeräts zu überarbeiten und um die nötigen Geldmittel aufzubringen. Die Vortragsreisen waren nicht so lukrativ, wie man erwartet hatte, ebenso wenig Captain Noels Kinofilm, dieser jedoch vor allem wegen eines Durcheinanders beim Verkauf der Auslandsrechte. Aus diversen Gründen − wozu die Pleite der Alliance Bank in Simla zählte, bei der das Committee 700 Pfund verlor − verschob man einen weiteren Besteigungsversuch auf 1924.

Anfang 1923 unternahm Mallory seine Vortragsreise durch Nordamerika, die ihn zwar wieder von Ruth trennte, aber größtenteils sehr unterhaltsam war. Er begann in New York, wo man ihn im Waldorf Astoria unterbrachte und er das für ihn neue Gefühl genoss, ein „hohes Tier" zu sein − Prohibition hin oder her. Er traf alte Freunde, gewann neue und besuchte entfernte Verwandte. Mit der Zeit begann er seine Vorträge zu lieben − und wenn er ein aufgeschlossenes Publikum hatte, berichtete er Ruth begeistert davon. Er hatte eine gute Sprechstimme und ein lockeres Auftreten. Seine Everest-Erfahrungen hatten ihn reifen lassen und ihm Selbstvertrauen gegeben. Freunde bemerkten eine neue gelassene Heiterkeit an ihm; die alte Ungeduld war verschwunden. David Pye fand: „Die absolute Ausgeglichenheit, die er als Kletterer immer erkennen ließ, hat sich tiefer verwurzelt, so dass der Charme seiner Erscheinung und sein Temperament nicht länger von unterschiedlicher Qualität sind, sondern naturgemäßer Ausdruck des ganzen Mannes." Das Feuer war noch da, auch der ganze alte Idealismus, aber verbunden mit Toleranz und Mitgefühl. George überlegte, ob er seine neuen Kommunikationsfähigkeiten vielleicht „in der Zukunft für etwas Nützlicheres" einsetzen könne.

MALLORYS GEHEIMNIS

Er verbrachte drei Monate in Übersee, obwohl zu wenige Vorträge arrangiert worden waren, um den Aufenthalt zu einem wirklich lohnenden Unternehmen zu machen. Die Erträge wurden nach Abzug der Gebühren des Agenten zwischen dem Committee und ihm geteilt; ein Vortrag in Montreal trug ganze 48 Dollar ein. „Was für ein Fiasko!", jammerte er Ruth vor. „Wir werden ein bisschen ärmer sein, als ich hoffte." Er sah jedoch kaum einen Weg, die Situation zu ändern; was konnte er anderes tun als weitere Vorträge für das Everest Committee zu halten? Er fragte sich, ob es richtig gewesen war, die Lehrtätigkeit aufzugeben. Er, Geoffrey Young und David Pye planten seit langem, einen revolutionär neuen Schultyp zu schaffen, aber die Idee war der Verwirklichung nicht näher gekommen. Doch siehe, das Schicksal und Freunde griffen ein. Kurz nach seiner Heimkehr erhielt Mallory die Chance, in Cambridge eine Stelle beim Board of Extra-Mural Studies anzutreten, das Hochschulkurse außerhalb der Universität veranstaltete. Hinks hatte von der Stelle gehört und Mallory ins Gespräch gebracht, während Benson und andere Freunde Referenzen nachschoben. Mallory setzte sich gegen starke Konkurrenz durch und stürzte sich begeistert in sein neues Leben als stellvertretender Sekretär und Dozent beim Board, wo er Kurse für Arbeiter und Arbeiterinnen organisierte. Für den Augenblick verscheuchte er jeden Gedanken an eine neue Everest-Expedition und schmiedete Pläne, Ruth aus Godalming nach Cambridge zu holen.

Mitte des Jahres bildete man ein Auswahlkomitee für die Zusammenstellung eines Teams, das 1924 zum Everest reisen sollte. Man hoffte, unter General Bruces Leitung junges Blut um einen Kern alter Hasen scharen zu können. Der unermüdliche Somervell, Teddy Norton (den Bruce als „den großen Erfolg" von 1922 beschrieb und zum stellvertretenden Leiter bestimmte), Geoffrey Bruce (als Bergsteiger und nicht mehr als Transportoffizier)

„Wir brachen heute morgen von Pedong auf", schrieb George am 29. März 1924 vom Rongli Chu an Ruth, „...stiegen locker 600 Meter zu dem Fluss ab ... dort badeten Irvine, Odell und ich, diesmal richtig, wir fanden sogar eine tiefe Stelle zum Hineinspringen."

und Mallory, wenn sie Zeit hatten und mitkommen wollten – sie alle waren natürlich erste Wahl. Und Finch? Das Committee war gespalten. Finch hatte zwar bewiesen, dass der Everest bei gutem Wetter mit Sauerstoff ziemlich sicher bestiegen werden konnte, aber Anlass zu Hoffnung gab auch der hohe Grad, in dem sich die Bergsteiger seinerzeit akklimatisiert hatten. Mallorys Gruppe war zwar nicht so hoch gestiegen wie Finch, aber nur knapp darunter geblieben. Man konnte also fast überzeugt sein, dass eine Seilschaft ohne Sauerstoff unter den richtigen Umständen Erfolg hätte. Noch immer herrschte starke Abneigung gegen das unhandliche Gerät, und diese übertrug man auf seinen größten Befürworter. Younghusband war nicht der Einzige, der eine Tragödie darin sah, dass ein so hervorragender Bergsteiger wie Finch mit derart großer Erfahrung und Geschicklichkeit von der Wissenschaft „auf Abwege" gebracht worden war, obwohl er vielleicht genau der richtige Mann gewesen wäre, um ohne Sauerstoff zu steigen. Nach monatelangem Schwanken, ob man Finch ins Team nehmen sollte oder nicht, strich man in seinen Namen – in letzter Minute.

Zu den Neulingen zählten Noel Odell, ein Geologe mit viel Erfahrung in den Alpen, und Bentley Beetham, ein Lehrer und regelmäßiger Kletterpartner von Somervell. Außerdem verpflichtete man John de Vars Hazard, einen Ingenieur sowie Freund und Kriegskameraden von Morshead, mit dem zusammen er in Indien als Sappeur gedient hatte. Als Transportoffizier sollte E. C. Shebbeare vom indischen Forest Service fungieren und als Expeditionsarzt Maj. R. W. G. Hingston.

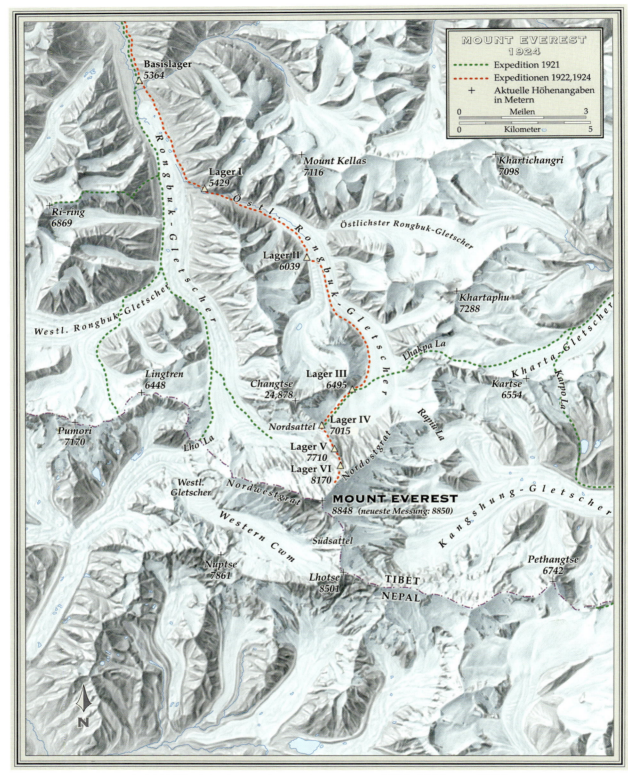

DIE ROUTEN DER EVEREST-EXPEDITIONEN VON 1921, 1922 UND 1924.

RUNDE EINS

Im tibetischen Abschnitt ihres Anmarschs zum Everest führen Mallory und Irvine mißtrauischen Sherpa-Köchen den „Brüllkocher" vor. Wann sich die beiden kennen lernten, weiß man nicht; doch ihre Freundschaft entwickelte sich offenbar auf der langen Schiffsreise nach Indien.

Die Karte (links) zeigt die Topographie der Mount-Everest-Region, wie sie uns heute bekannt ist. Die Namen spiegeln noch die Verhältnisse wider, die man in den zwanziger Jahren kennen lernte.

Dann gab es noch Andrew Irvine. Schon lange hatte man das Gefühl, dass die Everest-Mannschaft einige jüngere Männer brauchte. Irvine, allen als „Sandy" bekannt, war ein Maschinenbaustudent, den Odell und Longstaff von einer Expedition nach Spitzbergen kannten, die im Vorjahr von der Universität Oxford organisiert worden war. Dort hatte er sich bei einer ziemlich harten Übung als idealer Gefährte erwiesen: physisch stark, einfallsreich und immer fröhlich. Er hatte praktisch keine Erfahrung im Klettern und war mit 21 Jahren jünger, als man es sich vorgestellt hatte; doch man wusste, dass er ein technisches Genie war, und dieses Talent entschied zu seinen Gunsten. Anstelle von Finch hatte man Odell zum „Sauerstoffoffizier" ernannt, doch er befand sich vor der Abreise der Expedition im Ausland, deshalb machte sich Irvine daran, möglichst viel über das Gerät in Erfahrung zu bringen. Damals wusste man noch nicht, ob ein Mensch von Irvines Alter sich genauso gut akklimatisieren würde wie ein älterer Mann. General Bruce stellte ihn in einer der ersten Pressemeldungen als das „Experiment"

der Expedition vor. Mallory schrieb an Geoffrey Young: „Irvine verkörpert unseren Versuch, einen Supermann zu bekommen, obwohl mangelnde Erfahrung gegen ihn spricht."

Mallory konnte seine Entscheidung im Hinblick auf die Teilnahme nicht länger aufschieben. „Die Sache ist für mich ein schrecklicher Drahtseilakt", schrieb er Hinks. „Ich nehme an, dass Bruce wirklich so großen Wert auf mich legt, wie Sie versichern, richtig? Das könnte die Sachlage ändern..." Er hoffte halb, seine Vorgesetzten würden ihn nicht von seinen Pflichten entbinden, so dass er nicht zwischen zwei starken Kräften wählen musste. „Die Entscheidung wird von mir so oder so ein großes Opfer verlangen", erklärte er Ruth. „Du musst es mir sagen, wenn du den Gedanken nicht erträgst, mich wieder fortgehen zu sehen. Dann ist die Sache erledigt."

Von Seiten des Cambridge Board gab es keinerlei Widerstand, und Ruth kannte ihn gut genug, um zu wissen, wie grausam es für ihn gewesen wäre, die anderen um den Gipfel kämpfen zu sehen

MALLORYS GEHEIMNIS

– ohne ihn. Sie konnte nicht verlangen, dass er blieb. Einzig Geoffrey Young bedrängte ihn, die Chance nicht zu ergreifen. Vergebens. Da waren die Würfel bereits gefallen. Mallory sagte zu seinem Vater: „Mein derzeitiges Gefühl ist, dass ich die Sache vom Standpunkt der Loyalität gegenüber der Expedition und als Beendigung einer angefangen Aufgabe sehen muss."

Am 29. Februar 1924 traf sich Mallory mit Irvine, Beetham und Hazard an Bord der R.M.S. *California* zur Reise nach Indien. Sofern es bei ihm ein Zögern gegeben haben sollte, hatte er es überwunden; jedenfalls schlüpfte er jetzt in die ihm bereits vertraute Rolle des Everest-Kämpfers.

Mallory und Irvine kamen von Anfang an prächtig miteinander aus. Vom Schiff schrieb Mallory nach Hause, er finde den jungen Mann „sensibel und keine Spur nervös. Er wirkt einfach wie ein Mensch, auf den man in jeder Hinsicht zählen kann – außer vielleicht bei der Konversation." Mallory beschäftigte sich geistig bereits mit möglichen Paar-Zusammenstellungen auf dem Berg. Falls er, wie er jetzt erwartete, einen Versuch mit Sauerstoff machen sollte – man musste den Gipfel dieses Jahr schließlich schaffen, ein weiterer Höhenrekord allein würde nicht genügen –, war es sinnvoll, Odell oder Irvine als Partner zu wählen, weil sie am meisten über das Gerät wussten. Irvine jedoch erwies sich als der Geschicktere bei der Handhabung des launischen Geräts. Im Geiste gliederte George ihn bereits in seine Pläne ein, ohne je mit ihm geklettert zu sein. Er schrieb, ebenfalls noch vom Schiff aus, an seine Schwester Mary: „Irvine ist ein großer Könner in mechanischen Dingen und hat einiges zu kritisieren; die Wahrscheinlichkeit ist zweifellos groß, dass es [das Sauerstoffgerät] versagen oder kaputtgehen wird, wenn wir es verwenden... Aber ich vermute, dass wir es nehmen werden, weil wir bei gleichem Gewicht um 50 Prozent mehr Sauerstoff tragen können als vorletztes Jahr... Wir müssen diesmal hinaufkommen; und wenn wir abwarten und uns

Als die Mannschaft Shegar Dsong erreichte, hatte Ausrüstungsleiter Irvine einen wichtigen Umbau an den Sauerstoffbehältern vorgenommen. Er kehrte sie so um, dass die Ventile unten lagen und besser funktionierten. Irvine nannte die Änderung „Version Mark V".

gründlich vorbereiten, statt gleich im ersten Augenblick loszurennen, werden einige von uns den Gipfel erreichen, glaube ich... Ich wünschte, Irvine hätte eine Saison in den Alpen absolviert."

Mary und ihr Mann lebten jetzt in Colombo, im damaligen Ceylon. Der alljährliche Monsun traf Ceylon bekanntermaßen rund drei Wochen bevor er den Himalaja erreichte. Nach Gesprächen mit Norton kam Mallory plötzlich auf die Idee, seine Schwester zu bitten, ihm etwa alle fünf Tage auf einer Postkarte zu melden, was das Wetter bei ihnen machte, und zu telegrafieren, wenn feststand, dass der Monsun eingesetzt hatte. Diesmal hatte man zur Unterstützung von Noels Filmteam ein besseres und schnelleres System der Postbeförderung organisiert. Deshalb durfte man hoffen, Marys Vorhersagen würden so rechtzeitig eintreffen, dass man die letzten Besteigungsversuche der Saison danach ausrichten konnte.

In Darjeeling fand sich eine glückliche, optimistische Gruppe zusammen. Bruce, dessen Blutdruck einige Sorgen bereitet hatte, war in guter Verfassung. Man bat ihn, sich in Darjeeling einer weiteren ärztlichen Untersuchung zu unterziehen. Das tat er nicht – er schob die Sache auf, bis sie in Yatung in Tibet waren, und dort überredete er den Expeditionsarzt Hingston, ihn weiter mitkommen zu lassen. Norton hatte ein ungeheures Maß an Planung und Mühe auf die Ausrüstung, ihren Transport und die Organisation verwendet. Mallory war beeindruckt und bezeichnete ihn als den idealen Stellvertreter Bruces. Es freute ihn auch, Somervell wiederzusehen, der nach der letzten Expedition auf die Chance, in London eine lukrative Stellung zu

RUNDE EINS

erhalten, verzichtet und sich für ein Leben als Missionsarzt in Südindien entschieden hatte. Odell, der von den persischen Ölfeldern kommend zu der Gruppe stieß, schien „einer der Besten" zu sein. Mallory schrieb Ruth: „Wirklich, es ist eine erstaunlich nette Gruppe."

Auch Irvine genoss den exotischen Schock Indiens, seiner Menschen und Landschaften. Er fing ein Tagebuch an und betrachtete es als Ehrensache, in Darjeeling Lady Lytton zu besuchen, die Frau des Gouverneurs von Bengalen und Mutter seines Freundes Tony Knebsworth, mit dem er früher im Jahr beim Skilaufen gewesen war. Die zweite Eintragung in sein Tagebuch lautet: „Verbrachte den Nachmittag beim Tennisspielen mit den Lyttons, was zur Folge hat, dass ich eben erst mit dem Packen fertig geworden bin (1 Uhr morgens, 24. März)." Man hatte ihm die Verantwortung für die Gerätschaften übertragen, darunter die neuen „brüllenden" Paraffin-Kocher, die riesigen Lötlampen glichen.

Die Reise durch Sikkim war sehr schön, Magnolien und Rhododendren standen in voller Blüte. Unterhalb von Pedong rannten Mallory, Odell und Irvine 600 Meter hinab zu der Brücke über den Rongpo Chu, wo Mallory 1922 von Noel verewigt worden war, wie er im Wasser planschte – ein gesittetes Bad, für die Öffentlichkeit gedacht. Diesmal war keine Kamera in Sicht, und Mallory konnte „richtig" baden, wie er Ruth schrieb, und auch lange; er fand sogar ein Wasserloch, das tief genug war, um hineinzuspringen. Irvine berichtet von einem weiteren Bad später am Tag im Rongli, wo das Wasser nicht so tief war. „Verbrachte fast den ganzen Nachmittag damit, auf warmen Steinen oder im Fluss herumzukugeln, mich über Schnellen und kleine Wasserfälle treiben zu lassen", schrieb er. „Das tat ich einmal zuviel und schürfte

MALLORYS GEHEIMNIS

mir dabei die Kehrseite ganz schön auf." Hier waren Menschen in der Nähe, und man nahm ihn beiseite, um ihm zu sagen, er solle künftig lieber „Unterhosen" tragen, denn die Einheimischen und die Träger hielten es für falsch, dass ein Sahib oder auch einer von ihnen sich in nacktem Zustand zeige.

Trotz der Zerstreuungen am Wegesrand flogen Mallorys Gedanken am Tagesende zu Ruth wie üblich. „Liebes Mädchen", schrieb er, „ich denke oft und oft an Dich, mit endlos viel Liebe und Sehnsucht nach Deiner Gesellschaft. Wünschte, es gäbe einen Weg, Dich näher herzuholen. Ich glaube, die Nähe hängt sehr stark vom Zustand der eigenen Phantasie ab. Wenn sie aufwallt, wie manchmal nachts unter den Sternen, könnte ich Dir ins Ohr flüstern; und sogar jetzt, Liebes, fühle ich mich Dir nahe, obwohl ich in trägem Zustand bin, und ich kann Dich fast küssen..."

In Yatung, wo Bruce von Hingston das O.K. zur Fortsetzung des Wegs erhielt, zeichnete sich bereits ab, dass der General nicht so fit war, wie man gehofft hatte. In Irvines Tagebucheintragung, die vom Tag der „Untersuchung" stammt, heißt es, Bruce habe einen Ruhetag eingelegt, weil er sich „ein bisschen flau" fühle. Am nächsten Tag erzählte er beim Abendessen zwar einige gute Geschichten, trotzdem bemerkte Somervell, dass er Fieber hatte und alles andere als gesund war. Drei Tage später, in Phari, feierte der General seinen 58. Geburtstag mit einer Flasche Rum, der 140 Jahre alt war. Weil er sich am nächsten Morgen nicht gut fühlte, wählte er den unteren Weg nach Khamba Dsong, die Kellas-Route. Hingston und John MacDonald (der

Als sende er ein Warnsignal, breitet der Everest seine weiße Schneefahne am Horizont aus, während Mallory und Irvine, die beide Krempenhüte aufhaben, mit ihren Trägern auf dem Pass Pong La rasten. Von hier hatte Mallory den Everest 1921 zum ersten Mal gesehen – und von diesem Ort blickte Mallorys Sohn John 74 Jahre später auf den Berg, der seinen Vater unsterblich gemacht hatte.

MALLORYS GEHEIMNIS

Sohn des Handelsoffiziers, zuständig dafür, dass Noels Fotos zur *Times* gelangten) sollten ihn auf dieser längeren Strecke begleiten. Mallory vertraute Ruth an: „Der General leidet an unregelmäßigem Puls, und er und Hingston sind nervös wegen des Zustands seines Herzens." Nicht ohne Grund – angesichts dessen, was mit dem vergleichsweise jüngeren Kellas auf genau dieser Wegstrecke geschehen war. „Es ist schwer herauszubringen, wie ernst dieses Leiden ist", fügte Mallory hinzu und bat Ruth, die Sache nirgends zu erwähnen. „Ich glaube, es steht 10 zu 1, dass mit ihm alles in Ordnung sein wird."

Einige Tage später traf die Nachricht ein, dass der General in Tuna einen schweren Malaria-Anfall erlitten hatte und fast gestorben wäre. Man musste ihn auf einer Bahre nach Yatung zurückbringen.

Hingston war so beunruhigt, dass er ihn nach Sikkim begleitete, und er wollte nichts davon hören, dass Bruce wieder zu der Expedition stoßen werde. Er teilte dem Mount Everest Committee mit, Bruces Leiden sei einzig „das Wiederaufflackern einer alten Malaria-Infektion ... aktiv geworden durch die Kälte und den Wind in Tibet". Das Herz des Generals war gesund geblieben, doch er hatte fast 13 Kilo abgenommen, und seine Milz war gefährlich vergrößert. „Ich bestehe auf Verzicht", telegrafierte er. „Erwarte Untersuchungsbericht." Das war ein Schlag, und im Committee herrschten unterschiedliche Meinungen darüber, was man tun sollte, wenn der General die Sache selbst in die Hand nahm und zurückzukehren versuchte. Der Veteran Norman Collie stellte fest, Bruce sei alt genug, um auf sich aufzupassen. „Wenn jeder Forscher, der

128

RUNDE EINS

Nortons Aquarell vom Everest zeigt eine Schneedecke, die der Monsun über den tibetischen Horizont gebreitet hatte.

Fieber hat, umkehren müsste", sagte er, „würden viele Forschungen nicht durchgeführt."

Bruce fügte sich jedoch ohne Widerspruch. Am 19. April übernahm Norton die Leitung der Expedition. Er ernannte Mallory zu seinem Stellvertreter und zum Führer der Bergsteigergruppe. „Wir werden ihn [Bruce] in der Messe sehr vermissen, wie Du Dir denken kannst", schrieb Mallory an Younghusband, „und wir werden später hinter den Trägern seine moralische Kraft vermissen." Doch im selben Brief wollte er den Daheimgebliebenen versichern, dass das Unternehmen nicht beeinträchtigt würde: „Ich muss Dir sagen, was Norton in einer Depesche nicht sagen kann, nämlich dass wir in ihm einen glänzenden Führer haben. Er kennt den ganzen *bandobast*, die ganze Abwicklung, von A bis Z und hat die Augen überall; er ist als Mensch für alle akzeptabel und macht uns alle glücklich, weil er immer interessiert, locker und doch voll Würde ist oder eher die Würde nie verliert; außerdem ist er ein gewaltiger Abenteurer – scharf darauf, einen Vorstoß mit der sauerstofflosen Gruppe zu machen. Er sagt zu mir (und ich sage es Dir im Vertrauen, weil ich sicher bin, er will nicht, dass man es verbreitet), wenn die Zeit komme, müsse er es mir überlassen, im Einvernehmen mit Somervell zu entscheiden, ob er der richtige Mann für die Aufgabe sei. Ist das nicht genau der Geist, den man zum Mount Everest mitbringen sollte?"

Den langen Anmarsch durch Tibet belebten endlose Diskussionen, die zur Vorbereitung eines „Schlachtplans" dienten. Als man in Shekar eintraf, zwei Wochen vor Erreichen des Basislagers, befriedigte es Norton sehr, eine getippte Liste zu haben, in der die Tagesprogramme mit den „Fortbewegungen" der Träger und der Bergsteiger genau festgelegt waren. Sie hatte Schwächen, die nicht zuletzt

in ihrer Kompliziertheit lagen. Außerdem setzte sie voraus, dass fast die Hälfte der Träger Lasten bis auf 7700 Meter transportieren und dass einige sogar bis auf 8200 Meter steigen konnten. Das Basislager sollte am 29. April erreicht werden. Vier Bergsteiger waren bereit, dann den Aufstieg innerhalb von vier Tagen zu starten. „Am 17. Mai oder so etwa", schrieb George an Ruth, „sollten wir den Gipfel erreichen. Ich bin begierig darauf, dass die großen Ereignisse beginnen." Dieses Mal wollte Norton entschlossen dafür sorgen, dass es keine Todesfälle gab und keine Zeit verschwendet wurde.

Rongbuk empfing sie mit „dem unangenehmsten Wetter" – Schnee und bitterkaltem Wind –, doch an ihrem ersten Tag im Lager konnten sie 150 tibetische Träger mit Lasten zum Standort des Lagers II auf dem Östlichen Rongbuk-Gletscher schicken. Die Aufgabe, diese Männer zu führen und zu überwachen, übertrug man den drei Gurkha-Unteroffizieren der Expedition, von denen zwei schon der vorherigen angehört hatten. Mallory war für die Versorgung der oberen Lager mit Proviant zuständig. Er und Norton hatten eine weitere lange Debatte, in der sie die kniffligen Punkte des vereinbarten Plans durchgingen, der vorsah, dass zwei Zweiergruppen mehr oder weniger zusammen den Gipfel bestiegen, eine mit Sauerstoff und eine ohne.

Es werde schwierig sein, schrieb er Ruth, genau festzuhalten, was in den Tagen jetzt jeder einzelne Träger wann wohin trug, aber man müsse es festhalten, zur Kontrolle der Akklimatisation und Fitness der Männer. Außerdem müsste man jetzt schon anfangen, Lasten auf den Sattel zu schaffen, während man die unteren Lager ausstattete. Er hoffe, Beetham und Hazard würden das Lager IV errichten, während er und Irvine am Ostgrat des Changtse „im Schnellgang auf etwa 7000 Meter steigen" würden, einerseits um einen besseren Blick auf mögliche Standorte für Lager am Berg zu haben, andererseits als Probelauf. Das würde ihm eine Vor-

129

RUNDE EINS

stellung davon geben, was von Irvine zu erwarten war, auch wenn er in der Hinsicht keine Zweifel habe. Wie er seiner Schwester schrieb, war Irvine ein technisches Genie und gleichzeitig ein Ausbund an Kraft, „ein absolut gesunder Bursche, durch und durch, und er wird auf dem Berg gut steigen und keine unvorsichtigen oder dummen Schritte machen. Irgendwie habe ich das Gefühl, dass wir diesmal hinaufkommen werden". Doch ob sie es schafften oder nicht, so erklärte er ihr, seine Aufgabe sei es, das Team sicher vom Berg herunterzubringen. „Und auch daran liegt mir sehr viel – nicht ein Bergsteiger oder Träger wird umkommen, wenn ich es verhindern kann, das würde alles verderben."

Eines jedoch stand fest: Ihr Programm war äußerst optimistisch – selbst wenn sich alle in bester Verfassung befunden hätten. Aber Beetham war nicht auf dem Damm, seit er in Sikkim Ruhr bekommen hatte. Eigentlich wollte man ihn zurückschicken. Wenn er sich jetzt auch langsam erholte, war er doch noch weit entfernt von dem springlebendigen alten Beetham, einst beschrieben als „einer jener Männer, die nichts niederhalten kann, was unter einer Tonne Ziegelsteine liegt – neunzehn Zentner wären sinnlos". Hazard war ebenfalls eine unbekannte Größe. Er konnte zwar anspruchsvolle Touren in Großbritannien und den Alpen nachweisen und hatte im Lake District einige gute Kletterpartien mit Pionieren wie F. Botterill und E. E. Roberts gemacht, aber auf der Reise jetzt hatte er sich abseits gehalten, „eine psychologische Mauer um sich errichtet", wie Somervell es ausdrückte.

Am 3. Mai verließen vier Bergsteiger das Basislager, darunter Odell statt Beetham. Sie rechneten

Mit entschlossenen Mienen traten die Mitglieder der Expedition von 1924 im Basislager vor die Kamera: von links (hinten) Irvine, Mallory, Norton, Odell und John Macdonald (ein Kurier von The Times); (vorn) Shebbeare, Geoffrey Bruce, Somervell und Beetham.

MALLORYS GEHEIMNIS

Schwer beladen mit Ausrüstung und Vorräten brechen die Träger aus dem Basislager auf.

damit, zwei Wochen weg zu sein; Irvine hatte für den Notfall einen Werkzeugkasten eingepackt und hoffte, damit für alle Schwierigkeiten gerüstet zu sein. Vor dem Aufbruch hatte Somervell allen vier Männern Blut für einen Hämoglobintest abgenommen. Irvine hatte voll Stolz registriert, dass er sich des höchsten Prozentsatzes an roten Blutkörperchen rühmen konnte. An zweiter Stelle folgte Odell. Der Tag war kalt und bedrohlich („ein bisschen schauerlich" nach Irvines Meinung), und die Träger fielen bald zurück. Die meisten hatten zusätzlich zu ihren Lasten Decken und andere Dinge mitgenommen und kämpften unter dem Gewicht. Geplant war gewesen, dass bei ihrer Ankunft im Lager II am nächsten Tag *Sangars* fertig sein, Steinmauern, die man mit einer Zeltbahn überdachen konnte; doch die Arbeit war noch gar nicht begonnen worden, obwohl der zuständige Unteroffizier sich mit zwei Helfern dort befand. Mallory und Irvine sahen, dass 23 Männer dringend eine Unterkunft brauchten, und fingen sofort mit dem Mauerbau an. Bald machten auch die Träger mit. „Es ist etwas Besonderes zu erleben, wie sich bei Männern Lustlosigkeit in eine Art Unternehmergeist verwandelt", schrieb Mallory an Ruth. Nicht lange und sie sangen bei der Arbeit. Zweieinhalb Stunden des Steineschichtens verursachten bei Irvine jedoch Nasenbluten, und er machte eine verdiente Pause, während Mallory und Odell den Weiterweg zum Lager III erkundeten.

Am 5. Mai war das Wetter nicht besser, Schnee wehte vom Gletscher, aber man hielt den Plan ein: den Weg zu spuren und Vorräte ins Lager III hinauf zu schaffen. Alle vier Sahibs begleiteten die protestierenden Träger auf dem spiegelglatten Marsch zwischen den Eisnadeln hindurch, redeten ihnen gut zu, trieben sie an, schoben. Wenigstens waren sie hier geschützt, doch als sie auf den offenen Gletscher kamen, traf sie direkt vom Nordsattel herab ein übler Wind. Alle spürten die Höhe. Die Sonne hatte das Becken bereits verlassen, als sie um 18 Uhr den Standort für das Lager erreichten; dort stellten sie rasch ein paar Zelte auf. In den Lasten ließ sich keine Suppe finden, und die meisten Lebensmittel, die man entdeckte, waren gefroren. Nach einem spartanischen Mahl richteten sich alle für eine kalte Nacht ein.

Irvine war überrascht, Mallory schon um 6.30 Uhr am nächsten Morgen auf den Beinen zu sehen, bereit abzusteigen und die Sache mit der Bevorratung zu klären. „Energischer Schuft", dachte er und

verkroch sich in seinem Schlafsack, um noch ein paar Stunden zu schlafen vor dem Frühstück (das dann aus einem Würstchen und einer halben Dose Kondensmilch bestand). Der Tag war irgendwie verloren, also versuchte man wenigstens überall, die Bedingungen zu verbessern. Mallory fürchtete, die Träger könnten den Mut verlieren. Jene, die sich vom Lager II zum Lager III emporarbeiteten, ließ er nach etwa drei Vierteln der Strecke die Lasten ablegen und umkehren. Nach seinem Eindruck konnte Lager III nicht mehr Männer unterbringen. Irvine und Odell stiegen zu dem abgelegten Gepäck ab, um zusätzliche Öfen und andere wichtige Dinge zu holen.

Am Morgen des 7. Mai herrschte sogar noch schlechteres Wetter, nach einer Nacht mit minus 30°C. Alle Träger waren krank, viele erbrachen sich, und einige befanden sich in sehr schlechtem Zustand. Mallory musste sie buchstäblich aus ihren Zelten ziehen. Ein armer Kerl hatte so geschwollene Füße, dass er die Stiefel nur ohne Socken anziehen und ohne Unterstützung nicht gehen konnte. Es war klar, dass die Männer schnell hinunter mussten. Mallory geleitete sie zum Lager II hinab und gab sie dort in die Obhut eines der Unteroffiziere; dann half er den wenigen Unentwegten, die zum Lager III aufstiegen.

(*Fortsetzung Seite 138*)

FILMEN AM EVEREST

„Der allgegenwärtige Noel", so nannten seine Kameraden Capt. John Noel bei den Everest-Expeditionen von 1922 und 1924. Er war bei beiden Unternehmungen der offizielle Fotograf und Filmkameramann. Zu einer Zeit, als der Film noch in den Kinderschuhen steckte, nahm er seine speziell angepasste Newton-Sinclair 35-mm-Kamera mit auf den 7010 Meter hohen Nordsattel, um die Bemühungen der Bergsteiger zu verewigen. Er prahlte gern damit, dass er von der Kameraposition, die er sich auf einem der östlichen Rücken des Changtse in den Felsen geschaffen hatte, jeden Schritt auf der Nordseiten-Route verfolgen konnte, bis hinauf zum Gipfel. Von dort, seinem 6700 Meter hohen „Adlerhorst", war die Gipfelpyramide des Everest in gerader Linie knapp fünf Kilometer entfernt. Bei Gipfelversuchen wollte er sein 500-mm-Teleobjektiv auf die Pyramide gerichtet lassen, während er mit seinem „Sucherteleskop" nach winzigen Gestalten forschte.

CAPTAIN JOHN NOEL 1922 MIT SEINER NEWTON-SINCLAIR AUF DEM NORDSATTEL.

Noel bewunderte die Arbeit des hervorragenden Bergfotografen Vittorio Sella, doch sein großer Held war Herbert Ponting, der 1910–11 Captain Robert F. Scott auf seiner Antarktis-Expedition begleitet hatte. Noel sagte immer wieder, er habe sich Pontings Film über Scotts letzte Expedition mindestens sechzehnmal angeschaut und halte ihn für den besten je gedrehten Dokumentarfilm.

Noel, der seinem Vater in die Armee gefolgt war, hatte sich für ein Regiment in Nordindien entschieden. Jeden Sommer, wenn seine Garnison vor der Hitze der Ebene in die Berge auswich, verbrachte er seinen Urlaub mit Wanderungen im Grenzgebiet Sikkims und hielt Ausschau nach Wegen in das verbotene Tibet. Er wollte sich dem Mount Everest nähern; damals war noch kein Bewohner des Westens je auf 60 bis 80 Kilometer herangekommen. Im Jahr 1913 überquerte er mit mehreren Bergbewohnern einen unbewachten Pass nördlich des Kangchenjunga und kam bis auf 60 Kilometer an den Bergriesen heran, bevor ihn tibetische Soldaten zur Umkehr zwangen. Der Vortrag, den er nach dem Ersten Weltkrieg vor der Royal Geographical Society über sein damaliges Abenteuer hielt, trug dazu bei, dass die Everest-Expeditionen der zwanziger Jahre unternommen wurden.

Das Kriegsministerium war nicht zu bewegen, Noel so viel Urlaub zu geben, dass er an der Erkundung von 1921 teilnehmen konnte. Daraufhin gab er seine Offiziersstelle auf und sorgte dafür, dass er als offizieller Fotograf für den Besteigungsversuch zur Verfügung stand, der für 1922 geplant war. Das Everest Committee, das diese Expeditionen organisierte, war sehr konservativ, und viele seiner Mitglieder, einschließlich des einflussreichen Sekretärs Arthur Hinks, hatten eine ausgeprägte

Abneigung gegen Publicity. Die Idee, einen Film zu drehen, fand anfangs auch bei den Bergsteigern keinen Anklang: „Ich bin nicht zum Everest gekommen, um ein Filmstar zu werden", sagte der fotogene George Mallory zu Noel. Doch als er mit dem Fotografen im Basislager ein Zelt teilte, faszinierte ihn der ganze Vorgang, und er half Noel in dessen Dunkelkammerzelt.

Zu Noels früheren Filmarbeiten gehörten einige Lehrfilme für die School of Musketry in Hythe und ein Dokumentarfilm über die Kaviar-Industrie am Kaspischen Meer. Er und Hinks hatten vor 1922 die Köpfe zusammengesteckt, damit er eine ideale Foto- und Filmausrüstung bekam. Neben der Kamera für Einzelaufnahmen sollte er drei Filmkameras mitnehmen. Seine Lieblingskamera war die Newton-Sinclair. Sie hatte die von Ponting in der Antarktis verwendete Kamera zum Vorbild und bestand, um leicht zu sein, aus Duraluminium, außerdem hatte sie spezielle Punktlager, die kein Öl benötigten, das bei niedrigen Temperaturen dazu neigte zu gefrieren. Ponting hatte Noel erzählt, manchmal sei ihm die Zunge an der Kamera festgefroren. Im Gedanken daran hatte Noel den Konstrukteur Newman ersucht, eine Kamerahülle aus Gummi zu machen, damit er sein Gesicht anpressen konnte, um die Kamera bei starkem Wind ruhig zu halten, ohne fürchten zu müssen, dass seine Wangen an dem kalten Metall anklebten. Voll geladen, mit zwölf Metern Film, wog die Kamera etwa neun Kilo – ungefähr die Hälfte der IMAX®-Kamera, die David Breashears 1996 am Everest verwendete.

Noel vertrat die Ansicht, dass „das Entwickeln immer vor Ort erfolgen sollte, innerhalb von 14 Tagen nach der Belichtung". Abgesehen von allem anderen sah er dann, was er im Kasten hatte. Aus dem Grund beschaffte er sich 1922 ein spezielles lichtundurchlässiges Zelt und Entwicklungswannen; im Basislager entwickelte, fixierte und wusch er dann unzählige Meter an 35-mm-Filmen, die er über einem mit Yakdung beheizten Ofen zum Trocknen aufhängte. Als die Expedition die Heimreise antrat, war er immer noch damit beschäftigt, seine Filme zu entwickeln; er verlegte den ganzen Prozess nach Gyantse, wo er sich in der alten Festung der Stadt eine Dunkelkammer einrichtete. Rechtzeitig für die Erstaufführung in der Central Hall von Westminster kehrte er mit dem fertigen Film nach Hause zurück.

Leider herrschte am Abend der Aufführung eine von Londons berüchtigten „Nebelsuppen". Sogar der große Saal füllte sich mit Nebel. Dies und das Fehlen von Musik (die später hinzukam) hatten zur Folge, dass das

CAPTAIN NOELS LICHTUNDURCHLÄSSIGES ZELT, DAS IHM IM BASISLAGER ALS DUNKELKAMMER ZUM ENTWICKELN VON FILMEN DIENTE.

CAPTAIN NOELS AUSGUCK „ADLERHORST" AUF 6700 METER HÖHE.

Debüt weit weniger spektakulär war als spätere Aufführungen. *Climbing Mount Everest* (Die Besteigung des Mount Everest) lief dann zehn Wochen lang in der Philharmonic Hall und war stets ausverkauft – obwohl George Bernard Shaw spottete, die Expedition wirke so wie „ein vom Schneesturm überraschtes Picknick in Connemara [Westirland]".

Die Stärke des Films lag in den Reiseszenen, den Landschaftsaufnahmen und der Darstellung des Lebens auf der tibetischen Hochebene. Es gab schöne Szenen vom „Teufelstanz" der Mönche des Rongbuk-Klosters, bei denen sich Somervell tibetische Volksmusik besorgt hatte. Der Abschnitt über die Besteigung zeigte Szenen vom Marsch durch die Eistürme des Östlichen Rongbuk-Gletschers bis zum zögerlichen Rückzug nach der Lawinentragödie. Besonders gelobt wurden Noels Studien „dahineilender Wolken und des vom Wind verwehten Schnees", aufgenommen auf panchromatischem Schwarzweiß-Filmmaterial mit Hilfe roter und gelber Filter, die den Himmel als Wolkenhintergrund besonders tief tönten. Vom Nordsattel aus fotografierte er Finchs Sauerstoff-Versuch, bis sich die Gruppe irgendwo über 7600 Metern in den dunklen Felsen verlor. Er hatte gehofft, wenigstens eine Einzelaufnahme zu bekommen, die den höchsten erreichten Punkt zeigte, aber Finch – der während der Reise und der Expedition voll Hingabe mehr als zweitausend Aufnahmen gemacht hatte – war zu sehr mit dem Sauerstoffgerät beschäftigt gewesen, um über dem Nordsattel Zeit oder Lust zum Fotografieren zu haben. Noel hatte es unterlassen, „private" Fotos zu machen, aus Furcht, die Bergsteiger zu verärgern; diese waren, wie er feststellte, ohnehin ziemlich streitsüchtig – Mallory sagte einmal, jede Expedition breche als eine Zwölfergruppe auf und komme als zwölf Einergruppen heim.

Eine der vielen Schwierigkeiten beim Fotografieren in Hochlagen resultierte, wie sich zeigte, aus der Wirkung des trockenen Klimas in Tibet auf das Kinofilm-Material, das sich elektrostatisch auflud und knisterte und Funken schlug, wenn man es durch die Hand zog; man musste mit einer nassen Hand arbeiten, wenn man den Film auf die Entwicklungsrahmen spannte. Dieses Problem hatte man jedoch vorausgesehen. Es war Newman-Sinclair gelungen, irgendwie zu erreichen, dass der Film ohne Reibung und Aufladung durch das Fenster lief. Außerdem hatte er Magazine mit weiter Öffnung konstruiert, um die mögliche Beschädigung gering zu halten. Am schwierigsten war es wohl, sich in Hochlagen zu der Anstrengung zu zwingen, gegen die Lethargie im Hinblick aufs Fotografieren zu kämpfen. „Man muss gegen sich selbst kämpfen", sagte Noel in einem späteren Interview. „Deine Finger fummeln an einer Schraube herum, und die Schraube fällt herunter. Das ist dir einfach egal."

Der Erfolg des Films ermutigte Noel, dem Everest Committee einen ungewöhnlichen Vorschlag zu machen. Er bot an, die gesamten Film- und Fotorechte an der Expedition von 1924 für die beeindruckende Summe von 8000 Pfund zu erwerben – zahlbar vor der

Abreise. Damit wurde das Committee auf einen Schlag die ganze finanzielle Belastung los, also nahm es das Angebot mit Freuden an. Noel war zuständig für die Beschaffung seiner ganzen Ausrüstung und der Filmvorräte, für den Transport nach Tibet sowie das Anheuern der Träger und der Fotoassistenten, die er brauchte. Noel wiederum setzte auf die Wahrscheinlichkeit des Erfolgs und strebte einen Abenteuerfilm an, der genügend öffentliches Intersse erregte, um ihm Eingang in die bedeutendsten Filmkreise der Welt zu verschaffen. Ein attraktives Vorhaben, für das er unter anderen Sir Francis Younghusband und den Aga Khan als Teilhaber gewann. Dieses Mal wollte er nicht selbst entwickeln. Er ließ in Darjeeling ein vorgefertigtes „Labor" in die Ecke des Gartens eines Freundes bauen. Dorthin wurden alle belichteten Filme von Stafetten spezieller Läufer und Reiter gebracht. Zwei Fotoassistenten, Pereira und King, waren mit der fotomechanischen Bearbeitung der Filme rund um die Uhr beschäftigt; sie belieferten Zeitungen und Illustrierte regelmäßig mit Bildern. An der Filmausrüstung waren verschiedene Verbesserungen vorgenommen worden: Arthur Newman befestigte an Noels Kamera einen Elektromotor, der so eingestellt war, dass er Zeitrafferaufnahmen möglich machte, was damals etwas Neues war; und das lange Teleobjektiv erhielt Stützen, die es ruhig hielten. Die Handhabung lief diesmal glatter, und Noels Assistenten lernten, eine Kamera binnen 30 Sekunden aus ihrem Behälter zu nehmen und auf ein Stativ zu montieren.

CAPTAIN NOEL SCHICKT SICH AN, EINE FLUSSÜBERQUERUNG IN TIBET ZU FILMEN.

Noel filmte mit dem Teleobjektiv die Rettung der verunglückten Träger und verbrachte neuneinhalb Tage auf dem Nordsattel. Aus seinem „Adlerhorst" gelang es ihm, Mallory und Irvine, die gut drei Kilometer entfernt waren, in 7900 Metern Höhe zu filmen. Seine Aufnahmen der Gipfelpyramide zeigten mehr Details von der Oberfläche des Everest und von seinen Schwierigkeiten, als man je gesehen hatte. Wie mit Mallory vor dem Gipfelangriff vereinbart, beobachtete er die Gipfelregion stundenlang, um die Fortschritte der beiden zu verfolgen, doch er entdeckte Mallory und Irvine nirgends, sah nichts von ihrem verhängnisvollen letzten Aufstieg.

In diesem zweiten Film, *The Epic of Mount Everest* (Das Epos vom Mount Everest), konzentrierte sich Noel darauf, den Charakter und die Wucht des Berges sowie die Bedeutungslosigkeit des Menschen darzustellen. Dem Rezensenten von *Bioscope* schien dies gelungen, er fand den Film „unendlich inhaltsreicher und schöner in jeder Hinsicht" als Noels vorausgegangenen Versuch.

„Teils dank der knapp gehaltenen, aber sehr aussagekräftigen Untertitel, teils dank der realistischen Illusion, die von diesen wundervollen Bildern erzeugt wird, gewinnt man einen sehr starken Eindruck vom Drama der Besteigung. Mit den vergeblich kämpfenden Forschern beginnt man sich vorzustellen, dass dieser schreckliche Felsbrocken, der hinter einem Nebelschleier dämonisch und finster droht, in Wirklichkeit ein Lebewesen ist." Kopien beider Filme Noels befinden sich jetzt im National Film Archive in London.

MALLORYS GEHEIMNIS

Odell fühlte sich den ganzen Tag unwohl und Irvine schlug sich mit Kopfschmerzen herum, schaffte es aber, loszugehen und den sich abplagenden Trägern etwas von ihrer Last abzunehmen. „Sie waren fast zu erschöpft, um überhaupt und auch ohne Lasten zu steigen", schrieb er an diesem Abend. „Wenigstens bekamen wir sie ins Lager, wir verteilten die acht Schlafsäcke, die ich trug, und brachten in einem ihrer Zelte einen Primuskocher zum Brennen."

Mallory verzweifelte schier. Wieder war ein Tag vergangen, nur ein paar weitere Lasten hatten das Lager III erreicht, und nichts war getan worden, um das Lager zu verbessern. Er stand auch am nächsten Morgen früh auf und stieg erneut ins Lager II ab. Dort fand er Norton und Somervell vor, die sich über die vielen Menschen in dem Lager wunderten. Mallory erklärte, dass er wegen des Zustands der Träger gezwungen gewesen war, das Ablegen der Lasten am oberen Beckenende anzuordnen. Seine Neuigkeiten wurden kühl aufgenommen. Geoffrey Bruce äußerte sich später sehr deutlich zu dem Vorfall, nannte ihn „eine schwere Panne" und fügte hinzu, sie hätte „zweifellos zum völligen Zusammenbruch der Träger geführt, wäre Norton nicht im kritischen Moment da gewesen und hätte sie auf den Beinen gehalten, ihren schwindenden Mut gestärkt und ihre Lebensgeister wiederbelebt". Die Versorgungskolonne war unterbrochen, was auch Noel kritisierte. Von da an, so sagte er, wählten die Transportgruppen selbst Stellen zum Ablegen ihrer Lasten, so dass die Vorräte der Expedition bald über die ganze Strecke verstreut waren und das gesamte Transportsystem zusammenbrach.

In Wirklichkeit bestand das Problem darin, dass man im Generalplan keinen Spielraum für schlechtes Wetter vorgesehen hatte und dass die Schneestürme, die sie zur Zeit erlebten, die schlimmsten seit zwanzig Jahren waren. Was immer die anderen von Mallorys Entscheidung hielten, er begrüßte die Ankunft von Geoffrey Bruce, weil er

Mallory — mit Hut im Vordergrund — schaut beim Bau von Lager II in die Kamera. Darüber erhebt sich der 7111 Meter hohe Mount Kellas, benannt nach dem Arzt, der 1921 während der Erkundungsfahrt gestorben war.

wusste, dass er diesem die Verantwortung übertragen konnte, während er etwas Schlaf nachholte. Odell und Hazard suchten unterdessen nach einem Weg auf den Sattel. Irvine, der wieder mit Kopfschmerzen kämpfte, begann das Lager III zu organisieren und sorgte dafür, dass die Träger ihre Primuskocher in Gang brachten und etwas heiße Nahrung in ihre Mägen bekamen. Somervell traf mit weiteren Trägern ein.

„Vollkommen saumäßiger Tag — ist nicht anders zu beschreiben", notierte Irvine am 9. Mai; nebenbei bosselte er an dem „Brüllkocher" herum. Somervell und Odell entschieden, das Wetter sei zu schlecht für einen weiteren Gang in Richtung Sattel; Hazard stieg ab; Mallory, Noel und Bruce kamen herauf. Mallory war überrascht und erfreut, im Lager vom „lebhaften Lärm des Brüllkochers" empfangen zu werden, der nach seiner Ansicht eine der größten Erfindungen der Expedition darstellte. Er war zwar extravagant, was den Brennstoff betraf, ein bisschen temperamentvoll und erschreckte gern den Koch, aber er fütterte die Truppen. Schließlich zogen sich alle in ihre Zelte zurück. Zwei der „Meade"-Zelte hatte man Tür an Tür zusammengestellt, so dass Mallory, Somervell, Odell und Irvine einen „Raum" teilen konnten, wo sie Karten spielten, Gedichte lasen und darauf warteten, dass ihr Wunderkoch Kami ein Abendessen produzierte.

In dieser Nacht nahm der Sturm an Stärke noch zu. Was sie auch taten, sie konnten nicht verhindern, dass Pulverschnee in die Zelte drang und sich stellenweise mehrere Zentimeter hoch anhäufte. Die Lage am nächsten Morgen war schlicht trostlos. Bruce drang darauf, die Träger ins Basislager zu bringen, solange sie noch bei Kräften

MALLORYS GEHEIMNIS

Nach den Mühen des Lagerbaus ruhen sich die an „Gletschermattigkeit" leidenden Expeditionsmitglieder vor den Eisnadeln zwischen den Lagern II und III aus (oben). Niedergeschlagen kehren sie ins Basislager zurück (gegenüber), vertrieben von unerwartet heftigen Stürmen und extremer Kälte.

waren. Mallory jedoch, der nach wie vor darunter litt, beim letzten Mal vielleicht zu schnell kapituliert zu haben, drängte die anderen, einen weiteren Tag auszuharren, bevor sie eine Entscheidung fällten. Er konnte nicht glauben, dass das Wetter weiterhin mit solcher Kraft auf sie einschlagen würde. Es musste bald aufklaren, und vielleicht konnten sie am Nachmittag einige Arbeiten erledigen. Wie dem auch sein mochte, die vielen Sahibs im Lager verbrauchten zu viel Brennstoff, und weil Irvine noch immer von seinem Kopfweh und von Rheumaschmerzen geplagt wurde, zogen sich Mallory und er ins Lager II zurück. „Fand es schwer, mit George mitzuhalten", schrieb Irvine über den alptraumhaften Abstieg, „und das raue Eis erschütterte meinen Kopf schrecklich." Er musste alle paar Minuten rasten, und jede kleine Unebenheit brachte ihn auf die Knie. Mallory notierte als Ursache „Gletschermattigkeit".

Am Morgen des 11. Mai traf im Lager II die Nachricht ein, dass ein Träger knapp oberhalb des Lagers gestürzt sei und sich das Bein gebrochen habe. Mallory, Irvine, Beetham und Noel hasteten mit einer Schiene und einer provisorischen Bahre los, um ihn zu bergen. Eine weiteren kalte, stürmische Nacht im Lager III bewog Norton, für alle den Abstieg vom Berg anzuordnen. Irvine, der sich nach einer Nacht in geringerer Höhe besser fühlte, stieg wieder auf, um Somervell zu holen, damit er den verletzten Mann versorgte. Leider war dieser Mann nicht der einzige Verlust. Bei einem Träger namens Sanglu aus Kellas' alter Truppe vermutete man, dass er eine Lungenentzündung hatte. Den Schuhma-

cher des Teams, Manbahadur, hatte man in apathischem Zustand draußen im Schnee liegend gefunden. Man trug ihn vom Lager II herab, aber es war klar, dass er beide Füße durch die Erfrierungen verlieren würde.

Unten im Basislager trafen sie dann Hingston an, der zurückgekommen war, weil sich der Gesundheitszustand des Generals gebessert hatte. Man öffnete Champagnerflaschen zu seiner Begrüßung. Irvine musterte seine Kameraden. „Eine sehr dreckige und verschlampte Gesellschaft", konstatierte er. „Hingston, sauber rasiert und ordentlich gegenüber Shebbeare sitzend, hatte ein Schelmengesicht und eine Wollmütze auf dem Hinterkopf, die Innenseite nach außen. Hazard trug einem Fliegerhelm, aus dem sein stacheliges Kinn weiter hervorstand als je. Beetham saß die meiste Zeit stumm da, rund und schwarz wie eine Mischung aus Judas Ischariot und einem Dörrapfel. George, der auf einem sehr niedrigen Stuhl saß, schaute kaum über den Tisch hervor, abgesehen von seinem Stoffhut, den er auf einer Seite mit einer riesigen Sicherheitsnadel hochgesteckt hatte und der voller Kerzenwachs war. Noel lehnte sich wie gewöhnlich mit gesenktem Kinn und dem Stoffhut über den Augen zurück und grinste vor sich hin. Alle waren glücklich, wieder in einer christlichen Messehütte zu sein und anständiges Essen zu verspeisen."

Norton bereitete seine Expeditionsdepesche vor. „Das Ende der Runde eins sieht uns besiegt, aber bei weitem nicht geschlagen", schrieb er in dem Versuch, ihrem fluchtartigen Rückzug – denn etwas anderes war es kaum gewesen – ein tapferes Gesicht zu geben. „Eine Verzögerung, aber keineswegs der Zusammenbruch, den wir fürchteten. Wir verlieren unweigerlich fünf oder sechs Tage gegenüber dem ursprünglichen Programm... Verschafft uns nur das Wetter, das wir 1922 hatten, dann wird nichts die reibungslose Fortsetzung des Plans verhindern."

COL E.F. NORTON, 1924 VON HOWARD SOMERVELL AUF 8573 METER HÖHE AUFGENOMMEN.
BIS 1952 KONNTE KEIN BERGSTEIGER NACHWEISEN, DIESE HÖHE ÜBERTROFFEN ZU HABEN.

FÜNFTES KAPITEL

…wir erwarten keine Gnade vom Everest.

GEORGE MALLORY, Mai 1924

DER SEGEN DES LAMA

Hingston hatte mehr als genug zu tun. Am 12. Mai brach er auf ins Lager I, um die Kranken und Verletzten zu versorgen. Er war schockiert über die „erschöpfte und vom Wetter geschlagene Schar", die er dort antraf. „Völlig geschafft – ein trauriger Haufen." Bei dem nepalesischen Schuhmacher mit den Erfrierungen stand so gut wie fest, dass er beide Beine bis unterhalb der Knie verlieren würde, und es gab unter den Trägern weitere Fälle von Erfrierungen oder Schneeblindheit. Dem Mann mit dem gebrochenen Bein ging es recht gut, doch der kranke Gurkha, Shamsher Pun, war bewusstlos. Es bestand Verdacht auf ein Blutgerinnsel im Gehirn. Er konnte nicht bewegt werden, deshalb ließ ihn Hingston in der Obhut seiner Unteroffizierskollegen. Am 13. Mai stieg Hingston wieder auf, zusammen mit Geoffrey Bruce, um nach ihm zu sehen. „Ein bedrückender Tag", sagt sein Tagebuch aus. „Wir fanden ihn in einem noch schlechteren Zustand vor als letztes Mal. Trotzdem mussten wir versuchen, ihn hinunter zu bringen." Man bastelte eine Bahre aus Decken und Zeltpfosten und wählte sechs Tibeter als Träger für den Abstieg aus, der sich als lang und schwierig erwies. Als die Gruppe noch etwa achthundert Meter vom Basislager entfernt war, starb Shamsher,

MALLORYS GEHEIMNIS

ohne das Bewusstsein wieder erlangt zu haben.
Er wurde tags darauf jenseits des Flusses begraben,
gegenüber dem Basislager. „Der Tod dieses großartigen jungen Mannes in der Blüte der Jugend berührt
die Mitglieder der Expedition tief", schrieb Norton
an diesem Abend in seiner Depesche, in der er den
Eltern des Soldaten sowie dessen Regiment sein
Mitgefühl aussprach.

Wenn dieser Rückschlag irgendeine positive
Wirkung haben und die Niedergeschlagenheit der
Männer überwunden werden sollte, musste etwas
geschehen. Nie zuvor hatte man General Bruce so
sehr vermisst. Man kam auf die Idee, den Dolmetscher Karma Paul ins Rongbuk-Kloster zu schicken
und anfragen zu lassen, ob die Träger vom Oberlama gesegnet werden könnten. Dieser war ein
berühmter heiliger Mann und angeblich die
Inkarnation des Gottes Chenrezi. Der Lama, Ngagdwang-batem-hdsin-norbu, war bei allen frühen
„Everestern" sehr beliebt, er begrüßte alle zwischen
1922 und 1930 eintreffenden Expeditionen mit größter Höflichkeit. Besonders gut verstand er sich mit
General Bruce, der ihm erklärt hatte, seine Bergsteiger kämen aus einer britischen Sekte, die die Berge
verehrte, und seien auf Pilgerfahrt zum höchsten
Berg der Welt. Bruce wollte ihm vermitteln, dass
ihre Motive ausschließlich spiritueller Natur seien
und dass sie mit ihrem Kommen keinen materiellem Gewinn anstrebten. War schließlich nicht
Chenrezi selbst auf dem heiligen Schnee des Chomolungma-Gipfels gewesen, emporgeschwebt auf
einem Sonnenstrahl? Der Lama erklärte sich bereit,
die ganze Expedition – Bergsteiger, Gurkhas und
Träger – für den 15. Mai ins Kloster einzuladen.
Also marschierten zur festgesetzten Zeit alle die
sechseinhalb Kilometer ins Tal hinab. Zunächst
wurden sie in einen Vorraum geführt, wo man
ihnen tibetischen Tee und Schalen mit gewürzten
Nudeln reichte. „Die meisten von uns mochten das
Zeug nicht, aber Noel nahm sich mehrere Portionen", notierte Hingston. Irvine fiel auf, wie zerkaut

*Als die Expeditionsleiter mit dem Oberlama von Rongbuk (rechtes Bild, Mitte) zusammentrafen, sagten sie zu ihm: „Wenn wir
den Gipfel erreichen, erhalten wir von der britischen Regierung
eine Belohnung und einen hohen Rang." Der Lama sah die Männer als Ketzer an, bezeigte ihnen jedoch Gastfreundschaft. General Bruce berichtete: „Wir trennten uns in bestem Einvernehmen."*

*Wie die Kulissen eines phantastischen Bühnenbildes umrahmen
die Eisnadeln des Eiskorridors auf dem Östlichen RongbukGletscher den Weg zum Everest (Bild übernächste Seiten).
Der Korridor, entstanden durch ungleichmäßiges Schmelzen
des Gletschereises und Einsinken in der Mitte, scheint auf den
Mount Kellas zu führen. Doch die Route schwenkt später zum
Everest hin.*

die Essstäbchen waren, und als sie endlich zum
obersten Lama geleitet wurden, registrierte er, dass
der große Mann „auf einem roten Thron auf einer
eisernen Bettstatt saß, in einer Art Veranda". Der
Lama hatte angeblich zwölf Jahre in einer Eremitenzelle verbracht. Er segnete jeden Mann, indem er
ihm eine silberne Gebetsmühle an den Kopf
drückte. Die zutiefst religiösen Träger warfen sich
vor ihm zu Boden und boten ihm ihre Opfergaben
dar, Rupien und seidene *khatas*. Norton schenkte
ihrem Gastgeber ein auf Seide gesticktes Bild vom
Potala, der Palastburg des Dalai Lama in Lhasa, und
eine Uhr. Gebete wurden gesprochen, und der
Lama ermahnte die Träger, den Sahibs zu gehorchen und an dem Berg ihr Bestes zu geben. Es seien
die Dämonen, die sie zum Rückzug gezwungen
hätten, sagte er, und diese würden es wieder versuchen, aber dann müssten sie eben stark sein. Er
werde für sie beten. Von neuer Entschlossenheit
erfüllt, kehrte die Gruppe ins Lager zurück.

Jahrzehnte später wurde das Rongbuk-Kloster
ein Opfer der Kulturrevolution in China. Als wir
mit der ersten Mallory/Irvine-Suchexpedition nach
Tibet kamen, war das einst imposante Kloster kaum
mehr als ein Gerippe. Ein paar Nonnen und ein jun-

DER SEGEN DES LAMA

ger Lama hatten sich in den Ruinen eingerichtet und taten ihr Möglichstes, um es wieder zum Leben zu erwecken. Unser Team-Mitglied Tom Holzel machte darauf aufmerksam, dass die Mönche eine Art Klosterlogbuch oder Tagebuch geführt haben könnten, und falls es noch existierte, seien darin vielleicht die fremden Rundaugen erwähnt, die in den zwanziger Jahren gekommen waren, um zur Göttinmutter empor zu steigen. Wir brachten unsere Dolmetscher zum Kloster, aber sie fanden nichts. Doch wir erfuhren, dass der Lama von Rongbuk Memoiren geschrieben habe, in denen er sich an die britischen Bergsteiger erinnerte. Das Dokument überlebte die Kulturrevolution (vermutlich wurde es über die Grenze in das Schwesterkloster Thyangboche in Nepal gebracht). Kurz nach dem Zweiten Weltkrieg bekam Shebbeare eine Übersetzung von tibetischen Gelehrten zu sehen; er fügte eine Kopie des einschlägigen Absatzes in sein Everest-Tagebuch von 1924 ein, das beim Alpine Club in London steht.

Die weißen Männer, hatte der alte Lama notiert, „errichteten 7 Zelte in einer Reihe auf dem Berg und versuchten etwa sechs Wochen lang, den Berg zu besteigen, wobei sie eiserne Pflöcke, Ketten und Platten usw. [Äxte, Seile, Steigeisen] mitnahmen." Nicht bekannt ist, wann der Lama das schrieb, doch er vermischte offenbar die Ereignisse

MALLORYS GEHEIMNIS

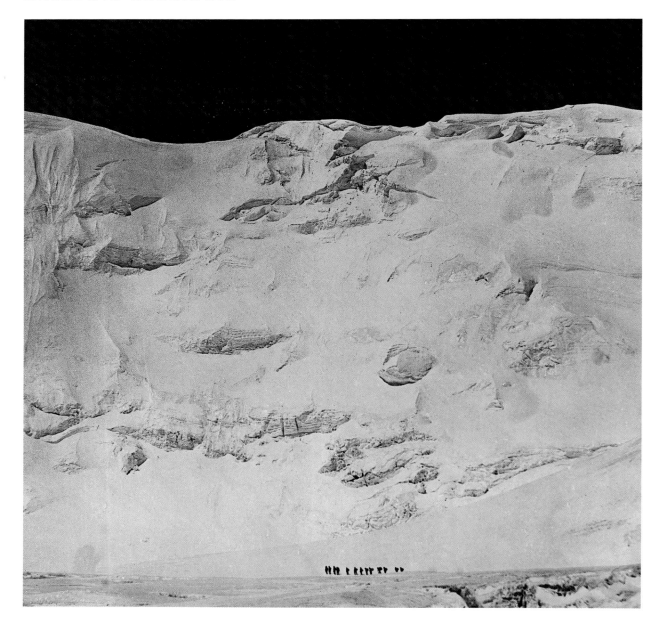

von 1924 und 1922, als er sich an „zwei große Sahibs" erinnerte, die zur gleichen Zeit verschwunden sind, in der „sieben oder acht Träger den Tod fanden". Als man ihn ersuchte, die Totensegnungen vorzunehmen und die Gebete für die Verstorbenen zu sprechen, habe er mit „großem Eifer" reagiert, schrieb er, „auch aus dem Gedanken, dass diese Seelen solch unsagbar große Schwierigkeiten erlitten haben wegen nichts".

Nach der Rückkehr ins Lager überarbeiteten Norton und Bruce ihre Trägerlogistik, während Mallory, Odell und Somervell ihre Fitness testeten, indem sie rund ums Lager auf Felsausbisse kletterten. Irvine, der Ausrüstungsoffizier, verbrachte die Tage mit Improvisieren und Ausbessern. Was er während der Expedition leistete, ging weit über jede Pflichtschuldigkeit hinaus. Er reparierte Äxte, Öfen, Lampen, Schweißbrenner, Hocker, Tische, sogar den

Der Nordsattel, eine 300 Meter hohe Wand aus Fels, Schnee und Eis, macht Zwerge aus der zum Lager IV aufsteigenden Expeditionsgruppe. Das Lager steht auf der Wand, knapp hinter ihrem oberen Rand.

Motor von Noels Kamera. Er betrieb in den Lagern eine Art mobilen Kesselflickerdienst, klopfte und lötete bis weit in die Nacht hinein. Seine Hauptsorge galt der Sauerstoffausrüstung, die sich bei der Überprüfung in Kalkutta als völlig „verpfuscht" erwiesen hatte, wie er einem Freund schrieb. Bei der Herstellerfirma Siebe Gorman hatte niemand Notiz von den Vorschlägen genommen, die er in den Monaten vor der Abreise an das Unternehmen geschickt hatte. Was man ihnen lieferte, war „hoffnungslos, bricht, wenn man es anfasst, leckt, ist lächerlich unförmig und schwer". Er und Odell stellten fest, dass von den 90 Zylindern 15 leer waren und 24 arg leckten. „Ihr Götter!", schrieb er verärgert. „Gestern machte ich so ein Ding kaputt, als ich es nur aus seiner Packkiste herausnahm." Obwohl er es vom philosophischen Standpunkt vorgezogen hätte, ohne zusätzlichen Sauerstoff zu steigen, machte Irvine sich daran, die Schäden zu reparieren und gleichzeitig einige der Geräte so zusammenzumontieren, dass sie praktischer waren. Bei der Ankunft in Shekar konnte er den Prototyp seiner „Version Mark V" präsentieren, bei dem die Zylinder in ihrem Traggestell umgekehrt standen, wodurch sich die Länge des Schlauchs für den Transport des Sauerstoffs zur Gesichtsmaske reduzierte. Sie testeten das Gerät, indem sie damit auf den Felsen bei dem Ort herumkletterten. Im Basislager kämpfte er dann darum, sechs dieser umgebauten Geräte und vier der ursprünglichen gebrauchsfertig zu bekommen. Es gibt Fotos vom Lager (Seite 169), auf denen die Tragrahmen herumliegen wie Skelette.

Mallory machte die Untätigkeit kribbelig. „Du wirst froh sein zu hören", schrieb er Ruth zur Beru-

higung, „dass ich die schlimme Zeit unversehrt überstanden habe – tatsächlich sogar sehr fit. Ich muss *Dir* sagen, dass ich mich voll Stolz als den Stärksten der Gruppe betrachte, denjenigen, der am ehesten ohne Sauerstoff zum Gipfel kommt". Die Bescheidenheit gebot, dass er einräumte: „Vielleicht täusche ich mich", aber er konnte nicht widerstehen hinzuzufügen, er sei ziemlich sicher, dass Norton das gleiche dachte. „Er und ich waren uns gestern darin einig, dass keines der neuen Mitglieder – mit der denkbaren Ausnahme von Irvine – an die Veteranen heranreicht und dass die alte Bande alles auf ihren Schultern trägt." Ihn enttäuschte besonders, dass Odell und Hazard es nicht geschafft hatten, die Erkundung der diesjährigen Route auf den Nordsattel abzuschließen, und dass Beetham seine alte Form noch nicht wieder erlangt hatte. „Es kostet Anstrengung, sich zusammenzureißen und zu tun, was hoch oben nötig ist", sagte er, „aber eben diese Kraft, das Spiel am Laufen zu halten, auch wenn man keine Energie hat, wird – wenn überhaupt etwas – es uns ermöglichen zu siegen. Irvine hat viel mehr von diesem Siegesgeist."

Während der Pause im Basislager teilte Mallory ein Zelt mit Captain Noel, der ihn als ruhelosen Gefährten erlebte. „Er schien sich nicht wohl zu fühlen, immer überlegte und plante er", erinnerte sich Noel. „Mir war klar, dass ihm dieser Rückschlag mehr zusetzte als irgendeinem anderen von uns." Letztendlich wurde dann entschieden, am alten Programm vom Nordsattel aufwärts festzuhalten und es einfach um zwölf Tage zu verschieben, so dass „unser Himmelfahrtstag", wie Mallory gern sagte, mit dem Himmelfahrtstag des christlichen Kalenders zusammenfallen würde, in diesem Jahr dem 29. Mai. Sie wussten jetzt, welche ihrer Träger wahrscheinlich die beste Leistung brachten, und es bestand bis jetzt kein Grund zu der Annahme, dass sich ihre Erfolgsaussichten entscheidend verschlechtert hätten. „Ich fühle mich stark für den Kampf, aber ich weiß, dass jede Unze Kraft nötig

MALLORYS GEHEIMNIS

sein wird", schrieb Mallory an Ruth. Und bei seiner Schwester Mary, die fleißig Einzelheiten über das Wetter in Ceylon berichtete, entschuldigte er sich, weil die Chance, nach der Expedition Zeit für einen Besuch bei ihr zu haben, „vom tibetischen Wind verweht" wurde.

Am 17. Mai nahmen die Männer den Kampf wieder auf – an jenem Tag, an dem sie ursprünglich auf dem Gipfel stehen wollten. „Keine Wolke auf dem Berg bis 11 Uhr", bemerkte Irvine süffisant, während er den Arbeiten nachging, die nötig waren, um die ersten fünf Männer wieder auf den Gletscher zu bekommen. „Perfekter Klettertag, kein Wind in der Frühe. Was für ein Jammer!"

Er folgte am nächsten Tag in ihrer Spur, obwohl er sich nach einem plötzlichen Durchfall „ziemlich klapprig" fühlte. Inzwischen hatte sich das Wetter wieder verschlechtert; am Nachmittag sah es für Irvine sogar nach „einem sehr miesen Tag auf dem Berg" aus. Er kam nur bis ins Lager I, dort nahm er in der Hoffnung auf Besserung etwas Blei und Opium, kroch für eine ausgiebige Nachtruhe in einen bequemen, großen Schlafsack und fühlte sich gleich viel wohler.

Bis zum 21. Mai schafften Somervell, Hazard und Irvine es endlich, das Lager IV auf dem Nordsattel zu errichten, an derselben Stelle wie 1922. Vom alten Lager gab es keine Spur mehr. Hazard wurde eingeteilt, zur Betreuung der zwölf Träger oben zu bleiben, während die anderen bei zunehmend dichterem Schneefall abstiegen. Die ganze Nacht hindurch tobte ein Schneesturm. Auch am nächsten Tag schneite es noch immer und Wind wehte.

(Fortsetzung Seite 154)

Norton und Somervell haben Sitzplätze, aber die Träger hinter ihnen sind diejenigen, die eine phantastische körperliche Leistung erbrachten: Sie trugen eine volle Ausrüstungslast zum Bau von Lager VI auf 8170 Meter hinauf. Norbu Yishay, Lhakpa Chedi und Semchumbi unterstützten Norton und Somervell bei ihrem gescheiterten Gipfelversuch.

DIE SHERPAS

Der Mensch, dem man zuschreibt, dass er als Erster Sherpas für die Arbeit in Hochlagen einsetzte, war Dr. Alexander Kellas. In den Jahren vor den ersten Everest-Expeditionen erforschte er weite Gebiete in Sikkim und anderen Teilen des Himalaja. Dabei bestieg und überquerte er sogar mit seiner Schar trainierter Sherpas oft mehr als 6000 Meter hohe jungfräuliche Schneegipfel. Diese Männer waren fit, hart, treu, fast unempfindlich gegen Kälte, sie trugen ungeheure Lasten und blieben die meiste Zeit über ansteckend fröhlich. Das machte sie zu natürlichen Kandidaten für die höheren Regionen des Everest, allerdings wusste man nicht genau, wie weit ihre Fähigkeiten reichten, um wie viel höher sie steigen konnten. Bei der Erkundung von 1921 hatten sie nicht viel höher als 6000 Meter steigen müssen; der höchste Punkt war damals am Nordsattel auf 7010 Metern von drei Trägern und ihren Sahibs erreicht worden. Howard-Bury berichtete anschließend, dass „der Sherpa Bhotia sich als sehr nützlicher und fähiger Typ Mensch erwies, der schnell im Schnee- und Eisgehen trainiert werden konnte und keine Angst vor Schnee oder Kälte hatte".

1922 hatte Bruces Agent in Darjeeling, M. Wetherall, 150 in Frage kommende Bewerber versammelt, unter denen in einer Vorauswahl die 75 Besten ausgesucht wurden. Diese Gruppe kam für drei Tage in ein Krankenhaus, wurde untersucht und einer Wurmbehandlung unterzogen. Dann wählte man unter ihnen wieder die Besten für die Expedition aus.

TRÄGER ERHALTEN IN SHEGAR DSONG IHRE „PACKEN".

General Bruce stand damals vor dem Problem, seine für Hochlagen bestimmten Eliteträger ins Basislager zu bringen, ohne sie zu verschleißen. Das gelang ihm, und gleichzeitig appellierte er an ihren Mut und machte ihnen klar, welche Ehre es für sie sein würde, wenn das Unternehmen gelang. Er verschaffte ihnen gutes Essen, eine gute Bezahlung und eine vernünftige Ausrüstung, was dazu beitrug, dass sie das Ziel der Expedition auch zu ihrem Ziel machten. Diese Bindung erwies sich als so fest, dass auch danach kaum eine Expedition zu den hohen Gipfeln Tibets und Nepals ohne Hilfe von Sherpas unternommen wurde. Sogar nach dem Lawinenunglück von 1922, bei dem mindestens zwei der Sherpa-Träger Brüder verloren und andere ihre besten Freunde, ließ laut Bruce nicht einer der Männer erkennen, dass er künftig nicht mehr dabei sein wollte; tatsächlich unterschrieb jeder von ihnen einen Vertrag für die nächste Expedition.

Nach dem Ende der Reise von 1922 berichtete Mallory, die größte daraus zu ziehende Lehre sei für ihn, dass die Stärke der Sherpas die Erwartungen aller bei weitem überstieg. Sie trugen Lasten auf 7770 Meter hinauf. Einige von ihnen konnten diese beachtliche Leistung sogar an drei aufeinander folgenden Tagen wiederholen, wobei sie erstaunlich wenig Müdigkeit erkennen ließen. Es bestand kein Grund zu der Annahme, dass sie Lasten nicht noch weiter nach oben tragen könnten, vielleicht auf 8200 Meter. Bis jetzt, so betonte er, hatte sich diese Stärke noch nicht mit Geschicklichkeit oder Erfahrung verbunden, doch im Lauf der Jahre würden die Sherpas mit den Bedürfnissen einer Bergsteiger-Expedition vertraut werden. Viele Expeditionen setzen heute Sherpas so ein wie die Bergführer der Alpen, damit sie ihnen den Weg zeigen.

Die Heimat der Sherpas ist die Region Solu Khumbu in Nepal, ein Gebiet mit Hochtälern südlich und westlich des Mount Everest, nahe an der Grenze zu Tibet. Die Sherpas sind jedoch tibetischen Ursprungs, sie wanderten vor etwa vierhundert Jahren nach Nepal ein. Ihr Name leitet sich von Shar-pa ab, was „die aus dem Osten" bedeutet. Viele der von den ersten Expeditionen beschäftigten Sherpas lebten in Darjeeling (Indien), weil es dort mehr Arbeit gab. Bekannt waren sie als Bhotias, doch ihre familiären Bindungen an Nepal blieben stark. General Bruce berichtete, dass 1922 Sherpa-Träger Verwandtenbesuch von jenseits der Grenze erhielten. Die Leute kamen von Solu Khumbu über den 5800 Meter hohen Nangpa La (oder Khumbu La) herauf und dann ins Basislager hoch. Einige der Frauen trugen Babys, die manchmal nicht älter als ein halbes Jahr waren, über den Pass und schliefen im Schutz von Felsen.

1924, nach dem schlechten Wetter und einer Reihe von Rückschlägen, fielen mehrere Träger wegen Erfrierungen, Erschöpfung oder einfach Entmutigung aus. Doch die Fittesten unter ihnen wurden zusammengeschart, sie sollten wieder aufsteigen. Sie waren die „Tiger", von denen man große Dinge erwartete. Bei den Tigern herrschte zwar keine sonderliche Begeisterung, aber einige setzten sich doch in Marsch. Norton bot seine ganzen Überredungskünste auf, um sie in Bewegung zu halten; er wies darauf hin, dass ihnen Ehre und Ruhm zuteil würden, wenn sie Lasten höher trugen als je ein Sherpa zuvor. Ob sie ihm glaubten oder nicht, drei der Tiger – Norbu Yishay, Lhakpa Chedi und Semchumbi – zeigten, was in ihnen steckte, sie stiegen weiter, um das Hochlager zu errichten.

Erst nach der britischen Everest-Expedition von 1938 erkannte man offiziell einen höheren Rang für Sherpa- oder Bhotia-Träger an: für jene, die sich dadurch ausgezeichnet hatten, dass sie in höchste Höhen stiegen. Wer eine bronzene Tigermedaille bekam, qualifizierte sich für höhere Bezahlung oberhalb der Schneegrenze. Ein Tiger zu werden, das strebten viele junge Sherpas nach der erfolgreichen Besteigung des Everest von 1953 durch Edmund Hillary und Sherpa Tenzing Norgay an. Damals fand das Wort „Sherpa" Eingang ins Bewusstsein des Westens als gleichbedeutend mit moralischer Stärke und Zuverlässigkeit.

Die Sherpas bezahlten einen hohen Preis dafür, dass sie sich mit den höchsten Bergen der Welt einließen. Von der ersten Bergsteigerexpedition an, die sieben von ihnen das Leben raubte, lagen die Todesfälle bei den Sherpas proportional höher als bei ihren Arbeitgebern. Unter den ersten hundert Menschen, die am Everest starben, waren 41 Sherpas.

TRÄGER VERLASSEN AUF DEM WEG ZUM NORDSATTEL DAS BASISLAGER.

MALLORYS GEHEIMNIS

Es war Odell nicht möglich, das nächste Trägerteam heraufzubringen und Hazard abzulösen wie geplant. Die Nacht vom 22. zum 23. Mai bescherte die niedrigste Temperatur, die während der ganzen Expedition registriert wurde, minus 31°C, schlimmer als bei ihrer vorigen Hochtour. Die Kälte verfestigte den Schnee. Am folgenden Morgen starteten Bruce und Odell unter dem Druck, das „Spiel" in Gang zu halten und nicht noch mehr wertvolle Tage entgleiten zu lassen, mit 16 beladenen Trägern hangaufwärts.

Auf dem Sattel oben verbrachten Hazard und seine Männer unterdessen öde, kalte Stunden, deshalb war Hazard erleichtert, als er „irgendwann am späten Vormittag" des 23. Mai bemerkte, dass sich eine große Gruppe von 18 bis 20 Männern zwischen Lager III und dem Fuß des Nordsattels bewegte. Endlich, dachte er. Einen Tag verspätet, aber da kommt sie, die Gruppe, die von mir das Lager IV übernimmt und weiter steigt, um das Lager V zu errichten. So war es abgesprochen gewesen. Hazard sagte sich, auf dem Sattel sei zu wenig Platz, als dass beide Gruppen die Nacht ohne große Unbequemlichkeit und hohen Verbrauch an Vorräten hier verbringen konnten. Darum beschloss er, mit seinen Leuten das Lager zu räumen, bevor die Ablösung eintraf. Er bestimmte zwei Träger, die bleiben und ein Essen für die Ankömmlinge zubereiten sollten, wie es Nortons strikter Vorstellung von der Unterstützung entsprach, die Bergsteiger nach einer kräfteraubenden Tätigkeit erhalten sollten. Als einziger Sahib in seiner Gruppe ging Hazard voraus, um ein Seilgeländer zu befestigen und die ihm anvertrauten Männer beim Abstieg auf den gefährlichen Steilhängen des Sattels zu sichern.

Irgendwann am Beginn der zweiten Phase „dieser Tausendfüßler-Fortbewegung" beschlossen zwei Männer, in die relative Bequemlichkeit und Sicherheit des Lagers IV zurückzukehren. Das erfuhr Hazard erst, als sich das Team am Beginn der dritten Traverse sammelte. Inzwischen konnte man sehen, dass die beiden das Lager ohne Unfall erreicht hatten, und Hazard machte sich ihretwegen keine besonderen Sorgen mehr. Er stieg mit seinen Männern weiter ab.

Als sie sich am Fuß des Eiskamins sammelten, dieser größten Barriere der Route, hüllte Nebel sie ein, und das Licht war schlecht. Schlimmer noch, bei einem kurzen Aufreißen des Nebels sahen sie zu ihrem Entsetzen, dass die Gruppe, die sie ablösen sollte, umgekehrt war. Kein noch so lautes Rufen vermochte ihre Aufmerksamkeit zu erregen. Um 17 Uhr erreichte Hazard das Lager III, und da schneite es erneut.

Nortons Erleichterung, als er die Kolonne bei dem zunehmend schlechteren Wetter sicher herunterkommen sah, wurde rüde zerstört durch Hazards Meldung, dass im Lager IV vier Männer „ausgesetzt" waren und sehr wenig Nahrungsmittel hatten, abgesehen von einem Sack Gerstenmehl. Der in schweren, nassen Flocken fallende Schnee überzeugte Norton, dass der Monsun begonnen hatte. Am nächsten Morgen musste alles unternommen werden, um die festsitzenden Männer zu retten, vor allem weil sich bei einem von ihnen bereits Erfrierungen gezeigt hatten. Trotz seines festen Vorsatzes, in diesem Jahr keine Todesfälle zuzulassen, sah Norton wieder eine Katastrophe drohen – und das zu einem Zeitpunkt, wo Mahabadur, der Mann, der früher im Monat Erfrierungen erlitten hatte, im Basislager den langen Kampf um sein Leben unaufhaltsam verlor.

Einmal mehr beorderte Norton seine Truppe vom Berg herunter. Er, Mallory und Somervell wollten am nächsten Morgen den Aufstieg durch die Lawinenhänge riskieren und versuchen, die gestrandeten Männer zu erreichen. Irvine war nicht fit genug, um mitzugehen, seine Körperkräfte würden ihnen bestimmt fehlen. In Wahrheit war auch keiner von ihnen gesundheitlich auf der Höhe. Mallory hatte einen quälenden Husten, und Somervell plagte ein fiebriger „Höhenhals". „Wurden je Men-

DER SEGEN DES LAMA

schen vor eine solche Aufgabe gestellt?" schrieb Geoffrey Bruce. Was, wenn sie die Rettung nicht schafften? Was, wenn einige der festsitzenden Männer Erfrierungen hatten und nicht transportfähig waren? Er fürchtete, die abergläubischen Träger könnten solche Angst haben, dass sie sich die eisigen Hänge hinabstürzten. Tatsächlich sagten ihm die Träger nach ihrer Rettung, sie hätten in der einsamen Nacht auf dem Nordsattel deutlich das wilde Bellen der Hunde gehört, die den Wohnsitz der Göttin bewachten.

Mallory erwähnt in seinen Aufzeichnungen nichts von bellenden Hunden, sagt aber, dass er vor Husten kaum schlafen konnte. Er und Norton schöpften jedoch in den frühen Nachtstunden Mut, als sie sahen, dass der Mond herauskam und der Schneefall aufgehört hatte. Also herrschte noch kein Monsun, diesmal nicht, aber auf den Hängen des Sattels lag eine gefährlich hohe Schicht schweren, feuchten Schnees. „Ich gestehe", schrieb Mallory hinterher, „dass für meinen Geist noch nie eine Aufgabe so unendlich weit weg war und ihre Erfüllung so aussichtslos schien." Am nächsten Morgen, als sie sich im knietiefen Schnee des Beckens zum Sattel hochkämpften, krank und frierend, hatte er den Eindruck, sie würden „wie eine Meute geprügelter Köter" wirken. Irvine drückte ihnen die Daumen, nahm eine große Dosis Rizinusöl und zog mit Geoffrey Bruce los, den Gletscher hinunter.

Das Rettungsteam bahnte sich vorsichtig seinen Weg nach oben. Morton und Somervell spurten abwechselnd, während die anderen beiden sicherten. Von den Schlusshängen aus konnten sie die festsitzenden Männer rufen. „Seid ihr bereit, euch zu bewegen?" Die Armen hatten keine Ahnung, ob ihre Herren wünschten, dass sie sich aufwärts oder abwärts bewegten, und sie vernahmen voll Freude, dass sie absteigen durften. Es war bereits 16.30 Uhr, als Somervell sie erreichte — oder vielmehr fast erreichte, denn das Seil war ein Stück zu kurz, so dass er nicht zu ihnen auf das Band stei-

gen konnte. Er wollte das Seil nicht lösen, denn es sollte für die absteigenden Männer als Geländer dienen; sie mussten also ein paar Meter zu ihm herunterrutschen. In ihrer überstürzten Hast glitten zwei der Träger aus und rutschten den Hang hinunter, auf die Eiswände zu. Der Schnee, den sie vor sich zusammenschoben, hielt sie gottlob auf. Die beiden waren so erschrocken, dass sie sich nicht zu rühren wagten. Mallory und Norton beobachteten alles mit wachsendem Entsetzen, Somervell dagegen bewahrte Ruhe. Sie sollten bleiben, wo sie waren, und keinen Mucks tun, wies er sie an, während er die anderen beiden passierte, die an dem Seil sicher zu ihm gelangt waren. Dann löste er das Seil, sicherte es über seinen Pickel, und wenige Augenblicke später drückte er die verirrten Träger „in einer väterlichen Weise, die Abrahams würdig war, an seine Brust" — so zumindest wirkte es auf Mallory. Die beiden wurden dann nacheinander am Seil hinabgelassen. Namgya, der Mann mit den Erfrierungen an den Händen, konnte selbst gehen, aber es war eine Qual für ihn, am Fixseil den Eiskamin hinunterzusteigen.

Endlich waren dann alle sicher unten am Fuß der Eiswand, wo sie von Noel, Odell und drei Trägern mit Thermosflaschen voll heißer Suppe empfangen wurden. „Sie verdienen ihren Platz im Himmel", meinte Mallory. Das galt ebenso für sie alle drei wegen ihres Heldenmuts an diesem Tag. Longstaff, der den Zwischenfall für eine indische Zeitung beschrieb, sorgte dafür, dass seine Leser erfuhren, was die Tat der drei bedeutete: „Man könnte sagen, den Tod am Bart ziehend — so krochen diese Männer durch die Spalten zwischen seine geschlossenen Zähne hinein! Keiner von den dreien erwartete, lebend herauszukommen."

Doch was bedeutete die Rettung für ihre Pläne am Berg? Der Monsun würde spätestens in einer guten Woche einsetzen. Seit ihrer Ankunft im Basislager war ein Monat verstrichen, und sie hatten zweimal zurückweichen müssen. Kein Schritt war

155

Irvine bastelte eine Strickleiter, um den Trägern den Lastentransport zum Nordsattel auf 7010 Meter zu erleichtern. Bisher hatten sie sich die Lasten von Hand zu Hand hinaufreichen müssen.

über den Nordsattel hinaus getan worden; drei der stärksten Bergsteiger hatte die Rettungsaktion arg geschwächt; der einzige Mann, der „total fit" war, so schrieb Mallory jetzt an Ruth, war Geoffrey Bruce. Das Team versammelte sich am 27. Mai im Lager I zum „Kriegsrat".

Norton schlug vor, den Sauerstoff-Versuch ganz aufzugeben und alle Trägerkräfte darauf zu konzentrieren, zwei höhere Lager zu errichten und sämtliche Lager richtig zu versorgen. Er fand, sie könnten jetzt nur noch mit 15 ihrer Träger rechnen, mit der Gruppe der „Tiger", als die sie künftig bekannt werden sollten. Shebbeare meinte, weil einige der Nichtbergsteiger jetzt noch die körperlich Tauglichsten der ganzen Gesellschaft seien, könnte man sie als letztes Mittel in das Bergsteigerteam abkommandieren. Norton schmetterte diesen Vorschlag energisch ab; ihn verlangte keineswegs danach, weitere Männer aus dem Schnee und dem Eis des Nordsattels zu retten.

Nortons geänderter Plan stieß bei allen auf Zustimmung, nur nicht bei Mallory, der die Chance entgleiten sah, dass jemand den Gipfel erreichte. „Alle vernünftigen Pläne werden jetzt zu Gunsten von zwei aufeinander folgenden Vorstößen ohne Gas aufgegeben", schrieb er an David Pye, seiner Frustration Luft machend; nach seiner Meinung sollten die „alten Vorkämpfer" – Norton, Somervell und er – als Erste gehen. Er hatte zwar immer ohne Gas (Sauerstoff) aufsteigen wollen, aber jetzt, wo die Zeit im Vordergrund stand, reute ihn der zusätzliche Tag, den ein gasloser Versuch kostete. „Sofern der Monsun uns noch vom Lager IV starten lässt, wird er uns fast sicher an einem der *drei* Tage danach erwischen. Schöne Aussichten!" An Ruth schrieb er: „Liebes Mädchen, das ist eine durch und durch

schlimme Zeit gewesen... Ich schaue zurück auf ungeheure Anstrengungen und Erschöpfung und Unbehagen und beim Blick aus der Zelttür auf eine Welt aus Schnee und schwindenden Hoffnungen. Und dennoch, dennoch, dennoch hat es hat es eine ganze Menge Dinge gegeben, die auf der anderen Seite zählen. Das Team hat großartig zusammengespielt."

Die Auswahl der Männer für die nächsten Angriffe wurde Mallory überlassen. Norton hatte ihm gesagt, er solle sich ins erste Team einreihen, wenn er wolle, doch Mallory gestand Ruth jetzt, dass er nicht recht wisse, ob er fit genug sei oder ob der Monsun ihnen eine Chance lassen würde. Hier zeigt sich, dass er ihr eine Neuigkeit schonend beibrachte, wie er es immer machte, denn der Brief enthüllt bald, dass er eine Chance sah und sie ergreifen wollte. „Sechs Tage zum Gipfel von diesem Lager!" Nachdem ihm das klar war, begann er sofort, die Paare zusammenzustellen, die ihnen am ehesten Erfolg bringen konnten. Als an dem Abend seine Kerze heruntergebrannt war und er den Brief beendete, gab es für ihn keinen Zweifel mehr. „Liebling, ich wünsche Dir das Beste, was ich kann, dass Deine Besorgnis ein Ende hat, bevor Du das hier erhältst, nämlich durch die besten Nachrichten, die immer die schnellsten sein werden", schrieb er. „Es steht fünfzig zu eins gegen uns, aber wir werden trotzdem einen Versuch unternehmen und uns Ehre machen. Alles Liebe für Dich, immer Dein Dich liebender George."

„Ein weiterer kostbarer Schönwettertag wurde am 28. Mai der Erholung der Bergsteiger geopfert", schrieb Norton in seiner Depesche. Dennoch, die Bergsteiger kamen nach und nach wieder nach oben. Irvine ging ins Lager II, wo er die Zeit nutzte, um eine Strickleiter zu basteln, die den Lastenträgern die Bewältigung des schwierigen Eiskanals in der Eiswand des Nordsattels erleichtern sollte. Jede dritte Sprosse bestand aus Holz – einem Pflock, einem Hering, alles, was er auftreiben konnte –, um

MALLORYS GEHEIMNIS

dem Gebilde etwas Festigkeit zu geben. Viel Spleißen war dabei nötig, das die Finger arg strapazierte, doch Odell und Shebbeare halfen ihm. Die Anfertigung der Leiter dauerte den ganzen Nachmittag und fast den ganzen nächsten Tag, doch „wie jede Arbeit der bekannten Firma 'Odell und Irvine' erwies sich auch diese als voller Erfolg", berichtete Norton.

Es hatte jetzt den Anschein, als sei das lang ersehnte gute Wetter endlich gekommen. Tag für Tag stand der Berg „klar umrissen im Azurblau", schrieb Norton, und sogar sein charakteristischer Wolkenstreifen fehlte ihm. Alle Anzeichen für ein baldiges Losbrechen des Monsuns waren verschwunden. Die meisten der Gruppe befanden sich am letzten Tag des Monats wieder im Lager III, darunter auch Captain Noel und seine „Kino-Ausrüstung". Sogar Beetham war herauf gehumpelt, entgegen den Anweisungen des Arztes, doch er hatte solche akuten Ischiasschmerzen, dass Norton ihn auf der Stelle zurückbeorderte und ihm auftrug, stattdessen den Arzt heraufzuschicken. Er würde nützlicher sein.

Zusammen mit neun von ihren 15 „Tigern" kampierten Mallory und Geoffrey Bruce im Lager IV auf dem Nordsattel, bereit, am nächsten Morgen, dem 1. Juni, weiter aufzusteigen. Odell und Irvine waren zu ihrer Unterstützung mitgekommen. Das Wetter sah immer noch gut aus, als die beiden Bergsteiger und acht ihrer Träger am folgenden Morgen aufbrachen, um auf den Nordgrat zu klettern und Lager V zu bauen. Lager IV befand sich jedoch in dem Gewirr von Spalten und Eisnadeln gegen den Changtse hin, am entgegengesetzten Ende des Grats. Kaum traten sie auf den Sattel, erfasste sie ein heftiger, durchdringender Nordwestwind von der Seite und ließ sie den ganzen Tag nicht mehr los. Bevor sie den Standort für das Lager V erreichten (60 Meter über Mallorys Lager V von 1922 auf der Ostseite des Grats), hatten vier Träger, also die Hälfte, ihre Lasten abgelegt, weil sie nicht fähig waren, weiter zu gehen. Während Mallory Plattfor-

Tosender Westwind prallt auf die 300 Meter hohe Wand unter dem Lager IV — und wird himmelwärts abgelenkt, was den Blick auf den Nordgipfel Changtse verdeckt. Die Zelte des Lagers IV jedoch flattern kaum. Solche Schutzbarrieren gibt es weiter oben auf dem Berg nicht, dort sind die Kletterer den wildesten Naturgewalten ausgeliefert.

men für die Zelte ebnete, stiegen Bruce und der Stärkste der restlichen Sherpas, Lobsang Bhote, zweimal knapp hundert Meter hinab und wieder herauf, um die abgelegten Packen zu holen.

„Zwei zerbrechliche kleine Zeltchen auf einem fast abschüssigen Hang sitzend" — so beschrieb Norton später dieses neue Lager; keineswegs ein sicherer, einladender Ort, doch er bot wenigstens Schutz vor dem mörderischen Wind. Die moralische Einstellung der Träger besserte sich nicht. Am nächsten Morgen waren drei weitere trotz Bruces ernsthaften Überredungsversuchen nicht zum Aufsteigen zu bewegen. Statt dass dies endlich ihr Gipfeltag wurde, musste Mallory eine Nachricht zu Norton hinunterschicken: „Die Show ist geplatzt — der Wind nahm gestern unseren Trägern den Mut, und keiner denkt heute daran, höher zu steigen... Wir bleiben einstweilen, um das Lager zu verbessern, die 3. Plattform zu machen, und wenn Ihr mehr Glück habt als wir, gelingt es Euch vielleicht morgen, die VI zu errichten." Später folgten Mallory und Bruce ihren Sherpas hinunter zum Sattel. Auf halbem Weg trafen sie den zweiten Stoßtrupp, Norton und Somervell, die mit ihren sechs Trägern heraufkamen.

Einmal mehr blieb die Realität hinter Mallorys Vorstellungen zurück. Falls es dem zweiten Team gelang, sich im Lager VI einzurichten, so war er sicher, dass dies alles sein würde, was ihnen möglich war. Er hielt es immer noch für unwahrscheinlich, dass solche aufeinander folgenden Vorstöße ohne Sauerstoff sie auf den Gipfel bringen würden. Die Sache lief auf die alte Frage hinaus: Sauerstoff oder

MALLORYS GEHEIMNIS

nicht? Er war jetzt überzeugt, dass die „englische Luft" ihre einzige Hoffnung darstellte. So müde er war, in seinem Kopf entwickelte sich bereits ein neuer Plan.

Norton und Somervell verließen den Nordsattel am 2. Juni um 6 Uhr morgens nach einem guten Nachtschlaf – „Betten aus Schnee sind viel bequemer als die auf den Steinen der Lager unten", konstatierte Somervell – und mit einem guten Frühstück im Magen, das Irvine zubereitet hatte. Auch sie traf der Wind voll, der über die verschneite Schulter des Sattels fegte, doch sie zogen ihre pelzgefütterten Kappen über die Ohren, schnallten die Gürtel enger und stapften vorwärts, so schnell es die Höhe erlaubte, um nicht kalt zu werden. Es war eine Enttäuschung für sie, Mallory und Bruce so früh zurückkommen zu sehen, und sie begannen sich Sorgen über ihre eigenen Träger zu machen. Würden diese ebenfalls unfähig oder nicht bereit sein, höher zu gehen als zum Lager V? Keineswegs. Zwei Träger schickte man, nachdem sie ihre Lasten im Lager V abgeliefert hatten, wieder hinunter, die anderen vier richteten sich in einem der winzigen Zelte ein und die beiden Bergsteiger im anderen. Ein gutes Essen aus Pemmikan [haltbarer Fleischproviant der Indianer] und Rinderpökelfleisch, gefolgt von Kaffee und Keksen trug zu ihrer Erholung bei, und laut Somervell verbrachten sie „eine leidlich gute Nacht, in deren zweiter Hälfte wir schliefen, ohne dass uns die Höhe zusetzte oder wir Schwierigkeiten beim Atmen hatten".

Das Wetter hielt und drei der Träger waren am nächsten Morgen bereit, Lasten weiter zu tragen. Es war eine ermüdende Plackerei in lockerem Geröll, das auf 8150 Metern Höhe von den berüchtigten schrägen Platten der Nordflanke mit ihrer Schicht aus kleinen Kieseln abgelöst wurde. Die Männer fanden eine kleine Felsnische und bestimmten sie zum Lagerplatz. „Alles andere als ideal", schrieb Somervell, „aber ... auf dem Everest muss man neh-

Auf dieser kaum bekannten Aufnahme von Somervell liegt die Welt Colonel Norton zu Füßen – eiskalten Füßen –, während er auf 8470 Metern Luft zu holen versucht.

Seine Aussicht ist ähnlich wie jene, die Somervell auf fast der gleichen Höhe aufnahm (folgende Seiten). Norton stieg nicht nur ohne Sauerstoff, sondern auch ohne Schneebrille, in der irrigen Annahme, wenn kein Schnee liege, könne er nicht schneeblind werden. Als Folge des grellen Sonnenlichts in Hochlagen sah er jedoch doppelt.

men, was man kriegen kann, und dafür dankbar sein." Die Träger stiegen zum Nordsattel ab, mit einer schriftlichen Anweisung, man solle sie am Abend zum Dank für ihre tadellose Arbeit gut beköstigen. Die Sahibs selbst hatten jedoch keinen Appetit, bekamen lediglich Kaffee und Suppe hinunter. Sie füllten die Thermosflasche mit heißem Tee für das Frühstück, um am Morgen Zeit zu sparen, aber die Flasche lief in der Nacht aus, also mussten sie doch Kaffee kochen und kamen erst um 6.45 Uhr weg. Norton und Somervell stiegen diagonal nach rechts, angelockt vom ersten Flecken Sonnenlicht. Über mehrere Schneepassagen arbeitete sich Norton hinüber, indem er mit dem Pickel Tritte schlug, und schließlich erreichten sie das deutliche Band aus gelblichem Kalksandstein, das sich um den Berg zieht. Der Fels war zu angenehm breiten horizontalen Bändern verwittert, auf denen es sich recht gut stieg, dennoch raubte ihnen das Gehen den Atem.

Die Höhe begann sich auszuwirken. Ab etwa 8400 Metern mussten sie für jeden Schritt acht bis zehn Atemzüge machen. Selbst dann beugten sich beide Männer alle paar Meter über ihre Pickel. Sie schafften weitere 150 Höhenmeter. Danach fühlte sich Somervell so schwach, dass er aufgeben musste. Seine Halsschmerzen waren entsetzlich, immer schlimmer geworden seit der Rettung der Träger; und in der Höhe heilte nichts. Er drängte Norton,

MALLORYS GEHEIMNIS

ohne ihn weiterzugehen, und ließ sich auf einem Felsen nieder, um die Fortschritte des Kameraden zu beobachten.

In diesem Moment machte Somervell eine der anrührendsten Aufnahmen in der Everest-Geschichte (Seite 142): Norton, eine einsame kleine Gestalt, sucht in 8540 Metern Höhe vorsichtig seinen Weg über steile, frisch schneebedeckte Platten, angezogen von der weißen Gipfelpyramide vor ihm.

„Norton war jedoch selbst nicht weit vom Ende seiner Kräfte entfernt", stellte Somervell fest. „Ich beobachtete seinen Aufstieg, aber wie langsam das ging – und nach einer Stunde bezweifelte ich, dass er 25 Meter über meine Höhe hinaus geschafft hatte."

Es war ein schöner, klarer Tag, aber bitterkalt. Norton bewegte sich zu langsam, um warm zu bleiben; außerdem hatte er aus Angst, einen Fehltritt zu machen, seine Schneebrille abgenommen, weil er so besser sah, wohin er den Fuß setzte. Ein schwerer Fehler. Am Nachmittag sah er plötzlich doppelt – und tags darauf sollte er völlig schneeblind sein. Er hielt sich am oberen Rand des Gelben Bandes und näherte sich langsam dem Great Couloir, das die gewaltige Nordflanke spaltet (und heute auch als Norton-Couloir bekannt ist). Zwei Felshöcker mussten umgangen werden, bevor man das Couloir selbst betreten konnte. Hier wird das Gehen unendlich schwieriger, oft ist es, als habe man nichts Festes unter den Füßen. Seltsamerweise war Norton gerade mit solchem Gelände vertraut. Sein Großvater hatte in den Schweizer Alpen ein Chalet gehabt, den Adlerhorst, und zwar auf ähnlich lockerem Untergrund wie dem hier, und Norton war als Knabe in vielen Ferien mit seinen Eltern dort herumgestiegen. Heute jedoch war die Anstrengung riesig und die schräg geschichteten Felsplatten lagen wie Dachziegel übereinander. Die Querung des Couloirs war alles andere als einfach, weil lockerer Pulverschnee es füllte. Außerdem „wurde das Gehen immer riskanter; ich stieg sozusagen von

Vom Westgrat des Everest fotografierte Somervell ein Gipfelmeer mit dem Mount Pumori (7160 m, Bildmitte), dem Cho Oyu (7928 m, oben rechts) und dem Westlichen Rongbuk-Gletscher (ganz rechts).

einem Ziegel zum anderen, und jeder neigte sich noch schräger abwärts." Norton sagte sich, dies sei ein zu gefährliches Gelände für einen nicht angeseilten einzelnen Kletterer. Ein Ausrutscher konnte zu einem Sturz mit unkontrollierbaren Überschlägen führen. Obendrein wurde die Zeit knapp. Obwohl die Gipfelpyramide quälend nahe aufragte, ganze 60 Höhenmeter über ihm, erkannte er, dass es unmöglich wäre, bei Tageslicht dort hinauf und wieder herunter zu kommen. Er bewies bewundernswerte Vernunft und Selbstbeherrschung, machte kehrt und ging in seiner Spur zu Somervell zurück. Die spätere Berechnung seiner Höhe ergab 8573 Meter.

„Also machten wir uns auf den Rückweg, mit schweren Herzen, die über 180 Mal in der Minute schlugen", schrieb Somervell; allerdings bedeutete auch der Abstieg harte Arbeit. Die Aussicht war großartig, „eine endlose Reihe von Gipfeln an Gipfeln", doch sie waren nicht in der Verfassung, sie richtig zu würdigen. In seiner Müdigkeit löste Somervell den Griff um seinen Pickel, und dieser trudelte hell klingend den Plattenhang hinunter. Im Lager VI hielten sie nur inne, um die Rucksäcke zu packen; im Lager V, ab dem das Gehen einfacher wurde, lösten sie das Seil, und als jeder sein eigenes Tempo fand, gerieten sie zwangsläufig auseinander. Norton rutschte bald, um schneller nach unten zu kommen. Als sein Partner nicht folgte, dachte er, dieser habe „angehalten, um die Lichteffekte beim Sonnenuntergang zu skizzieren oder zu fotografieren". Tatsächlich aber kämpfte Somervell um sein Leben.

Ein schlimmer Hustenanfall hatte in seiner Kehle irgendetwas verschoben, so dass er weder ein-

DER SEGEN DES LAMA

noch ausatmen konnte. Und er konnte auch nicht rufen, um Nortons Aufmerksamkeit zu erregen. „Das ist das Ende", dachte er, in den Schnee sinkend. In einer letzten Anstrengung presste er beide Hände auf die Brust und drückte fest. Somervell war ein sehr kräftiger Mann, und jetzt bot er seine ganzen Kräfte zu „einem letzten kolossalen Stoß" auf – und dieser löste tatsächlich die Verstopfung! Somervell vermutete, die Schleimschicht seines frostgeschädigten Kehlkopfs könnte die Verstopfung bewirkt haben. Er hustete zwar noch Blut, stellte aber zu seiner Erleichterung fest, dass er jetzt freier atmen konnte als seit Tagen.

Nach einer Zeitlang schloss er zu Norton auf. Da dunkelte es bereits. Sie suchten sich den Weg zum Nordsattel im Schein ihrer Taschenlampen. Auf dem Sattel kamen ihnen Mallory und Odell mit Laternen entgegen und führten sie zwischen den Spalten hindurch zum Lager; Irvine kochte bereits Tee und Suppe. Welcher Unterschied zu ihrer „Heimkehr" von 1922, als sie von einem leeren Zelt ohne Lebensmittelvorrat empfangen worden waren! Keine Stunde verging, da hatten sie gegessen, sich aufgewärmt und waren eingeschlafen. „Norton erholt sich immer noch von schwerer Schneeblindheit", vermerkte Somervell einige Tage später, „...ich kann fast wieder laut sprechen. Wir sind beide ziemlich erledigt... Es gibt keinen Grund zum Jammern – wir hatten einen prächtigen Tag für die Besteigung, fast windstill und strahlend schön, trotzdem waren wir nicht fähig, auf den Gipfel zu kommen. Wir haben also keine Entschuldigung – wir sind in einem fairen Kampf geschlagen worden; geschlagen von der Höhe des Berges und von unserer Kurzatmigkeit. Doch der Kampf war es wert, war es jedes Mal wert, und wir werden das Privileg einer Niederlage gegen den größten Berg der Welt in Ehren halten."

DER NORDOSTGRAT DES EVEREST.

SECHSTES KAPITEL

*Die Sache wird in Kürze entschieden sein. Der dritte Aufstieg über den
Östlichen Rongbuk-Gletscher wird der letzte sein, so oder so.
Wir haben unsere Verwundeten gezählt und wissen ungefähr,
welche Abstriche wir von unserer kleinen Armee machen müssen,
wenn wir die nächste Kampfhandlung planen.*

GEORGE MALLORY, Mai 1924

IN DEN NEBEL HINEIN

Die gewaltige Anstrengung beim Lastentransport während der Errichtung von Lager V hatte Geoffrey Bruces Herz um zweieinhalb Rippen ausgedehnt, was ihn für jede weitere Höhenarbeit untauglich machte. Mallory aber, der schon nach dem erstem Scheitern innerlich getobt hatte, war wieder der Meinung, es sei zu früh und zu einfach, jetzt aufzugeben. Er wartete nicht ab, bis feststand, wie es Norton und Somervell ergehen würde, sondern begann sofort einen dritten Angriff zu planen. Dieses Mal würde er mit dem jungen Irvine aufsteigen, wie er es immer vorgehabt hatte, und mit Sauerstoff, um alles aus der Trickkiste zu nutzen, was Merkurflügel wachsen lassen konnte.

Irvine war bitter enttäuscht gewesen, dass man ihn bei den vorigen Gipfelattacken übergangen hatte. „Fühle mich sehr fit heute Abend", schrieb er am 30. Mai in sein Tagebuch. „Ich wünschte, ich wäre in der ersten Gruppe statt in einer verdammten Reserve." Drei Tage später auf dem Nordsattel hatte es ihn überrascht, Mallory und Bruce so früh zurückkommen zu sehen. Er zündete schnell ein paar Primuskocher an, schnappte sich ein Seil und ging ihnen auf dem Sattel entgegen. George wirkte sehr müde, stellte er fest. Trotzdem verloren die

MALLORYS GEHEIMNIS

beiden keine Zeit, sondern diskutierten Mallorys Idee, einen „Gasversuch" zu unternehmen, und beschlossen, noch am Nachmittag zum Lager III abzusteigen, um die nötigen Vorbereitungen zu treffen. Das Wetter hielt bisher. Möglicherweise bekam Norton Recht mit der Behauptung, dass es vor dem Monsun immer zehn Schönwettertage gebe. Irvine war zwar ausgeruht, aber die Sonne verbrannte sein Gesicht immer mehr, zumal der Schnee auf dem Sattel sie reflektierte. „Gesicht arg mitgenommen von der Sonne und dem Wind", notierte er an diesem Tag, „und meine Lippen platzen überall auf, was das Essen sehr unangenehm macht." An dem Abend war es sogar noch schlimmer. „Alles auf der Erde schien an meinem Gesicht zu reiben, und jedes Mal wenn ich es berührte, gingen Fetzen von verbrannter, trockener Haut ab, wobei ich vor Schmerzen fast geschrien hätte." Die Aussicht, mit einer Gesichtsmaske aus Gummi zu steigen, behagte Irvine natürlich nicht, trotzdem erhob er keine Einwände.

Das Härteste war allerdings, dass sie nichts über den Ausgang des zweiten Angriffs zu wussten. Odell sollte zum Lager III herabkommen, falls Norton und Somervell am 3. Juni zurückkehrten, doch er erschien nicht. Als Mallory und Irvine zusammentrugen, was sie am nächsten Morgen brauchen würden, kam die Nachricht, das Lager VI stehe und die Bergsteiger hätten dort übernachtet. Große Erregung erfasste alle im Team. Noel stellte seine Kamera mit dem langen Teleobjektiv auf. Alle anderen klebten mit den Augen an den Feldstechern, in der Hoffnung, einen Blick auf das kletternde Paar zu erhaschen. Doch man sah den ganzen Tag nichts von ihnen.

„Nach einem frühen Gabelfrühstück", schrieb Irvine, nahmen George und ich das Schlimmste an und beschlossen, auf den Nordsattel zu gehen, um von dort kranke Männer herunterzuholen oder am Tag danach selbst einen Sauerstoff-Versuch zu machen."

Im Basislager arbeitete Irvine an den aus England gelieferten Sauerstoffbehältern. Als er sie auspackte, war er entsetzt. „Von den 90 Zylindern", schrieb er einem Freund, „waren bei der Ankunft in Kalkutta 15 leer und 24 leckten arg. Ihr Götter! Gestern machte ich so ein Ding kaputt, als ich es nur aus der Packkiste herausnahm."

Beim Aufstieg atmeten sie auf einem Teilstück zusätzlichen Sauerstoff ein, mit dessen Hilfe sie sogar bei der niedrigen Fließgeschwindigkeit von 1,5 Litern pro Minute überraschend frisch und in der Rekordzeit von zweieinhalb Stunden im Lager IV anlangten. Von den Kletterern höher oben am Berg sah man immer noch nichts, allerdings meinte Mallory, etwa 200 Meter unter dem Gipfel Abwärtsspuren auszumachen. „Ich hoffe, sie sind auf den Gipfel gekommen", schrieb Irvine, „aber bei Gott, ich würde mich gern selbst dran versuchen."

Um 20 Uhr entdeckten sie Norton und Somervell endlich und holten die beiden arg erschöpften Männer ins Lager. Das war's: Der Gipfel war unberührt geblieben. Die dritten Angreifer würden am nächsten Morgen aufbrechen.

Im Lager III, wo man seit der Errichtung von Lager VI nichts von Norton und Somervell gehört hatte, herrschte unterdessen eine Stimmung düsterer Ahnungen. Die Männer begannen das Schlimmste zu fürchten. Dann jedoch, am Abend des 5. Juni, schleppte sich Somervell ins Lager, zerrupft und ohne Stimme. Norton, so berichtete er, sei völlig schneeblind und habe in Lager IV gelassen werden müssen. Hingston als Arzt beschloss, gleich am nächsten Morgen zum Sattel aufzusteigen, um zu schauen, ob er helfen konnte. Er war eben erst von seinen Pflichten im Basislager befreit worden und heraufgestiegen, um bereit zu sein, falls bei den herabkommenden Bergsteigern Erfrierungen auftraten. Nun hatte er einen humanitären Auftrag zu erfüllen, und gleichzeitig war dies seine persönliche Einführung ins alpine Bergsteigen. Weil er nie

IN DEN NEBEL HINEIN

erwartet hatte, so hoch zu kommen, empfand er den Aufstieg als „ganz großartig", besonders „die schönen Grün- und Blautöne, die aus den Tiefen des Eises heraufleuchten".

Oben in dem Lager mit den Eiswänden rundum war das Licht grell, von blendender Helligkeit. Es gab nirgends einen Platz für einen Schneeblinden. Die anderen hatten Nortons Zelt mit Schlafsäcken bedeckt, um es innen dunkel zu halten, doch der Expeditionsleiter quälte sich, er wollte hinunter, weil er fürchtete, seine Anwesenheit im Lager IV könnten eine „Behinderung" für Odell und Hazard bedeuten, deren Aufgabe es jetzt war,

Mallory und Irvine zu unterstützen. „Hingston, der das Wunder, meine Sehfähigkeit wiederherzustellen, im Augenblick nicht vollbringen konnte", schrieb Norton später, „vollbrachte mit Hilfe von Hazard und den beiden Trägern ein anderes Wunder... Sie führten mich etwa 450 Meter über blankes Eis und Schnee hinab, platzierten bei jedem Schritt meinen Fuß, führten mich an der Hand, unterstützten mich mit Seilen, sowohl fixen als auch losen, und das völlig sicher. Hazard kehrte um, nachdem er mich vom oberen Ende des Eiskamins bis zum unteren abgeseilt hatte, und Hingston brachte mich vollends ins Lager III."

MALLORYS GEHEIMNIS

Mallory war eigentlich weniger von draufgängerischer Hartnäckigkeit oder purem entschlossenem Eroberungsdrang erfüllt, sondern besaß, wie Younghusband es später ausdrückte, „die Phantasie des Künstlers, der nicht von seinem Werk lassen kann, bis es vollendet, perfekt und ordentlich fertig gestellt ist". Er sagte, um Mallory vom Everest wegzubekommen, ehe der Everest ihn wegschleuderte, „müsste man ihn an den eigentlichen Wurzeln seines Wesens fortziehen". Norton zeigte sich „begeistert" von der Aussicht auf einen dritten Angriff. Er persönlich hätte lieber gesehen, dass Mallory den Versuch mit Odell unternahm, der viel erfahrener war als der junge Irvine, aber er verstand, warum George und Sandy zusammen gehen wollten. Irvines Vertrautheit mit den Sauerstoffgeräten spielte nur zum Teil eine Rolle. Die beiden waren von Anfang an ein für den Aufstieg in Frage kommendes Paar gewesen, und Mallory hatte während der ganzen Expedition hart daran gearbeitet, zwischen ihnen ein ausgeprägtes Verständnis zu erzeugen. Norton war klug genug, nicht gegen eine bereits getroffene Entscheidung anzugehen. Hinzu kam, wie er sagte, „dass Mallory Leiter der Bergsteigergruppe war und sein Unternehmen selbst organisierte, ich dagegen ein blinder Krüppel". Er wünschte ihnen alles Gute, vermutete aber, Mallory sei sich im Grunde bewusst, dass er ein aussichtsloses Unterfangen leitete.

Am Freitag, dem 6. Juni, stand Odell früh auf, um das Frühstück zu machen. „Auserlesene gebratene Sardinen", Kekse und heiße Schokolade wurden Mallory und Irvine von Odell und Hazard an der Zelttür serviert. „Die beiden schienen recht erfreut zu sein", bemerkte Odell und bedauerte nur, „dass sie dem Essen kaum zusprachen". Mallory war sichtlich begierig aufzubrechen, doch Odell entging, dass Irvine nicht weniger Entschlossenheit zeigte, „aufs Ganze" zu gehen bei dem, was sie alle als den „Gipfel der Herausforderung" ansahen. Odells größter Vorbehalt gegenüber den beiden war, dass sie

Die Erfrierungen dieses Trägers, der auf dem Nordsattel festsaß und von Mallory, Norton und Somervell gerettet wurde, heilten nach der Behandlung ohne bleibende Schäden. Namgyas schlimme Fingerschwellungen sind tatsächlich ein Anzeichen für nur leichtere Erfrierungen.

Sauerstoff nahmen, mit dem er sich nie hatte anfreunden können. Er selbst hatte unterlassen, ihn für sich zu nutzen, und nach seiner Meinung verschlimmerte das Gas die Halsschmerzen, an denen Mallory und Irvine litten.

Um 8.40 Uhr holte Odell seine Kamera hervor und verewigte den Augenblick des Aufbruchs, ohne zu ahnen, dass dies die letzte Aufnahme von dem Paar sein sollte (siehe Seite 182). Mallory, der Kamera zugewandt, fummelt an seinem Sauerstoffgerät herum, während Irvine wartend dasteht, die Hände in den Taschen. Beide haben ihre winddichten Jacken an, Kniehosen und Wadenbinden aus Kaschmir. Mallory trägt seinen Luftwaffenhelm, die Klappe nach oben gedreht, eine Schneebrille, einen Wollschal und Handschuhe mit halben Fingern; und Irvine seinen Hut mit der breiten Krempe. Die persönlichen Lasten der Bergsteiger, jede etwa 12 bis 13 Kilo schwer, bestand aus ihrem (von Irvine abgeänderten) Sauerstoffgerät mit je zwei Flaschen, ein paar Ersatzkleidungsstücken und Proviant. Irvine hatte aus einem der ausgeschlachteten Sauerstoffgestelle eine leichte Tragekraxe konstruiert, die er Bruce beim ersten Versuch geliehen hatte; auf Odells Schnappschuss sieht man jedoch nicht, ob er sie beim letzten Aufstieg benutzte. Acht Sherpas begleiteten sie, mit Schlafsäcken für alle Männer, Brennstoff und Vorräten. Die Träger mussten ohne die wohltuende „englische Luft" steigen.

Nach einem kurzen Lebwohl zu dem immer noch blinden Norton, der ihnen nur die Hand drücken und Erfolg wünschen konnte, waren sie weg. Es war ein schöner Tag. Die Gruppe erreichte das Lager V in einer guten Zeit. Von dort wurden

IN DEN NEBEL HINEIN

vier Träger zum Sattel zurückgeschickt. Sie überbrachten einen Zettel von Mallory, auf dem stand: „Hier ist es windstill, und die Sache sieht hoffnungsvoll aus."

Die restlichen Träger kehrten am folgenden Nachmittag vom Lager VI mit zwei Nachrichten zurück – auf Blättern, die Mallory aus seinem Notizbuch gerissen hatte. Eine war für Odell bestimmt und wurde ihm im Lager V ausgehändigt, wohin er mit dem Träger Nema gestiegen war, um Mallory und Irvine zu unterstützen. „Tut uns leid, dass wir hier solche Unordnung hinterlassen haben – unser Unnakocher ist im letzten Augenblick den Berg hinuntergerollt", stand auf dem Blatt. „Gehen Sie morgen nur rechtzeitig ins IV zurück, um vor Dunkelwerden zu räumen, was ich auch zu tun hoffe. Ich muss einen Kompass im Zelt liegen gelassen haben – retten Sie ihn um des Himmels willen;

wir haben keinen. Bis hier mit 90 Atmosphären während der zwei Tage – werden daher wohl mit zwei Flaschen auskommen. Ist aber eine verfluchte Last beim Klettern. Perfektes Wetter für den Job."

Weil Nema Symptome der Höhenkrankheit zeigte, kritzelte Odell selbst eine Nachricht an Hazard und schickte Nema mit den anderen Trägern zurück, wobei ihm nicht entging, dass bei dem Träger eine Wunderheilung stattfand, sobald er wusste, dass er hinunter durfte.

Mallorys zweite Nachricht war für Captain Noel bestimmt, der den Tag auf dem Nordsattel verbrachte, bevor er abstieg, um die Kamera auf seinem Aussichtspunkt „Adlerhorst" zu bedienen. Von dort hatte er eine gute Sichtlinie zum Gipfel. Noel und Mallory hatten zuvor über die wahrscheinlichste Stelle gesprochen, an der die Kletterer von dem Filmemacher bei ihrem heldenhaften Versuch ausgemacht werden konnten. „Wir werden vermutlich früh aufbrechen morgen (dem 8.), um klares Wetter zu haben", hatte Mallory geschrieben. „Es wird nicht zu früh sein, um 8 p.m. nach uns auszuschauen, entweder beim Queren des Felsbandes oder beim Aufstieg am Horizont." (Natürlich hatte er nicht p.m. [= nachmittags], sondern a. m. [= vormittags] schreiben wollen.) Noel sprach mit Lhakpa, der ihm die Nachricht überbracht hatte, und erfuhr, dass es den Sahibs gut gegangen und das Wetter schön gewesen sei. Noel war der Überzeugung, dass Mallory an dem Tag das Zelt aus dem Lager VI von 8140 auf 8230 Meter hatte bringen wollen, und erfuhr nun von Lhakpa, dass die Verlegung gelungen war.

In keinem der anderen Berichte wird eine solche Verlegung erwähnt, und sie wird im Allgemeinen historisch auch nicht akzeptiert. Seltsamerweise aber nahm Odell, als er später im Lager VI eintraf, das Zelt auf 8230 Meter in seine Berichte auf, in denen er feststellte, dass das kleine Bergzelt „auf einem Sims stand, vor steilen Felsen, keineswegs auffällig oder leicht zu finden".

MALLORYS GEHEIMNIS

Unterdessen genoss Odell seinen Aufenthalt im Lager V. „Wunderbare Zeit allein", heißt es in seinem Tagebuch, „und prächtigste Wolkeneffekte auf allen Bergen und weit im Norden bis hinein nach Tibet. Sehr ruhig." Er war in dreieinhalb Stunden ohne Sauerstoff zu dem Lager gestiegen und fühlte sich absolut wohl. Mit Odell war in der vergangenen Woche eine wunderbare Verwandlung vorgegangen. Anfangs hatte er sich nur langsam akklimatisiert, jetzt jedoch war er äußerst fit und ließ eine bemerkenswerte Höhenanpassung erkennen. An dem Abend saß er in seiner Zelttür, geradezu verzückt, als die untergehende Sonne „ein wild zerklüftetes Gewirr von Gipfeln in Rosa und Gelb der feinsten Schattierungen" tauchte, während er mit der Neugier des Geografen die Namen möglichst vieler Berge zu ermitteln versuchte. Es machte ihm nichts aus, allein zu sein. Tatsächlich begrüßte er es, dass er am nächsten Tag auf dem Weg zum Lager VI eine umfassende geologische Vermessung der Nordflanke machen konnte. Er hatte ein gutes Gefühl, was Mallorys und Irvines Chancen anging.

Odell war in der Morgendämmerung auf den Beinen, begierig darauf, seine Vermessung zu beginnen. Doch es kostete Mühe, sich aufbruchfertig zu machen. Odell hatte nichts, um Essen aufzuwärmen oder Schnee zu Wasser zu schmelzen, weil der Höhenkocher dieses Lagers verloren gegangen und kein zweiter vorhanden war. Wie Odell später über den Verlust sagte: „Er bedeutete kaltes Abendessen und Frühstück für mich!" Er aß Tomaten und Makkaroni aus der Büchse, dazu „Force", trockenen

IN DEN NEBEL HINEIN

Dieses Panoramabild des vorgeschobenen Basislagers von 1922 zeigt den Nordsattel, der wie eine weiße Hängematte zwischen Changtse und Everest wirkt. Die Gipfelpyramide des Everest schaut hinter der näheren Nordostschulter hervor. Zwei Jahre später sollte die 1924er Expedition ihren letzten Gipfelangriff von genau dieser Stelle starten.

Porridge, der eigentlich mit Wasser vermischt werden sollte, das er durch etwas Marmelade ersetzte. Dieses karge Frühstück versorgte ihn nur mit sehr wenig Flüssigkeit. Wir wissen jetzt, dass in Hochlagen mindestens viereinhalb Liter täglich aufgenommen werden müssen, um ein Austrocknen zu vermeiden. Odell stand ein schwerer Tag bevor, ohne dass er irgendetwas zum Trinken hatte.

Leider war der Morgen nicht so schön, wie die Wolken-Schau am Vorabend ihn hatte hoffen lassen. Als Odell um 8 Uhr sein Zelt verließ, fegten von Westen Nebelbänke über die Bergflanke und brachten Graupel- oder leichte Schneeschauer mit. Doch der Wind biss nicht, und wegen einer gewissen Helligkeit am Himmel nahm Odell mit Sicherheit an, dass es höher oben ziemlich klar sein würde. Er spürte keine Beunruhigung, was Mallory oder Irvine betraf; bestimmt machten sie gute Fortschritte und schlugen vielleicht schon Stufen in die Gipfelpyramide. Er verließ den Grat und wanderte weiter zur Flanke. Auf etwa 7900 Metern überkletterte er einen Felszacken, der, wie er später sagte, leicht hätte umgangen werden können. Ungefähr 30 Meter ragte er hoch. Als Odell oben ankam, teilte sich der Nebel über ihm und gab die oberen Hänge des Berges frei.

In Odells Tagebuch ist nur vermerkt, dass er um 12.50 Uhr „M & I am Grat sah, wie sie auf den Fuß der Endpyramide zu gingen". Ausführlicher äußerte er sich über die kurze Sicht auf die beiden in seiner Mount-Everest-Depesche, die am 5. Juli 1924 in *The Times* erschien: „Um 12.50 Uhr, als ich gerade

173

MALLORYS GEHEIMNIS

in einen Jubelzustand geraten war, weil ich die ersten eindeutigen Fossilien am Everest gefunden hatte, riss der Nebel plötzlich auf und gab den ganzen Gipfel, Kamm und Endpyramide, des Everest frei. Meine Augen erfassten einen winzigen schwarzen Punkt, der sich auf einer kleinen Firnschneide unter einer Felsstufe im Kamm als Silhouette abhob, und der schwarze Punkt bewegte sich. Ein zweiter schwarzer Punkt wurde sichtbar und bewegte sich hinauf zu dem anderen auf dem Grat. Der erste ging dann die große Felsstufe an und tauchte im Nu oben auf; der zweite folgte. Dann verschwand die ganze faszinierende Vision, die Wolken verhüllten sie wieder."

Die Punkte konnten nur Mallory und Irvine sein. Odell glaubte trotz der großen Entfernung zu sehen, dass sie sich „mit beachtlicher Munterkeit" bewegten. Ihn entsetzte jedoch, dass sie noch eine beträchtliche Strecke vor sich hatten und mehrere Stunden hinter Mallorys Zeitplan herhinkten. Das machte ihn besorgt, obwohl er das Gefühl hatte, Mallory und Irvine könnten den Aufstieg auf den Gipfel und einen sicheren Abstieg immer noch schaffen. Was hatte wohl dazu geführt, dass sie so spät dran waren? Man hatte die Gratroute für relativ einfach gehalten, also mussten die beiden auf unvorhergesehene Schwierigkeiten gestoßen sein. Oder hatte etwas anderes die Kletterer aufgehalten? Als Odell eine gute Stunde später das Lager VI erreichte, erwischte ihn ein heftigerer Schneeschauer als der am Morgen; er war froh, in Mallorys und Irvines kleines Bergzelt schlüpfen zu können.

Das Chaos aus umherliegenden Kleidern, Nahrungsmitteln, Sauerstoffflaschen und Teilen der Traggestelle im Zelt interpretierte man als Beweis dafür, dass es in letzter Minute ein Problem mit den Apparaten gab und Irvine verzweifelt versuchte, sie zu reparieren, was den Aufbruch verzögerte. Dies ist ein ebenso wahrscheinliches Szenario wie jedes andere, allerdings war es keines, dem Odell beipflichtete; er erklärte einmal, im Lager seien so viele

Teile des Apparats gelegen, dass er nicht mit Sicherheit sagen konnte, ob die beiden an dem Tag überhaupt Sauerstoffgeräte mitgenommen hatten. Andererseits schrieb er im Expeditionsbuch, Irvine sei ein passionierter Klempner gewesen. „Er mochte es, nein, es machte ihm Vergnügen, zwischen Geräten und herumliegendem Werkzeug zu sitzen, und er war nie glücklicher als wenn sich irgendein mechanisches Problem ergab!" Doch es ist wenig wahrscheinlich, dass sich Irvine in 8230 Meter Höhe und bei Dunkelheit mit irgendeiner unnötigen Klempnerarbeit abgab.

Es hörte nicht auf zu schneien, und Odell beschloss nach einer Zeitlang, ein Stück höher zu steigen und zu schauen, ob er das Paar irgendwo entdecke. Das Wetter hatte sie vielleicht zur Umkehr bewogen. In dem Nebel konnten sie Mühe haben, das in einer Felsnische kauernde Zelt zu finden. Er stieg durch den Hang in Richtung Gipfel, pfiff und stieß Jodelrufe aus, in der Hoffnung, sie könnten ihn hören. Der Wind wurde nun schneidend und kalt, er zwang Odell mehrmals, hinter einem Felsblock Schutz vor dem Schneetreiben zu suchen. Nach einer Stunde beschloss er, ins Lager VI zurückzukehren. Hier oben nützte er niemandem, Mallory und Irvine waren bestimmt außer Hörweite, auch wenn sie den Rückweg angetreten hatten. Vielleicht befanden sie sich sogar oberhalb des Schneesturms. Als er zum Zelt kam, legte sich das Unwetter. Sonnenschein übergoss den ganzen Berg. Der Neuschnee verdunstete rasch. Odell suchte mit dem Blick die oberen Felszacken nach seinen Freunden ab. Nichts zu sehen.

Mallory hatte Odell ersucht, bis zum Abend ins Lager IV zurückzukehren, es vielleicht zu evakuieren und weiter abzusteigen. Er dachte bestimmt an den raschen Abstieg von Finch und Bruce im Jahr 1922, als sie aus großer Höhe bis ins Lager III gelangt waren, und hoffte, er und Irvine könnten es ihnen nachmachen. Inzwischen war es 16.30 Uhr, und Odell glaubte nicht, dass die beiden

IN DEN NEBEL HINEIN

an dem Tag noch weit kommen würden. In dem kleinen Zelt hier war zweifellos kein Platz für drei – er musste hinunter, um Raum für die beiden zu schaffen. Odell legte Mallorys Kompass, den er aus dem Lager V mitgenommen hatte, hinter den Zelteingang, schloss ihn und stieg auf dem Kamm des Nordgrats ab. Immer wieder schaute er zu dem Berg zurück, entdeckte jedoch keine Spur von den beiden. Stellenweise waren der Schnee so hart und das Gelände so steil, dass er den Abstieg durch ein paar flotte Rutschfahrten beschleunigen konnte und bereits um 18.45 Uhr wieder im Lager IV eintraf. Dort traktierte ihn Hazard mit „ungeheuren Mengen" Tee und Suppe, um seinen Flüssigkeitsverlust während der anstrengenden zwei Tage in der großen Höhe auszugleichen.

Der Abend war klar und mondhell. Er und Hazard beobachteten die oberen Hänge bis spät in die Nacht hinein, voll Hoffnung auf irgendwelche Zeichen für Mallorys und Irvines Rückkehr in ihr Zelt. Das Hochlager war vom Sattel aus gerade noch zu sehen. Doch sie entdeckten keine Lichter auf dem Berg, keine Fackeln, keine Signale. Nichts.

Odell hatte es fertig gebracht, den ganzen 8. Juni über optimistisch zu bleiben. Für ihn war der Tag so erfüllt gewesen von intensiven Erlebnissen – „romantischen, ästhetischen und wissenschaftlichen gleichermaßen", wie er sagte –, dass er bei der Erinnerung daran noch immer selig war und noch immer die Erwartung hegte, „das resolute Paar . . werde jeden Augenblick mit der Nachricht von der endgültigen Eroberung zurückkommen". Am nächsten Morgen aber, als Hazard und er auch durch ihre Feldstecher im Hochlager kein Lebenszeichen entdeckten, erfasste ihn zunehmende Angst. Gegen Mittag ertrug er die Tatenlosigkeit und die Spannung nicht mehr. Hazard ließ sich nicht überreden, ihn zu begleiten, doch zwei Sherpas willigten zögernd ein, noch einmal zu den Hochlagern mitzugehen.

Der bitterkalte Westwind, der so charakteristisch für dieses Wegstück war, wehte heftiger als bei Odells letztem Aufstieg zum Lager V. Trotzdem kamen sie gut voran und erreichten das Lager gegen 15.30 Uhr. Odell hatte nicht mehr genügend Zeit, um bei Tageslicht ins Lager VI zu gelangen; also würde er im V schlafen und am Morgen weitersteigen. Die Nacht war stürmisch und kalt, heftige Böen drohten die kleinen Zelte aus ihren unzulänglichen Verankerungen zu reißen und den Berg hinabzuschleudern. Odell schichtete bei seinem Zelt und bei dem seiner Träger zusätzliche Steine auf die Spannschnüre.

Er hatte nun keinen Zweifel mehr, dass die Chancen seiner Freunde kaum düsterer sein konnten. Sogar in dem Zelt und trotz des Vorteils, zwei Schlafsäcke zu haben, wurde er nicht recht warm. Und er konnte vor Erregung nicht schlafen. Den Trägern erging es kaum besser. Am Morgen packte Odell ein paar Dinge in einen Rucksack, der mit hinunter genommen werden sollte, und kritzelte einige Zeilen für Hazard: „Es scheint von keinem besonderen Vorteil, einen dieser Kulis zu überreden oder es auch nur zu versuchen, weiter mitzugehen, also schicke ich sie mit dieser Nachricht hinunter." Er werde allein zum Lager VI steigen, rechne aber damit, später am Abend zum Lager IV zurückzukommen. Hazard und er hatten ein durchdachtes Signalsystem vereinbart, nach dem auf einem geeigneten Schneeflecken, der vom jeweils anderen Lager zu sehen war, Decken ausgelegt wurden. „Seien Sie nicht sicher, dass Sie vom VI Signale sehen werden", schrieb Odel jetzt Hazard, „aber halten Sie ab 11.30 Uhr danach Ausschau, dann werde ich wahrscheinlich dort sein... Zu stürmisch heute Nacht, um mit Schlafsäcken zu signalisieren. Es gibt nichts zu berichten."

Dieses Mal nahm Odell ein Sauerstoffgerät mit, und zwar jenes, das er vor zwei Tagen auf dem Hang gefunden und ins Lager V getragen hatte, wo er dann feststellte, dass es leckte. Vermutlich war die

175

MALLORYS GEHEIMNIS

Beschädigung bekannt gewesen, denn Mallory hatte das Mundstück entfernt. Nun hatte Odell ein Ersatzteil dabei, trotzdem nützte ihm das Gerät wenig. Er erhöhte die Zufuhr. „Vielleicht verminderte es die Beinmüdigkeit in ein wenig", räumte Odell ein, aber das genügte nicht, um ihn zu bekehren. Und das Gummi-Mundstück fand er „widerwärtig". Er drehte das Gas ab und bekam weder das Gefühl zu kollabieren noch die Atembeschwerden, die von den Schwarzmalern vorhergesagt wurden. Trotzdem legte er das Gerät nicht ab, sondern nahm es für Notfälle mit. „Mir schien, dass ich ebenso gut vorankam", erinnerte er sich später, aber er gab zu: „Wie man in den Höhen hier keucht, das würde auch einen geübten Langstreckenläufer überraschen."

Im Lager VI hatte sich nichts verändert. Niemand war dort gewesen. Eine Zeltstange war gebrochen, das war alles. Keine Hoffnung also. Seine schlimmsten Befürchtungen wurden wahr. Er warf das Sauerstoffgerät ab, was ihm etwas Erleichterung verschaffte, und machte sich sofort auf die Suche nach den vermissten Männern.

„Dieser obere Bereich des Everest dürfte tatsächlich der abgelegenste und unwirtlichste Ort auf Erden sein, aber er ist dies zu keiner Zeit spürbarer und eindrucksvoller als dann, wenn ein verdunkelter Himmel seine Züge verhüllt und ein Sturm über sein grausames Gesicht rast. Und wie und wann könnte er je grausamer erscheinen als dann, wenn er jeden Schritt vereitelt, der einen die Freunde finden ließe?"

Doch welche Hoffnung bestand schon in einer so riesigen Steinwüste? Wie er sagte: „Wochen gründlicher Suche durch eine Mannschaft, die für eine so schwierige und anstrengende Arbeit auf dieser Höhe ausgerüstet ist, könnten zu keinem Ergebnis führen und das Geheimnis nicht enträtseln."

Die zum Lager IV aufsteigenden Expeditionsmitglieder und Träger sind nur Ameisen in einer zuckrigen Landschaft.

176

MALLORYS GEHEIMNIS

Der scharfe Westwind blies den ganzen Tag über heftig, „er wehte Schnee und Nebel und Zeug umher". Die Sicht war sehr schlecht. Nachdem Odell mühsam über die schrägen Platten westlich des Lagers VI geklettert war, in eine Höhe, die nach seiner Vermutung bei 8500 Metern lag, kehrte er zum Zelt zurück, zerrissen vor Schmerz. Er holte die beiden Schlafsäcke heraus, zog sie hinter dem Lager über steile Felsen zu einem Schneefleck hinauf und nutzte eine kurze Windstille, um sie in Form eines T auszulegen, dem Signal für: „Keine Spur zu finden; Hoffnung aufgegeben." Zwölfhundert Meter tiefer fing Hazard das Signal auf und leitete die traurige Nachricht ans vorgeschobene Basislager weiter, indem er Schlafsäcke in Kreuzform auslegte.

Odell holte Mallorys Kompass und einen nach Irvines Entwurf geänderten Sauerstoffatmer aus dem Zelt, die einzigen Gegenstände, die es nach seiner Ansicht wert waren, mitgenommen zu werden. So sehr es ihn auch drängte, nun von dem Berg herunterzukommen, so grausam er ihn auch fand, weil er seine beiden besten Freunde verschlungen hatte, er spürte immer noch die Lockung seiner alles überragenden Gegenwart, wie er später gestand. Es war fast eine Verzauberung, und er konnte sich gut vorstellen, wie Mallory und Irvine ihr erlegen waren. Kein Bergsteiger konnte anders, als fasziniert zu sein, sagte er. „Wer sich ihm nähert, muss immer weiter und muss ungeachtet aller Hindernisse versuchen, diesen heiligsten und höchsten aller Orte zu erreichen."

Nur durch ein bewusstes Unterdrücken dieses Verlangens brachte Odell den Willen zur Flucht nach unten auf. Doch als er erst einmal unterwegs war, forderten die Windböen und die Graupelschauer seine ganze Aufmerksamkeit, während er über die ausgesetzten, unangenehm schrägen Platten abstieg, die jetzt, unter dem nassen Eis und Schnee, tödlich sein konnten. Von Zeit zu Zeit musste er sich hinter Felsen kauern, um den Zähnen des

Andrew Irvines Strickleiter machte es viel einfacher für die Träger, Ausrüstungsgegenstände und Vorräte auf den Nordsattel zu schaffen.

Winds zu entgehen und sich zu überzeugen, dass er noch keine Erfrierungen hatte. Hazard sah ihn kommen und schickte ihm Nima entgegen, den letzten Träger, der noch auf dem Sattel war. Odell vernahm mit Erleichterung, dass Norton verfügt hatte, es solle keine weitere Suche unternommen werden und alle sollten vom Berg heruntersteigen.

Die Zeit des Wartens war den Männern in den unteren Lagern endlos erschienen. Norton sagte, sie hätten „alle aufeinander folgenden Phasen von Spannung und Angst durchlaufen, von größten Hoffnungen zur Hoffnungslosigkeit. Selbst als jeder im Innersten wusste, dass keine Hoffnung mehr bestand, konnte niemand letzte leise Hoffnungsregungen verhindern, solange es keine sicheren Nachrichten gab." Somervells Tagebuch verzeichnet am 10. Juni: „Noch keine Nachricht bis jetzt — aber das Wetter ist nicht allzu schlecht, und es kann sein, dass sie es geschafft haben. Wir sollten morgen Näheres hören." Doch am 11. Juni liest sich die Eintragung so: „Keine Nachricht. Das ist verdächtig. Ein paar Männer sind im Basislager eingetroffen, sehr pessimistisch. Es ist sehr enttäuschend zu denken, dass Mallory und Irvine vielleicht gescheitert sind — aber sie kommen vielleicht nie wieder. Sie sind vielleicht tot. Mein Freund und Bergkamerad Mallory, eins im Geist mit mir — tot? Ich kann es kaum glauben."

Captain Noel beschrieb, wie im Lager III die Hoffnung mit jeder Stunde schwand. „Norton", so berichtete er, „ging vor seinem Zelt auf und ab, sprach kaum, sichtlich betroffen und, glaube ich, bereits auf das Schlimmste gefasst. Hingston hatte alle seine medizinischen Hilfsmittel parat und war darauf vorbereitet, bei einem Ruf der Seilschaft, die zur Unterstützung der beiden auf dem Berg war, sofort loszugehen." Noel hatte seinen luftigen

MALLORYS GEHEIMNIS

Ein Panoramabild von 1922 fing die Szenerie auf dem Nordsattel ein, die zwei Jahre später das Expeditionsteam begrüßte. Im Hintergrund rechts, zwischen zwei niedrigen Gipfeln, liegt der Lhakpa La, jener Pass, von dem Mallory den Nordsattel und seine Zugänge zum ersten Mal sah.

Felsenplatz hinter dem Lager verlassen und sein Teleobjektiv in der Nähe des Messezeltes aufgestellt. Seine Fotoassistenten beobachteten damit abwechselnd das Gelände oben, und er schaute von Zeit zu Zeit selbst durch, um sicherzustellen, dass sie nichts verpassten. Wolkenbänke türmten sich hinter dem Rapiu La auf, ein Zeichen dafür, dass der Monsun Bengalen erreicht hatte und bald über sie hereinbrechen würde.

Plötzlich riefen die Wachehaltenden, auf dem Sattel rühre sich etwas. Gestalten kamen an den Rand der Eisbarriere und legten ein Deckensignal aus. „Als wir sie beobachteten, hofften wir wider jede Hoffnung, sie würden uns melden, dass sie die beiden gefunden hätten, mit Erfrierungen, erschöpft, unfähig, sich zu bewegen – alles, aber noch lebend. Wenn es Leben gab, konnten wir zur Rettung schreiten und unser Bestes und Möglichstes tun..." Doch es sollte nicht sein. Das Signal bedeutete: „Tod". Noel filmte das Deckenkreuz.

„Was ist? Was sehen Sie?" wollte Geoffrey Bruce wissen. Noel reichte ihm das Teleobjektiv, damit er selbst schauen konnte.

Norton berief eine improvisierte Konferenz ein. Er wies darauf hin, dass jede weitere Suche ebenso sinnlos wie gefährlich war, und sagte, entscheidend sei jetzt, dass man Odell, Hazard und Nima sicher herunterbekomme. Niemand war anderer Meinung. Hingston ging auf den Gletscher hinaus und legte drei Decken in gleichen Abständen nebeneinander. Die Männer auf dem Sattel würden wissen, dass dies bedeutete: „Suche aufgeben. Schnellstmöglich mit Suchtrupp zurückkehren."

Der Decken-Code war innerhalb des Expeditionsteams entwickelt worden, damit man für eine Notsituation gerüstet sei. Einen weiteren Code hatte man vor der Abreise in England ausgearbeitet,

IN DEN NEBEL HINEIN

so dass *The Times* Expeditionsnachrichten schneller erhielt als mit Depeschen und als ihre Konkurrenten. Also schickte Norton am nächsten Tag vom Basislager das folgende verschlüsselte Telegramm los: OBTERRAS LONDON – MALLORY IRVINE NOVE REMAINDER ALCEDO – NORTON RONGBUK. Dann machte er sich an die schmerzliche Aufgabe, eine Depesche abzufassen, die den Menschen zu Hause die tragischen Todesfälle melden sollte.

Am Morgen des 11. Juni packten die drei Männer auf dem Sattel zusammen, was sie konnten; die Zelte ließen sie stehen. Mit schweren Lasten stiegen sie dann auf der Lawinenroute von 1922 in einer halben Stunde die Steilhänge hinab. Bald darauf waren sie bei ihren Freunden im Lager III. Nach „ein paar Schlucken" brachen Hingston und Shebbeare auch dieses Lager ab. Der Rückzug begann.

„Wir waren eine traurige kleine Schar", schrieb Norton später über diese Zeit. „Von Anfang an akzeptierten wir den Verlust unserer Kameraden in diesem rationalen Geist, den unsere ganze Generation im Weltkrieg entwickelt hatte, und es bestand nie die Neigung zu morbidem Herumreiten auf dem Unwiderruflichen. Doch die Tragödie war sehr gegenwärtig; die leeren Zelte unserer Freunde und die leeren Plätze am Tisch erinnerten uns ständig daran, wie die Stimmung im Lager hätte sein können, wäre die Sache anders verlaufen."

Odell reagierte überrascht, als sich zeigte, wie viel er abgenommen hatte; er war froh, absteigen zu können. „Großartige Gletscherwanderung" notierte er an diesem 11. Juni und am nächsten Tag: „Großartige Wanderung auf einer guten Moränenspur hinunter" zum Basislager. Er hatte noch genügend Energiereserven, um unterwegs im Rongbuk-Haupttal die seltsamen Erdtürme zu untersuchen, und er freute sich über die vielen Alpenblumen, die jetzt hervorkamen. Der 13. Juni bescherte ihm das erste Bad seit einem Monat. Er genehmigte sich einen Ruhetag, sortierte seine geologischen Spezimen, verpackte und beschriftete Mallorys und Irvines Ausrüstung für die Heimreise. Unterdessen

MALLORYS GEHEIMNIS

organisierten Somervell und Beetham den Bau einer Gedenkpyramide mit den Namen aller zwölf Toten der drei Expeditionen. Am Samstag, dem 14. Juni, verbrannten sie in einem großen Feuer sämtliche alten Kartons, die nicht mit nach Hause gingen. Captain Noel schloss seine fotografische „Offensive" damit ab, dass er Aufnahmen von allen überlebenden Expeditionsmitgliedern machte.

Hingston hatte die Bergsteiger bereits untersucht. Ausnahmslos alle, die auf dem Sattel oder höher oben gewesen waren, hatten eine leichte Herzerweiterung, doch das sah er nur als vorübergehenden Zustand an. Odell, der viel öfter auf- und abgestiegen war als jeder andere und zwölf Nächte hintereinander, eine Nacht ausgenommen, in einer Höhe von mehr als 7000 Metern verbracht hatte, wies am wenigsten Schädigungen auf. Alle waren erschöpft, litten an Husten, Halsbeschwerden und Erfrierungen. Norton machte den Vorschlag, die Hauptgruppe vor dem langen Marsch nach Darjee-

IN DEN NEBEL HINEIN

Als Odell auf dem Nordsattel Mallory (links) und Irvine vor dem Aufbruch zu ihrem Gipfelversuch fotografierte, konnte er nicht ahnen, dass er die letzte Aufnahme von den beiden als Lebenden machte. Zwei Tage davor, im Lager IV, hatte Mallory eine Nachricht an den Filmemacher John Noel geschrieben, in der Hoffnung, dass Noel ihn und Irvine bei ihrem Schlussanstieg sehe:

Lieber Noel,
wir werden morgen (dem 8.) vermutlich früh aufbrechen, um
klares Wetter zu haben. Es wird nicht zu früh sein, um
8 p.m. nach uns Ausschau zu halten, entweder beim Queren des
Felsbandes oder beim Aufstieg am Horizont.
Ihr
   G Mallory

Natürlich meinte er im Schlusssatz 8 a.m. (vormittags), nicht p.m. (nachmittags).

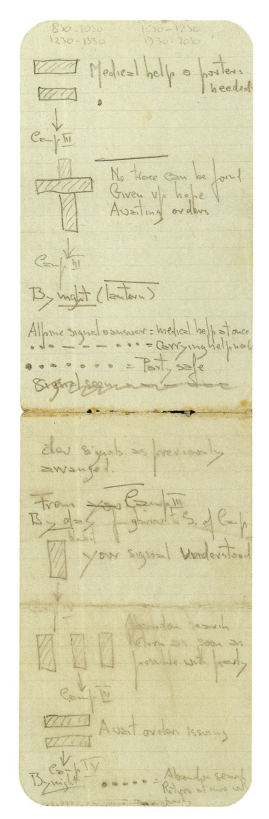
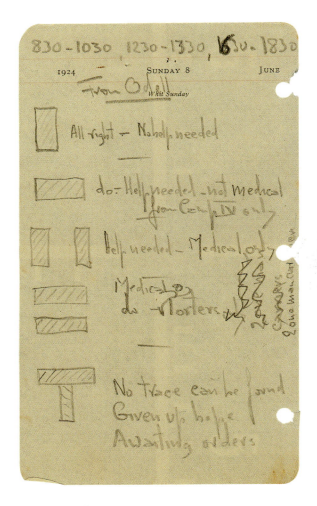

Auf getrennten Blättern für Odell und Hazard arbeitete das Team einen Code zur Übermittlung von Informationen über das Schicksal von Mallory und Irvine aus. Die möglichen Botschaften reichten von „Alles in Ordnung" über einen Ruf nach ärztlicher Hilfe bis zur traurigen Meldung, dass das Schlimmste geschehen sei. Odell ging vom Nordsattel aus zweimal allein auf Suche, ohne Erfolg. Schließlich dann, als er überzeugt war, dass keine Hoffnung mehr bestand, legte er zwei Schlafsäcke zu einem „T" aus, dem vereinbarten Zeichen dafür, dass die beiden höchstwahrscheinlich tot waren.

Zwölfhundert Meter tiefer legte Hazard daraufhin sechs Decken in Form eines großen Kreuzes aus, die von den Beobachtern unten im Basislager gesehen wurden. Norton antwortete mit drei Decken: „Suche aufgeben. Schnellstmöglich mit Suchtrupp zurückkehren."

Odell erinnerte sich, dass er vor dem Abstieg vom Everest einen letzten Blick auf den so quälend nahen Gipfel warf. Er „schien voll kalter Gleichgültigkeit auf mich herabzuschauen, den schwachen Menschen, und in Windböen verächtlich zu heulen über meine Bitte, sein Geheimnis preiszugeben: das Rätsel um meine Freunde".

ling für zehn Tage zur Erholung auf einer niedrigeren Höhe in das unbekannte Rong-shar-Tal unter dem Gaurisankar zu bringen. Captain Noel jedoch sollte sofort nach Hause zurückkehren, die Träger und die Lasten begleiten. Auch Hazard verzichtete auf den Abstecher; er wollte mit Hari Sing Thapa vom Indian Survey die Vermessung des Westlichen Rongbuk-Gletschers abschließen, des unvollendeten Teils der Karte von 1921. Am 16. Juni verabschiedeten sich alle von dem ehrenwerten Lama des Rongbuk-Klosters. Der längst erwartete Monsun hatte den Everest noch immer nicht erreicht.

Auf dem Rückmarsch machte Odell einen Umweg, aber einen, den er machen wollte. Norton willigte ein, ihn gehen zu lassen, wenn er Shebbeare mitnahm, der etwas Tibetisch konnte. Über Odells geologische Begeisterung spotteten seine Kollegen ein bisschen. Bevor die beiden die Hauptgruppe verließen, zog Geoffrey Bruce Shebbeare beiseite und prophezeite ihm, wenn diese Reise vorüber sei, wolle er Odell bestimmt nie mehr sehen. „Damals dachte ich, er habe wahrscheinlich Recht", schrieb Shebbeare später in sein Tagebuch, „denn Odell, ein Wunder am Berg, ist völlig unbrauchbar in den alltäglichen Dingen des Lebens; und weil er keine orientalische Sprache konnte, stand kaum zu erwarten, dass er bei einem Abenteuer dieser Sorte eine große Hilfe sein würde. Trotzdem, die Prophezeiung erwies sich als völlig falsch; denn sie ließ eine wertvolle Eigenschaft Odells unberücksichtigt: nämlich sich selbst oder jemand anderem niemals Sorgen zu machen. In einem Notfall, und wir hatten auf unserer Reise eine Menge Notfälle, gab er nie alberne Ratschläge. Er saß vielmehr gelassen auf einem Stein und las *The Times Literary Supplement*; er hatte ein mittlerweile viele Monate altes Exemplar in seinem Rucksack stecken. So wartete er ab, bis sich die Lage klärte. Das beschämte einen, wenn man sich Sorgen machte, und gleichzeitig feuerte es einen an, etwas zu tun, um ein solches stillschweigendes Vertrauen zu rechtfertigen. Also – von wegen nie mehr sehen!

Gleich nachdem wir zur Hauptgruppe zurückgekehrt waren, holten wir die Erlaubnis ein, sie wieder zu verlassen, und zwei Tagesmärsche weiter waren wir von neuem allein unterwegs. Wir schlugen uns durch Sikkim hindurch und sahen die anderen erst wieder, als wir uns alle in Darjeeling trafen."

Nortons verschlüsseltes Telegramm, mit dem am 11. Juni ein Läufer das Basislager verließ, wurde von Phari Dsong aus übermittelt und traf am 19. Juni in London ein. Ruth Mallory erfuhr in Cambridge vom Tod ihres Mannes durch ein Pressemitglied, bevor die Meldung am 21. Juni in den Zeitungen erschien. Wie betäubt brach sie mit Freunden zu einem langen Spaziergang auf.

Das ungeheure Interesse der Öffentlichkeit an der Tragödie überraschte fast alle. Ruth war gerührt über die vielen Briefe und Botschaften, die bei ihr eingingen, und das Gleiche galt für die Eltern von George und Sandy. Das Everest Committee nahm alle offiziellen Briefe und Beileidsbekundungen von ausländischen Alpenvereinen und Würdenträgern in Empfang. Das King George College sandte ein Telegramm an Sir Francis Younghusband, in dem es hieß: „Sie werden immer in Erinnerung bleiben als wahrhaft vorbildliche Bergsteiger: bereit, für ihre Kameraden ihr Leben zu riskieren und für Wissenschaft und Forschung Gefahren zu trotzen."

Zu den Briefen, die Ruth besonders schätzte, zählte jener, den Norton einige Tage nach Georges Verschwinden in dem Bemühen geschrieben hatte, ihr in ihrem Leid etwas Trost zu spenden. „Alles deutet auf die Wahrscheinlichkeit eines plötzlichen Todes hin", schrieb er ihr, „ein Ausrutschen des einen oder des anderen – ein reiner Bergsteiger-Unfall. Man kann schwerlich irgendeine Hypothese erfinden, aus der sich ein langsamer Tod durch Unterkühlung ableiten ließe, und es gibt auch keinen Grund zu der Annahme, dass ein Defekt am Sauerstoffgerät die Ursache gewesen sein könnte."

IN DEN NEBEL HINEIN

Der Grat, auf dem John Noel mit seiner Filmkamera Mallory und Irvine zu entdecken hoffte, war vom vorgeschobenen Basislager nicht zu sehen. Der Filmemacher musste seine Ausrüstung 240 Meter hinauf in seinen „Adlerhorst" schleppen, um gute Sicht zu haben (oben).

Am 10. Juni filmte Noel vom vorgeschobenen Basislager aus die drei niedergeschlagenen Männer auf dem Nordsattel, als sie von ihrem Deckenkreuz weggingen.

MALLORYS GEHEIMNIS

Norton hatte immer das Gefühl gehabt, wie er Ruth gestand, sich die Position angeeignet zu haben, die Mallory eingenommen hätte, wenn er nicht erst in letzter Minute zu der Expedition gestoßen wäre. Im Bewusstsein seiner „geringeren Qualifikationen" in der Rolle des Bergführers sei er George dankbar gewesen für seine Unterstützung durch dick und dünn. „Seine unbegrenzte Arbeitsfähigkeit und seine Entschlossenheit zu siegen waren meine Stütze und mein Halt", schrieb er ihr. Dieser große Bergsteiger und „mutige, sanfte Mensch" nötigte allen seinen Kollegen Bewunderung ab und war gleichzeitig für alle ein echter „Kumpel". „Man kann nicht ein Sieben-Kilo-Hochzelt tage- und wochenlang unter ziemlich harten Bedingungen mit einem Mann teilen, ohne seine innerste Seele kennen zu lernen", erklärte Norton, „und ich glaube, ich weiß ebenso wie Sie, woraus die seine bestand: aus reinem Gold."

Auch Geoffrey Young nahm Mallorys Tod sehr schwer, besonders weil die Mallorys erst vor kurzem nach Cambridge gezogen und seine Nachbarn geworden waren. Er war in Frankreich, als die Nachricht eintraf, und schrieb Ruth am 30. Juni: „Bevor wir nicht mehr wussten, konnte ich nicht schreiben. Und ich kann es in Wirklichkeit auch jetzt nicht: Es ist eine lange Erstarrung im Schmerz und doch nur ein Schatten des Ihren, denn tatsächlich kann man sich Sie beide nicht getrennt vorstellen. Unaussprechlicher Stolz auf diese großartige Beherztheit und Ausdauer, diesen erfreulichen, überragenden Sieg des menschlichen Geistes über alle Umstände, jeden erbitterten Widerstand; und der Verlust unaussprechlich..." Im folgenden Monat schrieb Young, dessen Verlustgefühl nicht nachließ, an George Trevelyan, der ebenfalls ein alter Freund war: „Da stehe ich nun, in der Mitte des Lebens, und es gibt keinen meiner Gefährten in den Alpen und keinen meiner Schüler mehr... Nur noch Erinnerungen. Ich denke an George Mallory und das letzte Abenteuer, Tag und Nacht. So fatal unnötig –

„Wir waren eine traurige kleine Schar", sagte Norton (zweiter von links, sitzend) von den Überlebenden der 1924er Expedition, als sie sich vor dem Abbruch des Basislagers zu einer letzten Aufnahme zusammenfanden. „Die leeren Zelte ... und die leeren Plätze am Tisch erinnerten uns ständig daran, wie die Stimmung im Lager hätte sein können, wäre die Sache anders verlaufen."

doch eine Schicksalsmacht hat am Everest die Führerschaft verfolgt. In jedem Jahr ist ihm die Führerschaft anheim gefallen, doch ohne die Verantwortung, die sein Urteil vielleicht zu einer kühleren Objektivität hingelenkt hätte. Wenn ich abwäge, messe ich dem Umstand seines Todes keinen Glanz und keine Bedeutung bei; er war ebenso zufällig wie sein Lebenslauf und sein Temperament, wie der Verlust meines Beins. Wichtig war sein Leben..."

Ruth stellte fest, dass noch lange nach dem Eintreffen der Todesnachricht ein Teil von ihr an der Hoffnung festhielt, dies alles könne ein gespenstischer Irrtum sein, ein Übermittlungsfehler vielleicht; und wenn das Schiff mit dem Team nach Hause komme, werde George lächelnd zwischen seinen Gefährten stehen. Sie meinte, es fiele ihr leichter, sich mit dem Verlust abzufinden, wenn sie wüsste, ob „seine Zeit gekommen war". Dieser Punkt war ihr sehr wichtig, und sie sagte zu Geoffrey Young, es sei nicht schwer für sie zu glauben, dass Georges Geist bereit gewesen sei für ein anderes Leben und sein Übergang dorthin sehr schön. Unerträglichen Kummer aber mache ihr, dass seine drei kleinen Kinder nie das Ausmaß ihres Verlusts würden ermessen können. Sie kümmerte sich um alle nötigen Formalitäten und tröstete Georges Eltern, hielt jedoch ihre eigenen Gefühle die ganze Zeit über streng unter Kontrolle. Sie war kein Mensch, der sein Inneres nach außen kehrte, und jetzt fand ihre lebhafte Schwiegermutter sie „fast zu stoisch. Sie erinnert mich an eine stattliche Lilie, die den Kopf gebrochen hat und hängen lässt."

IN DEN NEBEL HINEIN

Ruth öffnete sich nur gegenüber Young. Durch ihn fühlte sie sich George am nächsten. „Ich glaube nicht, dass dieser Schmerz überhaupt von Bedeutung ist", schrieb sie ihm in einem von mehreren erhalten gebliebenen Briefen aus dieser Zeit. „Ich weiß, dass George nicht umkommen wollte; er wollte nicht so hart sein, wie ich mir nie und nimmer vorgestellt habe, dass er sein würde... Ich glaube nicht, das Gefühl zu haben, dass mich sein Tod wenigstens stolzer auf ihn macht, sein Leben war es, das ich liebte und liebe. Ich weiß absolut, dass er nicht versagt haben kann, was Mut oder Selbstaufopferung angeht. Ob er auf den Gipfel des Berges gekommen ist oder nicht, ob er gestorben ist oder nicht, ändert nichts an meiner Bewunderung für ihn. Ich glaube, ich habe den Schmerz davon getrennt. Er ist so groß und wird so lange währen, dass ich das tun muss... O Geoffrey, wenn das nur nicht geschehen wäre! Es hätte auch so leicht nicht geschehen können."

GEORGE LEIGH MALLORY, 1886–1924

> *Miteinander stiegen die beiden zum letzten Mal*
> *auf den Berg: in größerer Höhe als je zuvor ein Mensch*
> *wurden sie zuletzt gesehen, einer ging dem andern zur Hand*
> *— und dann sah man sie nicht mehr. Hätte einer sich einen*
> *besseren Freund wünschen können, der ihn an der Kreuzung*
> *zum unbekannten Jenseitsland bei der Hand nahm?*

LT. COL. E. F. NORTON, Oktober 1924

AUF DEM WEG IN DEN MYTHOS

„**D**er arme Mr. und die arme Mrs. Irvine ... sind völlig zusammengebrochen", schrieb Mallorys Mutter am 22. Juni an eine ihrer Töchter. „Ich glaube nicht, dass sie auch nur im Mindesten begriffen hatten, wie groß das Risiko war."

Sandy Irvine hatte vom Merton College in Oxford für die Everest-Reise zwei Semester Urlaub bekommen. Das College sah es, genau wie seine Eltern, als Ehre für ihn an, sein Land vertreten zu dürfen, und als große Chance. Das könnte etwaige Besorgnisse wegen seiner Teilnahme überlagert haben. Fest steht, dass sein Tod alle, die ihn kannten, zutiefst schmerzte; wir wissen, dass Irvines Vater den Verlust nie überwand.

Irvine unterschritt das Durchschnittsalter der Gruppe um vierzehn Jahre und war sechzehn Jahre jünger als Mallory. „Unser blauäugiger Junge aus Oxford ist ... ein wirklich guter Mensch", hatte Somervell geschrieben. „Weder aufgeblasen wegen seines 'Blau' [blaue Sportkleidung in Oxford] noch erdrückt durch das Alter von uns übrigen. Sanft aber stark, voll gesundem Menschenverstand, versteht sich auf Apparate... Durch und durch ein Mann (oder Junge) von Welt, doch mit

MALLORYS GEHEIMNIS

hohen Idealen. Und er ist sehr nett zu den Trägern."

Es ist schwer zu sagen, ob der große Altersunterschied zwischen ihm und den anderen Bergsteigern Irvine isolierte. Vielleicht gab es Zeiten – wenn seine Kollegen Kriegsgeschichten austauschten oder einstige Erfolge beim Klettern noch einmal erlebten –, wo es ihm ein Trost gewesen wäre, mit jemandem seines Alters lachen zu können. Odell erwähnte, Sandy sei gegen Ende der Expedition in sich gekehrter gewesen. Man fragt sich, ob Irvines stete Hilfsbereitschaft nur Ausdruck seiner Gutmütigkeit war – sie ging zweifellos über seine offiziellen Pflichten hinaus – oder der einfachste Weg, den Abstand zu seinen älteren Gefährten zu überbrücken. Zeitgenossen bescheinigten ihm Zurückhaltung und sagten, es sei nicht immer leicht gewesen, die Schranken seiner Reserviertheit zu überwinden. Doch mit seiner bescheidenen Sicherheit gewann er die Zuneigung aller.

„Ab dem Wort 'los'", berichtete Norton Sandys Eltern in einem Kondolenzbrief, den er wenige Tage nach seinem Verschwinden schrieb, „war er ein voller, absoluter Erfolg in jeder Hinsicht. In einem frühen Communiqué sprach General Bruce von ihm als unserem 'Experiment'. Ich kann Ihnen versichern, dass sein Versuchsstadium sehr kurz dauerte, denn er wurde fast sofort unentbehrlich. Nicht nur, dass wir uns bei jeder denkbaren mechanischen Sache auf ihn verließen – sondern wir fanden, dass wir vertrauen konnten auf seine Fähigkeit, Genialität und erstaunliche, gutmütige Bereitschaft, auf jedes Ersuchen prompt zu reagieren... Er nahm seinen Platz automatisch ein, ohne die Unbeholfenheit der Jugend, vom Anfang an, als einer der Beliebtesten in unserer Messe."

Seine außerordentliche Kraft zeigte sich, wie Norton sagte, wenn er für erschöpfte Träger „schwerere Lasten" transportierte, „als je zuvor ein Europäer getragen hatte". Er erinnerte sich, wie Irvine zusammen mit Somervell auf dem Weg zum Nordsattel die Lasten von einem Dutzend Trägern eine 45 Meter hohe Eiswand hinaufhievte. „Ich kann es kaum ertragen, jetzt so an ihn zu denken, wie ich ihn zuletzt auf dem Nordsattel gesehen habe."

Zu den Gedenkgottesdiensten in jenem Herbst zählte einer, der am 17. Oktober in der Londoner St. Paul's Cathedral stattfand. Den Nachruf hielt der Bischof von Chester. „Es steht uns furchtsamen Fußgängern nicht an zu behaupten, wir verstünden Ihre Liebe zu den Höhen", sagte er. Aber das, was er über die Kindheit und die frühen Jahre dieser beiden Männer aus Cheshire erfahren habe, gebe ihm die Gewissheit, dass sich in ihren Herzen mehr festgesetzt hatte als die Liebe zu hohen Bergen. Verbunden gewesen sei damit der Aufstieg in spirituelle Höhen, auf grandiose Gipfel des Muts und der Selbstlosigkeit und Heiterkeit, die nicht unbedingt von den Trittsicheren und Klardenkenden erreicht würden, sondern immer von den Leidenschaftlichen, den Brüderlichen und denen, die reinen Herzens sind. Zum Schluss wandelte er König Davids Klage ab: „Köstlich und angenehm waren George Mallory und Andrew Irvine; im Leben wie im Tod wurden sie nicht getrennt."

An diesem Abend hielten die Royal Geographical Society und der Alpine Club ihre gemeinsame Versammlung ab, „um Bericht erstattet zu bekommen über die Mount-Everest-Expedition von 1924". Das Interesse der Öffentlichkeit war so groß, dass das Committee für die Veranstaltung die Royal Albert Hall benutzen musste. Das Programm endete damit, dass Odell seinen Auftrag zur Unterstützung der beiden schilderte, seine dramatische Sichtung und seine verzweifelte Suche nach den Freunden. „Die Frage bleibt", sagte er: „Ist der Mount Everest bezwungen worden? Sie muss unbeantwortet gelassen werden, denn es gibt keinen direkten Beweis. Aber in Anbetracht aller Umstände ... und ihrer Position, als sie zum letzten Mal gesehen wurden, ist die Wahrscheinlichkeit groß, dass Mallory und Irvine Erfolg hatten. Dabei muss ich es belassen."

AUF DEM WEG IN DEN MYTHOS

Viele seiner Kameraden teilten seine Meinung, und alle hofften sehr, es stimme, dass die beiden den Gipfel erreichten, bevor sie starben, aber Odell stand allein da mit dem Glauben, dass sie erfroren seien. Norton hatte aus dem Basislager geschrieben, er „bedaure sehr, dass Odell das mit ihrem Tod durch Erfrieren in sein Communiqué aufnahm", und dem Committee sagte er: „Alle anderen von uns sind sich darin einig, dass es mit größerer Wahrscheinlichkeit ein Absturz war."

Wenn Norton und Odell danach über Mallory sprachen oder schrieben, wählten sie ihre Worte äußerst sorgfältig. Beide schilderten, wie sehr Mallory sich den Gipfel wünschte und wie stark er dessen tödliche Lockung spürte, aber beide betonten,

Früh veröffentlichte Darstellungen der Expedition, beispielsweise diese hier von 1925, zeigten klar an, dass Mallory und Irvine zumindest über den Second Step hinaus gelangt waren. Sie basierten auf der optimistischsten Auslegung von Odells letzter Sichtung des Paares im Nebel.

Zeichenerklärung:

A Lager VI auf 8170 Metern
B Von Sommervell 1924 erreichter Punkt
C Von Norton 1924 erreichter Punkt
D „Second Step" (Zweite Stufe): letzte Sichtung Mallorys und Irvines
E „First Step" (Erste Stufe)
F Von Finch und Geoffrey Bruce 1922 erreichter Punkt
G Von Mallory, Norton und Somervell 1922 erreichter Punkt
H Gipfel des Mount Everest, 8848 Meter

MALLORYS GEHEIMNIS

dass er nie und nimmer das Leben seines jungen Kameraden riskiert hätte. Manche Romantiker aus der Zeit König Edwards sahen jedoch nichts Unrechtes in einem bewussten Opfer für einen Berg – und vor allem für diesen Berg der Berge. Younghusband beispielsweise hielt es für eine Tugend, nicht umzukehren, wenn man dem Siegespreis so nahe war. „Nehmen wir an, dass er tatsächlich auf der Gipfelpyramide war, nehmen wir an, dass ihn nur noch knapp hundert Höhenmeter und eine Distanz von weniger als zweihundert Metern vom Gipfel trennten und dass seine Armbanduhr ihm sagte, es sei 16 Uhr – würde er sie unverzüglich wieder einstecken und seine Schritte abwärts lenken? Und falls er diese übermenschliche Selbstbeherrschung besaß, hätte auch sein jüngerer Kamerad sie gehabt? Hätte Irvine nicht gesagt: 'Mir ist egal, was passiert. Ich mache meinen Gipfelversuch.' Und hätte Mallory noch länger standhaft sein können? Hätte er nicht eher voll freudiger Erleichterung nachgegeben?"

Longstaff sah es so: „Jedem Bergsteiger ist klar, dass sie hinaufkamen. Man kann von diesem Paar nicht erwarten, dass es die Chancen für eine Rückkehr abwog – ich allerdings würde es tun. Der Tag war offenbar schön: Vermutlich befanden sie sich über diesen Wolken, die sie vor Odell verbargen. Wie sehr müssen sie den Ausblick auf die halbe Welt genossen haben! Das stand ihnen dafür; jetzt werden sie nie alt werden, und ich bin ganz sicher, dass sie mit keinem von uns den Platz tauschen möchten."

Auch Geoffrey Young, der Mallory fast zwanzig Jahre als Bergsteiger kannte, war überzeugt, dass

Vorhergehende Doppelseite:
Bevor die Expeditionsmitglieder den mühsamen Rückmarsch durch die tibetische Hochebene nach Darjeeling antraten, stiegen sie in die Wälder und die feuchte, dicke Luft des Ronghar-Tals ab, wo Col. Norton am 26. Juni 1924 dieses Aquarell vom Gaurisankar malte.

General Bruce (rechts außen) konnte krankheitshalber die letzte tragische Reise zum Everest nicht mitmachen, aber er traf sich mit den Überlebenden bei ihrer Rückkehr nach Indien. Er war bereit zu akzeptieren, wie er später schrieb, „dass der Gipfel erreicht wurde und dass Mallory und Irvine auf ihrem Abstieg vermutlich von der Dunkelheit überrascht wurden... Wie dem auch sei, es ist schrecklich — herzzerreißend, aber wunderbar."

---

die beiden den Gipfel erreicht hatten. „So schwer es jedem Bergsteiger gefallen wäre, nach Überwindung der Schwierigkeiten umzukehren — für Mallory wäre es schlicht eine Unmöglichkeit gewesen", erklärte er. Seine eloquenten Komplimente an den Freund trugen viel dazu bei, die Erinnerung an Mallory anzuschönen. Persönlich jedoch war Young, weil er den Verlust eines Freundes betrauerte, nicht so sicher, dass diese spezielle Herausforderung überhaupt hätte angenommen werden sollen — ganz bestimmt aber nicht von Mallory, den er bedrängt hatte, nicht mehr zum Everest zu gehen. Viele Jahre später sagte er zu einem Bekannten, er sei der Ansicht, dass der junge Sandy Irvine „ein prächtiger Kerl war, aber Mallory hätte ihn bei diesem einsamen Wagnis nicht mitnehmen sollen".

Odells faszinierende Sichtung steht — heute wie damals — im Mittelpunkt aller Spekulationen darüber, was sich an diesem letzten Tag auf dem Berg zugetragen haben könnte. Und weil dieses Erblicken der beiden ein fast mystischer Moment war, der Odell eine kurze Einsicht durch die wirbelnden Nebel der Ewigkeit gestattete, ist sie auch eine wichtige Zutat im Prozess der Mythologisierung Mallorys und Irvines während der folgenden

AUF DEM WEG IN DEN MYTHOS

Monate und Jahre. Sie symbolisiert so viel: das Streben des Menschen nach dem Turm zwischen Himmel und Erde; das mutige Angehen gegen Naturkräfte; die Unterwerfung von Schmerz und Willen; ein Freundschaftsband, das über das Alter, über den Tod hinaus hält; das Opfer; das Geheimnis.

„Brüder bis zum Tode und ein windgepeitschtes Grab, Freude übers Ende der Reise: Ihr, die ihr in den großen weißen Schleier stiegt, vernahmt ihr den Gesang? Saht ihr den Gral?" Man könnte meinen, dass diese Zeilen von Geoffrey Young, die sich auf König Artus beziehen und den Tod im Hochgebirge romantisieren, als Folge des erschütternden Todes von Mallory und Irvine entstanden seien. Seltsamerweise gehen sie — fast prophetisch — der Tragödie um viele Jahre voraus. Sie erschienen 1909 in einer Gedichtsammlung, eben jenem Jahr, in dem Young den formbaren jungen Mallory kennen lernte und ihm wegen seines reinen, suchenden Geistes den Beinamen „Galahad", den Namen des Grals- und Artusritters, gab. Dieser suchende Geist ist es, den Odells letzte Sichtung so schön verknappt darstellt. Es ist kaum denkbar, dass der Mythos um Mallory und Irvine ohne diese ikonische Vignette, die zu Phantasien anregt, eine derart starke und dauerhafte Anziehungskraft besäße.

Was genau Odell in diesem euphorischen Augenblick erlebte, lässt sich nur schwer herausfiltern. Angenommen, seine Tagebucheintragung vom 8. Juni ist die erste Wiedergabe seiner Erinnerung, dann waren Mallory und Irvine „am Grat, auf den Fuß der Endpyramide zugehend". Als er von dem Berg herunter war, schrieb er eine Depesche für *The Times*, die das Rongbuk-Basislager am 14. Juni verließ. Über die noch relativ frischen Ereignisse berichtet er, dass ein plötzliches Aufreißen „den ganzen Gipfel, Kamm und Endyramide des Everest" freigab. Er erspähte einen „schwarzen Punkt ... auf einer kleinen Firnschneide unter einer Felsstufe im Kamm"; und ein zweiter Punkt bewegte sich hinauf zu dem anderen auf dem Grat. „Der erste ging dann

197

MALLORYS GEHEIMNIS

die große Felsstufe an und tauchte im Nu oben auf; der zweite folgte. Dann verschwand die ganze faszinierende Vision, die Wolken verhüllten sie wieder." Er bestimmte die Stelle auf dem Grat genau als „eine ausgeprägte Felsstufe kurz vor dem Fuß der Gipfelpyramide".

Wir können uns vorstellen, dass Odell von seinen Kameraden bedrängt wurde, dass sie genau wissen wollten, was er hier meinte. Vielleicht brüteten sie über einer Fotografie, deuteten mit den Fingern hierhin und dorthin, oder sie schauten vom Basislager zu dem fernen Kamm hinauf und sagten zu Odell: „Kommen Sie, Sie müssen sich erinnern. Von welcher 'großen Stufe' reden wir?" Als Odell die Szene das nächste Mal schilderte, bei der Veranstaltung in der Royal Albert Hall, sah er, während der ganze Gipfelkamm frei war, „weit weg auf einem Schneefeld unter der vorletzten Stufe zur Gipfelpyramide ... ein kleines schwarzes, Objekt, das sich bewegte". Sein erstes sich bewegendes „Objekt" erkletterte die Stufe, und in diesem Moment verschlang der Nebel das Bild wieder — bevor das zweite eine Chance hatte, zum ersten aufzuschließen. Die „vorletzte Stufe" klingt zwar verwirrend, aber wir wissen, dass er jene Felsformation meinte, die wir heute als „Second Step" bezeichnen, denn in den Notizen zu seinem Vortrag korrigiert er ausdrücklich die falsche Position, die Hinks im *Geographical Journal* angibt. Für ihn existiert also eine dritte „Stufe" zwischen dem Second Step und dem Gipfel — und tatsächlich erhebt sich da ein kleines Stufengebilde, das jedoch für Bergsteiger bedeutungslos ist, weil leicht umgehbar, dennoch ist es ein Höcker in der Horizontlinie. Odell fügte Näheres über die kleinen Gestalten hinzu, die er sah, ebenso einige Spekulationen:

„Sie bewegten sich schnell, als wollten sie die verlorene Zeit aufholen. Zwar bewegte sich jeweils nur einer über das anscheinend leichte Gelände, aber das genügt nicht, um daraus den Schluss zu ziehen, dass sie angeseilt gingen — ein wichtiger

---

Bevor die Expeditionsmitglieder das Basislager verließen, errichteten sie eine Gedenkpyramide mit den Namen aller Männer, die seit 1921 bei den Everest-Unternehmungen das Leben verloren hatten. Sieben Jahrzehnte später waren sämtliche Steine entfernt worden, aus welchen Gründen auch immer.

Umstand, wenn man Vermutungen über ihr Schicksal anstellt. Vielleicht sind sie durch den Neuschnee aufgehalten worden, den ich auf den oberen Felsen bemerkte. Weil sie zweifellos mit dem schweren Sauerstoffgepäck beladen waren, bereiteten ihnen diese schneebedeckten Geröllplatten möglicherweise Schwierigkeiten. Vielleicht mussten auch die Sauerstoffgeräte selbst repariert oder neu eingestellt werden, vor oder nach ihrem Aufbruch im Lager VI, und das hielt sie auf. Oder diese beiden Faktoren spielten zusammen."

Als im folgenden Jahr das Expeditionsbuch erschien, hatte sich die allgemeine Meinung geändert. Jetzt dachte man, die winzigen Gestalten hätten sich auf dem „First Step" befunden und nicht auf dem „Second Step". Außerdem schlichen sich inzwischen einige genauere Beurteilungen in Odells Bericht. Er beschreibt ausführlich das Verhältnis zwischen First und Second Step. Wenn er jetzt vom „vorletzten" spricht, können wir es so verstehen, dass er vom First Step spricht und nicht vom Second Step. Die betreffende Passage beginnt damit, dass der Gipfelkamm ganz frei war, wie zuvor; doch ein paar Zeilen weiter widerspricht sich Odell, als er erklärt, wie schwierig es für ihn gewesen sei, die Gestalten genau auf der einen oder anderen der beiden größeren Stufen zu platzieren, „weil nur ein kleiner Teil des Gipfelkamms frei war". Seinerzeit befanden sie sich für ihn auf der oberen der zwei Stufen, jetzt räumt er ein, dass sie auf der unteren gewesen sein könnten. Dies würde bedeuten, dass das Paar noch einige Stunden mehr vom Gipfel entfernt war, doch er ist nach wie vor der Überzeugung, dass es ihn erreichte.

Der Everest-Forscher Wyn Harris fand 1933 diesen Eispickel unter dem Kamm des Nordostgrats. Er gehörte zweifellos Irvine, denn er weist die drei Kerben auf, die Irvine zur Kennzeichnung seiner Habseligkeiten verwendete, unter denen sich auch ein Ausgehstöckchen befand, das vom Expeditionsteam mit nach Hause gebracht wurde. Trotz dieses bemerkenswerten Fundes hat man Irvines Leiche noch nicht entdeckt.

AUF DEM WEG IN DEN MYTHOS

Jene Menschen, die Mallory kannten und liebten, hielten an dem Gedanken fest, dass er und Irvine den Gipfel bestiegen hatten, bevor sie starben; viele andere jedoch äußerten Zweifel an der Zuverlässigkeit von Odells Aussagen. Longstaff brachte sie im Dezember 1924 zum Ausdruck: „Wenn sie nicht schnell gestiegen sind – das heißt, im Alpentempo –, fällt es schwer zu glauben, dass Odell sie überhaupt so weit oben gesehen haben kann." Die Zweifel vermehrten sich zwangsläufig. Und als 1933 die nächste Everest-Expedition stattfand, fragten sich ihre Mitglieder, ob Odell überhaupt jemanden hatte sehen können: War nicht denkbar, dass ihn Felsbrocken auf einem Schneehang täuschten, dass er aus etwa eineinhalb Kilometern Entfernung nur meinte, sie würden sich bewegen? Sie schilderten einen Vorfall von damals: In der Nähe ihres Lagers VI hatte Eric Shipton plötzlich gerufen: „Dort gehen Wyn und Wager, auf dem Second Step!" Percy Wyn Harris und Lawrence Wager waren jedoch nicht auf der Stufe; die kleinen Punkte, die man auf dem steilen Schneehang am Fuß der Wand sah, mussten Felsen gewesen sein; und seltsamerweise gab es unmittelbar über der Stufe ein weiteres Felsenpaar, das den Eindruck erzeugen konnte, die „Punkte" hätten das Hindernis überwunden. Eine andere Theorie besagte, Odell habe möglicherweise fliegende Vögel gesehen, Himalaja-Dohlen, die nicht allzu weit von ihm weg waren und sich vom Schneehang dahinter abhoben; oder vielleicht Wolkenschatten; oder er hatte eine von der Höhe ausgelöste Halluzination gehabt. Hatten ihm die Augen oder das Hirn einen Streich gespielt? Hatte Odell überhaupt etwas gesehen?

Odell war höchst ungehalten darüber, dass jemand glauben konnte, er sei irregeführt worden. Als er eines der 1933 mitgebrachten Fotos betrachtete, schoss er zurück, er neige jetzt dazu, den Second Step doch als die wahrscheinlichste Position seiner Offenbarung anzusehen. Odell wurde 96 Jahre alt. Er hat als Geologe Hervorragendes geleis-

tet, doch in all den Jahren nach dem Everest wollten die Leute von ihm nur etwas über den Tag hören, an dem er als junger Mann seine epochale Vision gehabt hatte. Einige seiner Expeditionskollegen brummten in kleinlicher Weise, je mehr Jahre vergingen, desto überzeugter sei er von dem, was er gesehen habe. „Anfangs dachte ich, sie seien am so genannten Second Step", sagte er 1988 kurz vor seinem Tod zu uns. „Später sah ich ein, dass es auch der First Step gewesen sein könnte... Ich bin mir von dem Tag damals bis heute nie klar gewesen, welcher es war." Aber er beharrte dabei, Menschen gesehen zu haben. „Ich hatte keine Halluzinationen. Es waren Gestalten, die sich bewegten, tatsächlich bewegten. Meine Aufzeichnungen, mein Tagebuch, meine geologischen Spezimen, alles ist miteinander vereinbar – und mit dem, was ich sah. Ich sage Ihnen, es waren Bergsteiger!"

Die Everest-Expedition von 1933, die Hugh Ruttledge leitete, lieferte den nächsten Anhaltspunkt. Wyn Harris und Wager, die vom Lager VI dieser Expedition aus auf 8350 Meter stiegen (halb das steile Gelbe Band hinauf, das den Nordostgrat bildet), machten einen bemerkenswerten Fund. An einem Punkt, der sich schätzungsweise 230 Meter östlich vom First Step und etwa 20 Meter unter dem Kamm des Nordostgrats befindet, entdeckten sie einen Eispickel, „der frei auf glatten braunen 'Dachziegel'-Platten liegt, die kaum geneigt sind, aber knapp darunter wesentlich steiler werden." Er kann nur Mallory oder Irvine gehört haben; vor ihnen war niemand hier oben gewesen. Wyn Harris wunderte sich besonders darüber, „dass der Stahl des Pickels hell glänzte und dass das Holz aussah, als habe man es mit Sandpapier gesäubert". Auf dem polierten Stahl stand der Name des Herstellers: Willisch aus Täsch im Zermatter Tal. „Für mich", fügte Wyn Harris hinzu, „bedeutete der Pickel nur eines. Er markierte die Stelle, an der ein Kletterer stürzte,

(Fortsetzung Seite 204)

DIE WESTENTASCHEN-KAMERA

Von GRAHAM HOYLAND

Als ich ein kleiner Junge war, erzählte mir mein Vater von einem Bergsteigerhelden in unserer Familie, der 1924 fast auf dem Gipfel des Mount Everest gewesen war und ein enger Freund von George Mallory, mit dem er am Everest ein Zelt teilte.

Jahre später, als ich zwölf war und er 79, lernte ich meinen Großonkel kennen. Ich erinnere mich, dass ich auf dem Rasen stand und verlegen zu dem legendären Howard Somervell aufschaute. Er war ein außergewöhnlich begabter Mann: Bergsteiger, Maler und Arzt. Mich faszinierte die unglaubliche Geschichte, die er mir erzählte.

Bei der Expedition von 1924, während der Rettung von vier erschöpften Sherpas, erlitt Somervell schwere Erfrierungen im Hals. Bei einem späteren Gipfelversuch ohne künstliche Sauerstoffzufuhr erreichten er und Col. E. F. Norton eine Höhe von mehr als 8500 Metern, sie waren höher oben als je ein Mensch zuvor, aber immer noch gut 300 Meter unter dem Gipfel. Beim Aufstieg machte Somervell mehrere beachtliche Aufnahmen mit seiner kleinen Klappkamera. Beim Abstieg drohte er plötzlich an einer Verstopfung in seinem Hals zu ersticken. Die Schleimhaut seines frostgeschädigten Kehlkopfs hatte sich abgelöst und die Luftröhre blockiert. Somervell ließ sich niedersinken, um zu sterben, doch in einem letzten Versuch, die Blockierung zu beseitigen, drückte er beide Hände auf die Brust – der alte Mann schlug sich fest auf die Brust, um seinen gefesselten Zuhörern den Vorgang zu veranschaulichen – und hustete die Schleimhaut heraus. „Was für eine Erleichterung! Ich hustete zwar ein bisschen Blut, aber ich atmete wieder – frei, freier als seit Tagen." Norton und Somervell kehrten zum Nordsattel zurück und fanden dort Mallory und Irvine vor, die sich für ihren letzten Versuch rüsteten. Mallory hatte seine Kamera vergessen, und Somervell gab ihm seine Westentaschen-Kodak. Die beiden Gruppen trennten sich am nächsten Morgen. Somervell sah seinen Freund Mallory nie wieder.

Diese Geschichte spornte mich zu einer lebenslangen Suche an. Ich musste selbst auf den Mount Everest steigen und versuchen, die Kamera meines Großonkels zu finden, um festzustellen, welche Geheimnisse sie enthielt. Wenn sie gefunden würde, könnten von dem Jahrzehnte alten Film angeblich brauchbare Fotografien entwickelt werden. In den Hochlagen am Mount Everest ist die Luft knochentrocken und die Temperatur so niedrig, dass ein Kamerafilm tiefgefroren wäre und – wie die Theorie besagt – vollkommen erhalten bliebe. Ein Foto könnte helfen, das Rätsel zu lösen, was an dem Junitag vor so vielen Jahren passiert ist. In Mallorys und Irvines Hochlager wurde keine zurückgelassene Kamera gefunden; wir nehmen an, dass die beiden sie auf ihrem letzten Aufstieg mitnahmen. Mallory war kein Narr. Der Everest-Gipfel war seine Chance auf immerwährenden Ruhm, und er wusste, wie wichtig ein Gipfelbild als Beleg für seinen Erfolg auf dem Berg war.

Ich habe eine genau gleiche Westentaschen-Kodak wie jene, die mein Großonkel George Mallory gab. Sie ist nicht viel größer oder schwerer als eine Sardinenbüchse und lässt sich leicht in eine Hemdtasche stecken. Aber sie ist nicht leicht zu bedienen. Um eine Aufnahme zu machen, muss man die Kamera entfalten und den Balg herausziehen. Dann schaut man nicht durch einen Sucher, sondern man muss die Kamera auf Brusthöhe halten und auf ein kleines Prisma hinabschauen. Das in dem Prisma reflektierte Bild steht auf dem Kopf. Dann muss man einen kleinen Hebel drücken und den Verschluss auslösen. Stellen Sie sich vor, das müssten Sie in 8500 Metern Höhe machen und mit tauben Fingern! Kein Wunder, dass Somervell sagte, er habe drei Aufnahmen machen müssen, um ein verwendbares Foto zu bekommen.

Viel Zeit ist vergangen, aber die Chance besteht – nur die Chance –, dass dort oben im ewigen Schnee des Mount Everest eine kleine Blechkamera mit einer Aufnahme liegt, die die Bergsteigerwelt erschüttern und die Geschichte ändern würde. Es muss nur jemand hinaufsteigen und sie holen.

EINE WESTENTASCHEN-KODAK

MALLORYS GEHEIMNIS

Als Student am Merton College in Oxford begeisterte sich Andrew Irvine fürs Bergsteigen. Er nahm an einer Arktis-Expedition in den Osten Spitzbergens teil – die von seinem späteren Everest-Kollegen Noel Odell geleitet wurde. Weil Irvines mit Mallory verbundenes Schicksal ihn zu einem Nationalhelden machte, widmete ihm die Universität einen Gedenkstein.

entweder von dem Kamm 20 Meter darüber oder von der Stelle, wo der Pickel lag. Ganz bestimmt hätte kein Bergsteiger ihn absichtlich dort liegen lassen, wo ich ihn fand."

Auf dem Rückweg von seinem Gipfelversuch nahm Harris den Pickel mit und ließ seinen liegen, um die Fundstelle zu markieren. Zu Hause übergab man ihn dem Alpine Club, wo er jahrelang als „Mallorys Pickel" bekannt war; und als solches wies ihn auch ein Messingtäfelchen aus. Später revidierte man diese Zuschreibung, weil man auf dem Schaft drei kleine Kerben entdeckte und weil Odell darauf aufmerksam machte, dass sie fast aufs Haar den Markierungen glichen, mit denen Sandy Irvine einige seiner Habseligkeiten kennzeichnete. Das Messingschild wurde abgenommen, umgedreht, neu graviert – und seitdem ist „Irvines Eispickel" ausgestellt.

Der Pickel war ein aufregender Anhaltspunkt, aber was bedeutete er? Markierte er tatsächlich den Schauplatz eines Unfalls? Auf diesem „kaum geneigten" Gelände wurden Mallory und Irvine bestimmt nicht von ihrem Schicksal ereilt. Doch Wyn Harris hat Recht, es scheint unvorstellbar, dass jemand einen Pickel absichtlich liegen ließ, auch wenn in diesem Jahr noch so wenig Schnee auf der Nordflanke gelegen haben mag. In den Alpen kann es Situationen geben, wo man einen Pickel abstellt, um ihn auf dem Rückweg wieder mitzunehmen, aber nicht hier, nicht in diesem steilen Gelände und dieser dünnen Luft, wo er als Gehhilfe diente und als Stütze, wenn man nach Luft rang. Wie die Bergsteiger von 1933 erklärten, ist ein Pickel auf dem Everest und auf den anderen hohen Gipfeln der Erde der beste Freund und größte Schutz des Bergsteigers: „Er verwendet ihn, um auf den nach außen geneigten Platten das Gleichgewicht zu halten, um sich zu verankern, wenn tückische Böen an seinen Beinen zerren, um auf schneebedeckten Felsen einen Tritt freizumachen und gelegentlich, um Stufen in harte Schneeflächen zu schlagen."

Wäre der Pickel versehentlich liegen gelassen worden, nach dem Wechsel der Sauerstoffflaschen vielleicht, wäre er kaum lange vergessen geblieben. Man geht nicht viele Schritte, ohne zu merken, dass einem „der beste Freund" fehlt. Hätte ihn einer versehentlich vom Kamm fallen lassen, wäre es nach der Überzeugung von Wyn Harris einfach gewesen, ihn zu holen. Und unwahrscheinlich war, dass ihn der Sturm von einer Stelle näher beim Gipfel hierher geweht hatte. Unter den Bergsteigern dieses Jahres gab es keinen Zweifel darüber, dass der glänzende Pickel auf dem harmlos aussehenden Gelände die Stelle markierte, wo die beiden Männer stürzten. Frank Smythe, ein Mitglied des Teams von 1933, bot in seinem 1937 erschienen Buch *Camp Six* (Lager VI) ein mögliches Szenario. Nach seiner Meinung deutete die Einfachheit des Geländes auf ein Ausrutschen hin, und zwar eher beim Auf- als beim Abstieg: Das schwere Sauerstoffgerät auf dem Rücken der Bergsteiger hätte ein automatisches Anhalten fast unmöglich gemacht, sagte er. Angenommen, die beiden wären angeseilt gewesen, dann hätte der eine den anderen mitgerissen und beide wären unkontrollierbar gestürzt. Wyn Harris war ähnlicher Meinung. In einem Brief, den die *Sunday Times* 1971 veröffentlichte, schrieb er, falls einer von ihnen auf den Rücken gefallen wäre, könnte das Sauerstoffgerät wie Kufen an einem Schlitten gewirkt und den Sturz beschleunigt haben.

Für lange Dauer schien das alles zu sein, was wir je erfahren sollten, besonders weil nach der Besetzung Tibets durch die Chinesen westliche

AUF DEM WEG IN DEN MYTHOS

Bergsteiger fast drei Jahrzehnte keine Erlaubnis erhielten, die Nordseite des Everest aufzusuchen. In der Zwischenzeit jedoch, 1960, hieß es in einer Meldung aus Peking: Eine chinesische Expedition sei endlich über den Nordostgrat auf den Gipfel des Berges geklettert. Bergsteiger im Westen reagierten skeptisch. Die Chinesen betrieben das Bergsteigen erst seit fünf Jahren, und die einzigen Berichte über die Besteigung waren in einer derart ideologischen Sprache abgefasst, dass man aus der unbeholfenen Übersetzung und der wuchernden Propaganda nur schwer eine glaubhafte Geschichte filtern konnte.

Gipfelfotos gab es keine, weil die drei, die den Gipfel erreichten — Qu Yinhua, Wang Fuzhou und der Tibeter Gonbu — bei Dunkelheit dort ankamen. Mit ihrem Kollegen Liu Lianman hatten sie den oberen Abschnitt des Second Step angeblich mittels kombinierter Techniken überwunden. Liu bot Qu seine Schulter, so dass dieser zwei Haken schlagen konnte, die das Weitersteigen ermöglichen. Qu hatte höflicherweise seine Nagelstiefel ausgezogen, bevor er seinem Freund auf die Schulter stieg. Nach Überwindung des Hindernisses zog er seine drei Gefährten am Seil hoch; die lange Zeit ohne Stiefel trug ihm jedoch schwere Erfrierungen ein. Und Liu war zu erschöpft, um zum Gipfel weiterzugehen; er wartete auf dem Second Step in seinem Schlafsack die Rückkehr der anderen ab.

Für das Erklettern des oberen Stufenteils, der fast senkrecht und 4 bis 6 Meter hoch ist, hatte das Trio volle drei Stunden gebraucht. Sie hatten ihre Sauerstoffgeräte für die Felskletterei abgenommen, und dann ging allen Gipfelgehern der Sauerstoff aus, bevor sie um 16.20 Uhr die Endpyramide erreichten. Das Wetter war schön, als sie zu Liu zurückkehrten, und bevor sie den Second Step hinabstiegen, machte Qu, dem die kleine Filmkamera der Expedition anvertraut worden war, zwei Aufnahmen: eine von der Aussicht auf die Gipfel rundum und eine zurück zu dem Gipfel, den sie eben verlassen hatten.

MALLORYS GEHEIMNIS

Als der chinesische Film in London eintraf, studierten ihn die britischen Veteranen von 1933 sorgfältig, doch sie sahen nichts, was sie überzeugt hätte, dass die Bergsteiger wirklich auf dem Gipfel gewesen waren. Qu hatte seine Panorama-Aufnahme zweifellos hoch oben gemacht, aber dass sie über dem Second Step entstand war, glaubte keiner der Betrachter. Es schien den Everest-Pionieren unglaublich, dass ein Volk, das erst vor kurzem mit dem Bergsteigen begonnen hatte, Erfolg auf einer Route gehabt haben sollte, an der die viel erfahreneren britischen Bergsteiger gescheitert waren. 1975 wiederholten die Chinesen die Besteigung und stellten sicher, dass diesmal der Gipfel gefilmt und ein Vermessungsstativ aus Aluminium dort gelassen wurde, das andere finden konnten. Außerdem verankerten sie am Second Step Metallleitern, um die Ersteigung der oberen Partie zu erleichtern. Bei dieser Expedition entdeckte der inzwischen verstorbene Hochträger Wang Hong-bao einen auf der 8230 Metern hohen Terrasse liegenden „englischen Toten".

Die Nachricht über seinen Fund wurde nie freigegeben — tatsächlich streitet Peking sie immer noch offiziell ab —, doch nachdem die Politik der verschlossenen Tür gelockert wurde und ausländische Bergsteiger wieder nach Tibet durften, begannen sofort Gerüchte zu kursieren. Wang erzählte seine Geschichte dem japanischen Bergsteiger Ryoten Hasegawa, der sie über Freunde und Kontaktstellen an die Weltpresse weiterleitete.

Bedauerlicherweise fand Wang einen Tag nach seiner faszinierenden Enthüllung am Nordsattel den Tod.

Wang hatte Hasegawa den Leichnam genau beschrieben: mit Hilfe der Zeichensprache und in den Schnee gekratzter Kennzeichen, weil keiner eine Sprache sprach, die der andere beherrschte. Hasegawa verstand Wang dahingehend, dass der Tote auf 8230 Metern lag, die Knie angewinkelt, ein Loch in der Wange hatte und zerschlissene, altmodi-

Mallorys Angehörige und Freunde widmeten seinem Andenken ein Farbglasfenster in der Kirche von Mobberly. Der Heilige in der Mitte, Georg der Drachentöter, sollte wohl George dem Bergsteiger ähneln. Das rechte Fenster, das Ritter Galahad darstellt, erinnert an den Beinamen, der Mallory von Geoffrey Young gegeben worden war. Für die Welt jedoch ist der windige, felsige Everest Mallorys bleibendstes Denkmal.

sche Kleidung trug, die im Wind wehte und zerfiel, wenn man sie berührte.

Dies also waren die Anhaltspunkte, als wir 1986 zum Everest reisten, um nach Mallory und Irvine zu suchen: der Eispickel, Odells letzte Sichtung (die manche in Zweifel zogen) und ein suspekter indirekter Bericht über Wangs „englischen Toten". Als „harten" Beweis konnte man nur den Pickel bezeichnen, und seine Position war eine Schätzung. Es ist nicht bekannt, dass jemand den Pickel gefunden hätte, den Wyn Harris anstelle des Originals liegen ließ. Unsere Expedition (organisiert von Andrew Harvard, Tom Holzel und David Breashears) konnte zu diesen Beweisen keinen weiteren hinzufügen; der Herbst 1986 war sehr windig, der Schnee war tief und unser Team kam nicht hoch genug, um etwas zu finden. Eine Expedition zum Everest, die das ausdrückliche Ziel hatte, eine Suche durchzuführen, gab es erst 1999: die von Eric Simonson geleitete Mallory/Irvine-Suchexpedition.

Simonson lieferte später einen weiteren Anhaltspunkt. Er erinnerte sich, dass er 1991, bei einer früheren Besteigung des Berges, einige sehr alte Sauerstoffflaschen gesehen hatte, die etwa 90 Meter unter dem First Step und über dem Niveau des Gelben Bands in einem Felsen steckten. Sie befanden sich in Schulterhöhe an einer Stelle, die als „sich als Rastplatz für einen Bergsteiger anbietet". 1999 schickte Simonson Mitglieder seines Teams auf die Suche. Sie kamen mit einem rostigen Zylinder wieder, der wegen seiner Form nur aus den zwanziger Jahren stammen und nur durch

MALLORYS GEHEIMNIS

Mallory oder Irvine dorthin gelangt sein konnte. Wenn einer von ihnen (und nicht später andere Bergsteiger, die ihn in der Nähe auf dem Boden fanden) den Zylinder in die Felsspalte gesteckt hatte, ist ausgeschlossen, dass er hier bei einem Unfall aus einem ihrer Traggestelle fiel. Aus seiner geschätzten Position lässt sich folgern, dass er tiefer lag als der Fundort des Eispickels, aber auch dessen Position war eine Schätzung; der Abstand zwischen den beiden Gegenständen betrug offenbar nur ein paar Fuß.

Simonson wollte auch wissen, was man von dem Grat und dessen Stufen sehen konnte, wenn man auf dem Felshöcker stand, von dem aus Odell 1924 den letzten, inspirierenden Blick auf Mallory und Irvine erhaschte. Andy Politz ging dort an dem Tag vorbei, an dem Mallorys Leiche gefunden wurde.

Seine Eindrücke schilderte er Liesl Clark, die zum PBS/NOVA-Filmteam gehörte, das die Expedition begleitete: „Von dort, wo ich stand, konnte ich die drei Stufen sehen", sagte er in die Kamera. „Odell sah die beiden angeblich in fünf Minuten auf eine der Stufen klettern... Nun, ich versichere Ihnen, die Augen werden von dem Anblick magisch angezogen, und die drei Stufen sind aus dieser Perspektive einwandfrei voneinander getrennt." Politz hielt es nicht für möglich, dass eine der Felsstufen mit einer anderen verwechselt werden konnte, und er persönlich glaubte, dass sich die Bergsteiger auf dem so genannten „Third Step" befanden, als Odell sie sah. „Mir erscheint das völlig klar. Was er beschrieb, lässt sich ganz leicht bestimmen, selbst wenn die Wolken nur kurz aufreißen und man nur ein paar Sekunden Zeit zum Schauen hat."

Der mächtige Gipfel „schien voll kalter Gleichgültigkeit auf mich herabzuschauen ... und in Windböen verächtlich zu heulen über meine Bitte, sein Geheimnis preiszugeben: das Rätsel um meine Freunde", schrieb Odell nach Mallorys und Irvines Verschwinden.

DIE FINGERLOSEN INNENHANDSCHUHE UND EIN STÜCK DES GERISSENEN SEILS WURDEN AM 1. MAI 1999 BEI MALLORYS LEICHE GEFUNDEN.

ACHTES KAPITEL

*Wahrlich, ich halte seinen Tod, wie den seines so beliebten,
großartigen Gefährten, für einen Trompetenruf an unser
materialistisches Zeitalter, das dringend den echten selbstlosen Geist braucht,
den George Mallory in seinem Leben und seinem Ende
gleichermaßen versinnbildlichte.*

HOWARD SOMERVELL, 1924

SPUREN LESEN

„Plötzlich erregte ein weißer Fleck meine Aufmerksamkeit, der anders war als der Schnee und hell wie Marmor. Als ich näher kam, sah ich, dass es ein Mensch war. Gebleichte weiße Haut. Ein mit groben Nägeln beschlagener Stiefel. Ein geflochtenes Kletterseil. Kein Nylon." Conrad Anker kletterte mit Kollegen der Mallory/Irvine-Suchexpedition, als er auf seine dritte Leiche an diesem Tag stieß. Die beiden anderen hatten verblichene Höhenkleidung aus Nylon getragen und relativ moderne Metallgegenstände bei sich gehabt; sie waren grotesk verkrümmt, was darauf hindeutete, dass sie aus großer Höhe auf diese schräge Terrasse gefallen waren. Doch der hier sah anders aus. Anker erkannte in seinem durch Sauerstoffmangel verursachten Zustand der Verwirrung nicht sofort die Bedeutung dieses Mannes, der mit dem Gesicht nach unten auf dem Hang lag, den Kopf hangaufwärts gerichtet, beide Arme ausgebreitet, als wolle er zugreifen, um sein Rutschen zu bremsen.

„Ich setzte mich neben den Leichnam, studierte die zerrissenen Kanten seines Wollpullovers und seiner baumwollenen Windjacke... Sein über dem Knöchel gebrochenes rechtes Bein war über das linke gelegt, vielleicht um den Schmerz

MALLORYS GEHEIMNIS

zu lindern." Erst dann dämmerte Anker die Wahrheit: Er hatte einen der beiden Bergsteiger gefunden, nach denen sein Team suchte, allerdings ohne wirklich damit zu rechnen, sie zu finden. Alles, was er denken konnte, war: „Wow!"

Als er und seine Bergkameraden am Morgen ausgeschwärmt waren, hatte Anker die unterste Linie gewählt, die nahe an der Kante der Terrasse und etwas außerhalb des festgelegten Suchgebiets lag. Andy Politz hatte ihn angefunkt und gesagt, er suche zu weit unten, doch Anker hatte mit der Intuition eines Kletterers gehandelt. Er hatte die Einzelheiten des darüber liegenden Geländes gedeutet, von dem aus die anderen Leichen übers Gelbe Band gestürzt waren, vielleicht bis vom Nordgrat herunter. Das hatte ihn zu einer natürlichen Auffangmulde für Dinge geführt, die von oben herab kamen, etwa von der Stelle, wo man Andrew Irvines Pickel der Schätzung nach gefunden hatte. Ein flatterndes, leuchtend farbiges Stoffstück hatte seinen Blick nach links gezogen, und genau darüber hatte er den weißen Fleck entdeckt, der sich als der entblößte Rücken des gestürzten Mannes erwies. Anker rief seine Kollegen über Funk. Bald waren alle vier da und umringten mit ihm den Toten.

Anfangs hielten sie das Opfer für Andrew Irvine; ihn erwarteten sie zu finden. Er war am Hangboden festgefroren, halb mit Geröll bedeckt, ein gerissenes Kletterseil um die Taille geknotet und über eine Schulter geschlungen. Er wirkte gut erhalten – wie „eine griechische oder römische Marmorstatue" –, doch die Kleidung auf der oberen, freiliegenden Seite seines Körpers war zerfetzt. In seinen Kragen war ein gesticktes Namensschild eingenäht: „G. Mallory." Die Suchmannschaft meinte – was völlig unlogisch war –, Irvine trage ein Hemd von Mallory; doch ein weiteres Namensschild und ein Taschentuch mit Monogramm überzeugten sie, dass dies wirklich Mallory selbst war. Wegen des Fundorts und der kreuzförmigen Stellung waren sie ziemlich sicher, dass es sich hier

nicht um den ausgetrockneten Engländer handelte, den Wang Hong-bao 1975 in Fetalstellung gesehen hatte. Dieser Mann schaute zweifellos so aus, als sei er hier gestorben, wo er lag, und sei seither nicht gestört worden; weil sein Gesicht in den Steinen verborgen war, hätte niemand ein „Loch in der Wange" feststellen können wie Wang bei der von ihm gefundenen Leiche. Nein, aller Wahrscheinlichkeit war es Irvine gewesen, auf dessen Leiche Wang 1975 gestoßen war, weiter oben auf dem Hang. Doch Anker und seine Kollegen konnten diesen Leichnam nicht lokalisieren.

In einer von Mallorys Taschen fand man eine Schneebrille, in anderen einen Packen Briefe, eingewickelt in einen Seidenschal, dazu verschiedene Notizen und Zettel; außerdem stieß man auf einen zerbrochenen Höhenmesser, eine Schere, ein Taschenmesser, eine Büchse mit Rindfleischpastillen, und in seiner Hosentasche steckte eine Armbanduhr, deren Zeiger fehlten. Keine Spur entdeckte man von seinen Handschuhen, dem Sauerstoffgerät und, wichtiger noch, der Westentaschen-Kodak, die er sich angeblich von Howard Somervell geliehen hatte.

Offenbar war Mallory weit oben auf der plattigen Flanke abgestürzt, ungefähr in einer Linie mit der Stelle, an der man 1933 den Pickel gefunden hatte. Als die Männer etwas von dem Eis und den Steinen rund um ihn weghackten, stellten sie fest, dass er schwere Verletzungen erlitten hatte, wie sie mit einem Sturz einhergehen, bei dem man rutscht und sich überschlägt. Man kann sich schwer vorstellen, dass jemand einen solchen Sturz überlebt,

Mallory, ein gewandter Kletterer, schien sich 1913 bei einer Tour in den Alpen über die Schwerkraft hinwegzusetzen. Wie Sir Francis Younghusband – der britische Armeeangehörige, der die erste Fotografie vom Everest machte – in seinen Memoiren schreibt, war Mallory für Mitglieder des Londoner Alpine Club, von dem die Everest-Expeditionen gesponsert wurden, „der beste Bergsteiger, den sie hatten".

MALLORYS GEHEIMNIS

und es schmerzt zu denken, dass der große Bergsteiger ihn überlebte; aber dieser Mann sah zweifellos so aus, als habe er in einem letzten Moment der Bewusstheit die Arme weit ausgebreitet zu einem Griff nach dem Leben.

„Das Bild, das mir immer im Gedächtnis bleiben wird", schrieb Politz zwei Tage später im Internet, „ist dieser Mann, der bis ganz zum Ende um sein Leben kämpfte. Er gab nicht auf, bis er zum Halten gekommen war, und dann dürfte klar gewesen sein, dass keine Hoffnung bestand... Ich kann ihn mir genau vorstellen, als er erkannte, dass es keine Überlebenschance gab."

Nun besitzen wir also ein paar Anhaltspunkte mehr von dem, was Mallory und Irvine widerfuhr. Bisher hatten wir nur den Pickel, jetzt wissen wir, wo Mallorys Leiche liegt, und wir fanden einige weitere greifbare Überreste. Einfache Antworten gibt es dennoch nicht. Die Schneebrille in Mallorys Tasche scheint auf einen Abstieg bei schwindendem Licht oder Dunkelheit hinzudeuten, doch es gibt andere Gründe, aus denen ein Hochgebirgskletterer seine Brille abnimmt – vielleicht wehender Schnee, der die Gläser verklebt. Norton nahm seine bei Tageslicht ab, wie wir wissen, einfach weil er damit nicht sah, wohin er die Füße setzen sollte. Das Gesichtsfeld wurde durch den Metallrand und die kleinen getönten Gläser dieser ersten Brillen stark eingeschränkt; tatsächlich veränderte man sie für die britische Everest-Expedition von 1933. Es ist einfach zu behaupten, dass Mallory, dem Nortons anschließender Schneeblindheit bekannt war, nicht den gleichen „Fehler" beging, doch hätte er vor einem ähnlichen Problem gestanden, dann hätte er auch gewusst, dass Schneeblindheit nur eine vorübergehende Folge ist; der Sturz aber, den er durch das Abnehmen der Brille zu vermeiden suchte, wäre endgültig gewesen.

Die Umstände, unter denen die beiden Männer ihren tödlichen Unfall erlitten, bleiben ein Rätsel, das einer Lösung nicht näher kam – genau wie die ewig faszinierende Frage unbeantwortet bleibt, ob die beiden auf dem Gipfel gestanden haben könnten. Andererseits bewirkte das große Interesse, das diese neue Entdeckung erregte, dass wir jetzt fast so viele wohldurchdachte Theorien wie Theoretiker haben. Wenn Odell auf dem Kamm wirklich etwas gesehen hat, war die höchste Stelle, die wir Mallory und Irvine zweifelsfrei zuerkennen können, vor 1999 der Fundort des Pickels. Daran ändert sich im Licht der Erkenntnisse von 1999 nichts.

Die von Simonsons Gruppe gefundene Sauerstoffflasche ist ein weiterer schlüssiger Anhaltspunkt, der bestätigt, dass die beiden Kletterer beim First Step waren. Doch die schwierige Frage, ob sie den wesentlich anspruchsvolleren Second Step erklettern konnten, lässt sich nur im Kontext dessen beantworten, was wir über die zwei Tage nach Mallorys und Irvines Aufbruch vom Nordsattel wissen.

7. JUNI

In den erhaltenen Aufzeichnungen findet sich nichts, was uns sagen würde, zu welcher Zeit Mallory und Irvine am 7. Juni im Lager VI eintrafen. Doch aus den Erfahrungen anderer Gruppen lässt sich ableiten, dass sie das kleine Zelt in der Felsnische vom Lager V aus in vier bis fünf Stunden erreichten – sagen wir, nicht später als mittags. In Mallorys Nachricht für Odell steht, das Wetter sei „perfekt für den Job". Daraus entnehmen wir, dass es zumindest am Mittag des 7. Juni klar war, nicht zu kalt und windstill. Die beiden hatten noch etwa sieben Stunden Tageslicht, um sich auf ihren Angriff vorzubereiten.

Irvine beschäftigte sich damit, die Sauerstoffgeräte, die sie verwenden wollten, zu kontrollieren und genau einzustellen. Dabei fühlte er sich wohl, man könnte fast sagen, er flüchtete sich in diese Beschäftigung. Das Durcheinander aus Werkzeug und Ersatzteilen, das Odell bei seiner Ankunft am nächsten Tag vorfand, bedeutet keineswegs, dass

SPUREN LESEN

eines der Geräte schadhaft war. Die Unordnung im Zelt könnte ein sichtbarer Beweis für Irvines fast zwanghafte Tüftelei sein, gepaart mit normalem Hochlager-Chaos.

Was dachte Irvine jetzt, nachdem die Träger zum Nordsattel zurückgekehrt waren? Er und Mallory waren allein, von den anderen abgeschnitten, solange ihre große Unternehmung dauerte. Vielleicht fragte er sich, ob er der Besteigung gewachsen war. Wer weiß? Beim Aufstieg zu dem Lager hatten sie den exponierten, einschüchternden Grat fast ständig im Blickfeld gehabt. Es wäre schwer gewesen, aus der Ferne zu beurteilen, wie es sein würde, wenn sie hinaufstiegen; aber der Grat schaute verboten aus und zweifellos schwieriger als alles, was Irvine bisher bestiegen hatte. Selbst das steile Gelände rund ums Zelt war unsicher und unangenehm zu begehen. Irvine fehlte das Vertrauen in seine Fitness und seine Fähigkeiten; es wäre nur natürlich gewesen, wenn ihn leichte Bangigkeit erfasst hätte, etwa das Gefühl: „Worauf habe ich mich da bloß eingelassen?" Aber Mallory baute auf ihn, und er wollte die Erwartungen des Freundes erfüllen. Außerdem — bestimmt würde es ein aufregendes Abenteuer werden. Vielleicht spielte es keine Rolle mehr, dass die Zeit zum Neinsagen vorüber war; Irvine, der volles Vertrauen zu Mallory hatte, wurde von dessen Erregung und Schwung angesteckt. Niemand war besser gerüstet für die bevorstehende Aufgabe als George, dachte er, niemand war entschlossener. Und niemand verdiente den Gipfel mehr als George, nach all den Mühen, die er aufgewendet hatte.

Der Witz war, dass sie mit Sauerstoff zum Gipfel stiegen. Irvine hatte auf dieser Reise unendlich viel Zeit damit zugebracht, genügend brauchbare Geräte für einen Sauerstoff-Versuch zusammenzukriegen, und die ganze Zeit gehofft, man werde nicht von ihm verlangen, dass er selbst eines benützte. „Ich würde lieber ohne Sauerstoff zum Fuß der Endpyramide kommen", hatte er zu Odell

gesagt, „als mit Sauerstoff auf den Gipfel!" Und da saß er nun, hatte einen Gipfeltag mit eben dieser beunruhigenden Aussicht vor sich. Wusste doch keiner besser als er, wie wenig man diesen tückischen neumodischen Dingern vertrauen konnte. Abgesehen davon bestand jedoch absolut kein Grund zu bezweifeln, dass er den Mut hatte, „seinen Versuch" zu unternehmen.

Seine Verfassung war wieder etwas anderes. Wir wissen, dass ihm sein verbranntes Gesicht Qualen bereitete, dass ihm die Haut in Fetzen abging. Wir wissen, dass er an den Tagen davor Durchfall, Atembeschwerden und Halsschmerzen gehabt hatte. Aber schließlich kam es selten vor, dass sich jemand in solchen Hochlagen wohl fühlte; Mallory hatte einen mörderischen Husten gehabt, Somervell wäre wenige Tage zuvor beinahe an einer Verstopfung seiner Kehle gestorben.

Hier oben im Lager VI befand Mallory sich auf einer Ebene mit seinem höchsten Punkt von 1922; er wusste, was zu erwarten stand. Doch Irvine war in nur zwei Tagen unzählige Meter hoch gestiegen, mehr als je zuvor, und für ihn war dieses ganze Erlebnis neu: diese Atemlosigkeit, das allgemeine Unbehagen, die Trägheit, das tödliche Abstumpfen aller Sinne, sogar des Ehrgeizes.

Und Mallory, wie stand es mit ihm? Er war sicher nicht weniger angespannt und aufgeregt. Nun erreichte sein Kampf mit dem Gipfel den Höhepunkt. 1921 war er von diesem Berg voll Begeisterung darüber heimgekommen, dass die höchsten Schneeregionen noch nicht betreten worden waren. Jetzt aber dachte er anders. Er hatte Ruth und allen anderen versprochen, diesen Berg zu besteigen. Für sein Bestreben, auf dem höchsten Gipfel der Welt zu stehen, hatte er mehr als drei Jahre seines Lebens aufgewendet, es hatte ihm Ansehen und Zielbewusstheit eingetragen und ihn zu einem Volkshelden gemacht. Doch er wollte frei sein, weiter voranzugehen, sich in seiner neuen Stellung einzurichten, seine Kinder heranwachsen zu

215

MALLORYS GEHEIMNIS

Die oft gestellte Frage, ob Mallory und Irvine es zum Gipfel des Everest geschafft haben könnten, konzentriert sich auf die Fähigkeit der beiden, den Second Step zu überwinden, einen Felsturm mit Steilwand wenige hundert Meter unter dem Gipfel. Eine von chinesischen Bergsteigern angebrachte Leiter lässt ihn weniger Furcht einflößend erscheinen (links), doch eine Gesamtansicht zeigt, wie tückisch das zum Second Step führende Gelände ist.

SPUREN LESEN

sehen. Und gleichzeitig konnte er die Augen und die Gedanken nicht vom Gipfel des Everest abwenden.

Heute wissen wir, dass Mallorys Gipfelplan praktisch unmöglich zu verwirklichen war: In ihrem Optimismus hatten die frühen „Everester" die Herausforderungen der Gipfelbesteigung unterschätzt, besonders die zurückzulegende längenmäßige Entfernung. Erst 1990 sollte Ed Viesturs von einem Lager in der Nähe dieses Standorts an einem Tag auf den Gipfel und zurück steigen; alle bis dahin erfolgreichen Gruppen hatten ihr letztes Lager höher und horizontal näher am Gipfel platziert. Dennoch, aus seiner Sicht hatte sich Mallory nie in besserer Lage für einen ernsthaften Gipfelversuch befunden – auch wenn er sich wissentlich selbst behinderte. Er hatte sich für dieses Abenteuer einen starken Kletterpartner ausgesucht, der die ganze Begeisterung der Jugend besaß, der außerdem zu ihm aufschaute und seinem Urteil vertraute – unter den meisten Umständen ein recht angenehmes Verhältnis. Wenn Mallory jedoch jetzt den langen Felsgrat betrachtete, konnte er eigentlich nicht der Meinung sein, den besten Bergsteiger für die Aufgabe gewählt zu haben. Dort würde ein Punkt kommen, wo Irvines Haltung des „Gehe dem Führer nach!" kein Vorteil mehr war, sondern wo Mallory an seiner Seite einen erfahrenen Kletterer gebraucht hätte statt eines Schülers. An Irvine konnte er sich mit der Bitte um eine bergsteigerische Einschätzung nicht wenden, die beiden konnten Entscheidungen nicht gemeinsam fällen. Mallory musste die Verantwortung für diesen unschuldigen, willigen „Rekruten" übernehmen.

Während des anstrengenden Aufstiegs zum Lager VI taxierte Mallory wohl seine Möglichkeiten; nachmittags ging er vielleicht hinaus, um sich anzusehen, womit sie es am nächsten Tag zu tun bekämen, doch es ist unwahrscheinlich, dass er weit ging. Norton schilderte, wie das Leben in einem Hochlager ist, wo man sich sofort nach der Ankunft erschöpft in seinen Schlafsack verkriecht und allen

Aufforderungen widersteht, wieder herauszukommen. „Dann beginnt die Pflicht zu rufen, einer aus der Gruppe kriecht stöhnend und keuchend und mit vielen Pausen aus seinem Sack, aus dem Zelt und ein paar Meter weiter zum nächsten Schneefleck, wo er zwei große Aluminiumtöpfe mit Schnee füllt; unterdessen hat sich sein Gefährte aufgerichtet, ebenfalls keuchend und stöhnend, er zündet den Metakocher an, öffnet ein paar Säcke mit Nahrung und holt das Nötige heraus: sagen wir, eine Stange Pemmikan, etwas Tee, Zucker und Kondensmilch, eine Dose Sardinen oder Rindfleisch und eine Schachtel Kekse. Gleich darauf liegen beide wieder nebeneinander in ihren Schlafsäcken, während der Metakocher gleichgültig sein Bestes tut, um aus dem hineingehäuften Pulverschnee eine halben Topf lauwarmes Wasser zu machen."

Mallory war sich bestimmt bewusst, dass man bei einer Gratbegehung den Weiterweg nicht immer erkennt. Höcker und Zacken verbergen oft, was dahinter liegt. Wie dem auch sei, in Hochlagen kommen Bergsteiger immer nur langsam voran, genügend Pausen müssen vorgesehen werden, in denen man die Route überprüft und nach gängigen Stellen durch oder um die letzten Felsbarrieren des Kamms Ausschau hält.

Bisher hatte Mallory am Abend vor jeder großen Besteigung nach Hause geschrieben und Ruth versichert, wie sehr er sie liebe und in welcher Schuld er bei ihr stehe. Soweit wir wissen, schrieb er vor diesem letzten Angriff niemandem, nicht einmal seinem „liebsten Mädchen". Er hatte Briefe von Angehörigen und einem Freund in der Tasche stecken, die er vielleicht beantworten wollte, doch aus dem zu schließen, was seit seinem Verschwinden gefunden wurde, schickte er nach dem 28. Mai keine Sendungen mehr nach Hause.

Weil sie am nächsten Morgen einen guten Start haben wollten, dürften die beiden früh in ihre

(Fortsetzung Seite 220)

217

EIN SCHWERES ERBE

Von GEORGE MALLORY II.

Einige Namen werden für immer mit dem Mount Everest verbunden sein: Edmund Hillary, Tenzing Norgay, Reinhold Messner, Chris Bonington und George Mallory. Ich habe mir meine Vorfahren nicht ausgesucht und oft überlegt, ob ich, wenn ich hätte wählen können, mit dem Namen durch die Welt gegangen wäre, den man mir gab.

Als ich ein schüchterner Zehnjähriger war, schenkte mein Vater der Grundschule, in die ich ging, ein Exemplar von David Robertsons Biographie meines Großvaters. Die Ansprache des Schulvorstands an die versammelten Schüler, eine Lobrede auf den heroischen Bergsteiger George Mallory, mag für die anderen Kinder unterhaltsam gewesen sein, aber weil ich kaum wusste, was mein Großvater vollbracht hatte, geschweige denn die Bedeutung seiner Leistungen kannte, machte mich die Aufmerksamkeit, die sich auf mich richtete, ziemlich verlegen. Auch als Teenager in Südafrika konnte ich nicht erfassen, was Mallory versucht hatte, aber ich fing zu klettern an, ein Sport, dem ich mich voll Leidenschaft widmete. 1987 war ich ein guter Kletterer, doch obwohl ich einige Dutzend Erstbesteigungen gemacht hatte, blieb es für mich eine Quelle des Unbehagens, dass ich der Enkel von George Mallory

war, dem legendären Bergsteiger.

1994 lud man mich ein, an einer Expedition zum Nordgrat des Everest teilzunehmen. Mein einziges Himalaja-Erlebnis, die Besteigung eines 5999 Meter hohen Gipfels, hatte mich neugierig gemacht und in mir das Verlangen geweckt, einen der „Himalaja-Riesen" zu versuchen, doch der Gedanke, an den Hängen des Everest einen Fehler zu begehen, erschreckte mich.

Als ich mich entschieden hatte, auf den Everest zu steigen, begann ich zu alles tun, um sicherzustellen, dass ich den Namen Mallory hochhalten würde. Ich verwendete viel Energie darauf, für eine Herausforderung zu trainieren, die, wie ich wusste, hohe physische Anforderungen stellte. Und während des Trainings stellte ich mir vor, dass mein Großvater mich coachte: „Hör zu, George, wenn du den Everest besteigen willst, wirst du dich über die äußerste Anstrengung hinaus antreiben müssen."

Im Mai 1995 waren die Bedingungen am Nordgrat des Everest hervorragend. Der Leiter unserer Expedition, Paul Pfau, hatte ein Team aus vorsichtigen Bergsteigern zusammengestellt. Wir wollten den Everest besteigen, waren jedoch genauso erpicht darauf, zu unseren Angehörigen und Feunden, in unsere Berufe und unser Leben

zurückzukehren. Mitte Mai befanden wir uns im Lager VI, unserem höchsten Lager auf 8300 Metern, bereit für den Gipfelversuch.

Wir brachen um 1 Uhr morgens auf. Es wehte kein Lüftchen, und der Vollmond schien hell, als Jeff Hall, Chhiring Sherpa und ich den Aufstieg begannen. Die Bedingungen waren perfekt, und wir kamen auf dem unangenehm abfallenden Gelände schnell voran. Um 3.45 Uhr erreichten wir den Second Step. Zu der Zeit stand der Mond, der für den Aufstieg genügend Licht gespendet hatte, so tief am westlichen Himmel, dass wir unsere Stirnlampen brauchten. Ich befestigte meinen mechanischen Steigkarabiner am Fixseil und begann mit einigem Bammel, auf die Felskante zu klettern, die den unteren Teil der Stufe bildet.

Wenige Minuten des Kletterns brachten mich auf ein schneebedecktes Band. Darüber befand sich die sechs Meter hohe Barriere, die den Second Step oben abschließt. Erfreulicherweise war die chinesische Leiter von 1975 noch an Ort und Stelle.

Bevor ich die Leiter anging, nahm ich mir einen Moment Zeit, um in die Runde zu schauen, und ich versuchte mir vorzustellen, vor welcher Herausforderung Mallory 1924 stand: Hatten er und Irvine es bis hierher geschafft? Funktionierten ihre primitiven Sauerstoffgeräte? Als ich die niedrige Wand, die mir den Weg zum Gipfel versperrte, prüfend betrachtete, erregte mich, was ich sah: In der Felswand gab es mehrere mögliche Routen. Ich überlegte kurz, welche mein Großvater wohl gewählt hätte.

Ich setzte meinen Aufstieg fort, und um 4 Uhr lag der Second Step unter mir. Optimismus verdrängte meine Besorgnis wegen der Überwindung der technischen Schwierigkeiten. Es drängte mich, baldmöglichst auf den Gipfel zu kommen. Wir überwanden einen weiteren Felshöcker ohne Zwischenfall. Kurz dahinter ging die Sonne auf, und ich beobachtete, wie sich das Licht über Nepal und Tibet ausbreitete.

Um 5.30 Uhr erreichten wir den Punkt, von dem aus man nicht mehr höher steigen kann. Ich gab mich dem majestätigen Ausblick von diesem Gipfel hin – in jede Richtung konnte ich 130 Kilometer weit sehen. Die Wucht des unerwarteten Sieges, gepaart mit der überwältigenden Szenerie, war überaus ergreifend. Endlich nun, nach Jahren des Unbehagens wegen meines Namens und meiner Vorfahren, strich ein von tiefstem Sinn erfüllter Augenblick über mich hin. Ich legte ein Foto von meinen Großeltern in den Gipfelschnee, von dem Wissen erfüllt, dass mein Großvater stolz auf mich gewesen wäre.

Viele Bergsteiger würden sagen, der Gipfel sei auch nicht

GEORGE MALLORY II. 1995 AUF DEM EVEREST-GIPFEL.

einen durch Erfrieren verlorenen Finger wert. Andere glauben, dass es Besteigungen gibt, die es wert sind, dass man Verletzungen und sogar das Leben riskiert. Norton, Somervell, Mallory und Irvine gingen allesamt Risiken ein, um zu beweisen, dass es möglich war, aufs Dach der Welt zu steigen. Ihnen allen standen diese Risiken offenbar dafür.

Aber für George Mallorys nächste und liebste Angehörige und für Sandy Irvines Familie war und bleibt der verfrühte Tod dieser erstaunlichen Männer eine große Tragödie. Die Hoffnungen der Angehörigen auf Erfolg und sichere Rückkehr lösten sich im Nebel auf. Zurück blieben in Mallorys Fall eine Witwe und drei kleine Kinder. Für Ruth, Clare, Berridge und John markierte der Juni 1924 den Beginn eines Lebens ohne George.

Vor meiner Besteigung des Everest hatte mich das Rätsel um das Verschwinden Mallorys und Irvines fasziniert. Gleich vielen anderen wollte ich wissen, was ihnen widerfahren war. Hatten sie den Gipfel erreicht? Wie waren sie gestorben? Als ich nach Melbourne zurückkehrte, brachte ich den beiden tapferen Männern und dem, was sie geleistet hatten, tieferes Verständnis und größeren Respekt entgegen. Ich gelangte bald zu der Erkenntnis, daß eine Antwort im Grunde gar nicht nötig ist. Nach meiner Meinung ist es unwichtig, ob Mallory und Irvine Erfolg hatten oder scheiterten; was ich bewundere, ist der Geist, der sie antrieb.

MALLORYS GEHEIMNIS

Schlafsäcke geschlüpft sein, aber es ist unwahrscheinlich, dass sie in der dünnen Luft mehr Schlaf bekamen als ein paar kurze Augenblicke. Finch drehte 1922 bei seinem Sauerstoff-Versuch eines der Geräte auf, um in seinem Hochlager alle drei mit einer kleinen Menge Sauerstoff zu versorgen und während der Nacht die Qualen zu lindern. Hinterher schrieb er, dies habe ihnen zweifellos das Leben gerettet. Norton und Somervell dagegen beteuerten, sogar in diesem hohen Lager einigermaßen gut geschlafen zu haben. Mallory folgte möglicherweise hier (wie auch anderswo) Finchs Beispiel, statt das Risiko einzugehen, vorzeitig erschöpft zu sein wie Norton und Somervell. Das könnte die im Zelt herumliegenden Sauerstoffutensilien, die Zylinder und „Ersatzteile" erklären, die Odell später vorfand.

8. JUNI

Der große Tag! Mallory, ein Frühaufsteher, war vor Tagesanbruch auf den Beinen. Norton und Somervell hatten es geschafft, um 6.40 Uhr wegzukommen, als sie am 2. Juni hier zu ihrer Hochtour aufgebrochen waren. Norton erwartete, dass Mallory früher aufbrechen würde, doch es ist unklar, ob er und Irvine viel früher als um 6 Uhr losgingen.

So gut sie auch vorbereitet sein mochten, in der Hast beim Verlassen des Zelts ließen sie vielleicht Dinge liegen, die unter Kleidern und Schlafsäcken vergraben waren. Wir wissen, dass Mallory im vorherigen Zelt seinen Kompass vergessen hatte. Als Longland und einige Träger 1933 die Überreste dieses Lagers entdeckten, brachten sie eine Taschenlampe mit, die nach neun Jahren immer noch auf den ersten Knopfdruck brannte. Vielleicht war es eine Ersatzlampe; doch der Verdacht bleibt, dass Mallorys chronische Vergesslichkeit die beiden eines weiteren Überlebensgeräts beraubte.

Sie gingen in den Morgen hinaus, der „klar und nicht zu kalt" war, wie uns Odell sagte. Trotzdem werden Mallory und Irvine, die 460 Meter höher oben waren als Odell, anfangs gefroren

Die Route und die Lager der Expedition von 1924 sowie die Entdeckungen der Mallory/Irvine-Suchexpedition von 1999 sind nur Fädchen auf der Flanke des Everest. Die Fundstelle von Mallorys Leiche zeigt klar, wie weit er von seiner beabsichtigten Route gestürzt ist.

haben und träge gewesen sein. Die Sonne würde erst um 8 Uhr auf die Felsen fallen. Die unhandlichen Sauerstoffgeräte waren „eine verfluchte Last beim Klettern". In dieser Höhe kam man, ob man Sauerstoff verwendete oder nicht, nur in jenem Schneckentempo voran, das Norton und Somervell beschrieben. Es war schwer, viel Eifer aufzubringen. Mallory, der diagonal auf den Grat zuging, folgte den natürlichen Schwachstellen im Gelben Band. Er führte über dessen schräge Platten, die keine guten Stufen und keinen guten Halt boten; 1933 beschrieb sie der Bergsteiger Wyn Harris als „übel glatt und tückisch, wo die Sicherheit ganz von der Balance und der Griffigkeit der Schuhnägel abhängt". Hier gab es Stellen, an denen man die Hände brauchte, um das Gleichgewicht zu halten. Trotzdem fand Wyn Harris, auf diesem Gelände sei ein Seil „schlimmer als nutzlos", sogar für beladene Träger, weil das Ausrutschen eines Mannes seine Gefährten mitriss. Trotzdem darf man vernünftigerweise annehmen, dass der mit dem unerfahrenen Irvine kletternde Mallory das leichte Seil benutzte, das die beiden dabei hatten, um seinem Partner ein Gefühl größerer Sicherheit zu geben.

Als sie sich dem Kamm des Nordostgrats näherten, begannen sie westlich hinüber zu queren, hielten sich 20 bis 30 Meter unter dem First, um zu vermeiden, der 3000 Meter steil abfallenden Kangshung-Flanke auf der anderen Seite unnötig ausgesetzt zu sein. Sie passierten die Stelle, an der später der Eispickel gefunden wurde – soviel wir wissen, ist der Fundort nicht weit von jener Stelle entfernt, wo Simonson 1991 und das Team von 1999 die in einer kleinen Spalte steckende leere Sauerstoffflasche fan-

SPUREN LESEN

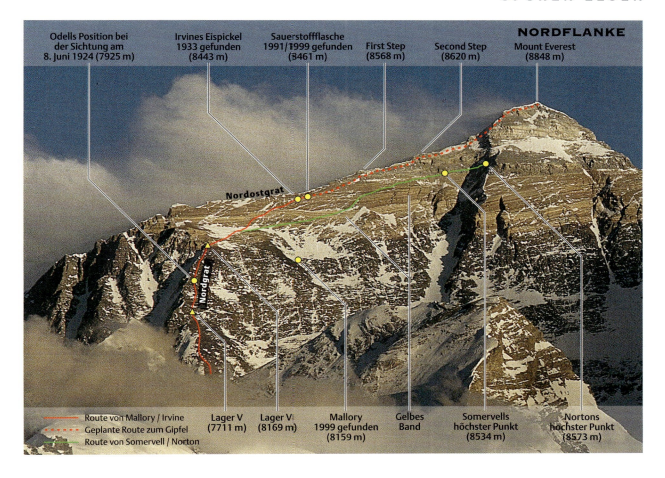

den. Weil von den Bergsteigern der Jahre 1922 und 1924 nur Mallory und Irvine zum Grat stiegen und nach 1924 niemand mehr diese dünnen Zylinder verwendete, dürfte ziemlich sicher sein, dass die beiden an dieser Stelle innehielten, um ihre ersten leer gewordenen Flaschen auszuwechseln. Mallory hatte Odell geschrieben, sie würden wahrscheinlich je zwei Flaschen mitnehmen (die Traggestelle boten Platz für drei); wenn er sich daran gehalten hatte, war bereits die Hälfte ihres Sauerstoffvorrats für den Tag verbraucht, und das nach nur rund vier Stunden Aufstieg.

Während sie sich dem First Step näherten, war das Wetter noch immer gut, auch wenn Nebelfetzen über die Nordflanke trieben und die Sicht nach unten verdeckten, zwischendurch auch die nach oben auf den Grat. Diese Nebel sind charakteristisch für die Zeit unmittelbar vor dem Monsun, weil aufsteigende warme Strömungen oben auf kalte Luft stoßen und kondensieren. Mallory achtete sorgsam auf die Entstehung von Nebel oder Wolken als Vorzeichen eines Sturms, der ihren Rückweg unkenntlich machen und sie weit weg vom Lager festsitzen lassen konnte.

Man darf (anhand späterer Erfahrungen) folgern, dass die beiden diese Stufe zwischen 10 und 11 Uhr erreichten. Wir werden aber nie wissen, wie gut ihre Sauerstoffgeräte funktionierten. Offenbar so gut, dass sie sie bis zu der Stelle benutzten, wo die 1924er Flasche gefunden wurde. Angesichts der Funktionsstörungen und Fehlkonstruktionen, die ihnen bisher zu schaffen gemacht hatten, ist jedoch kaum denkbar, dass die Geräte einwandfrei funktionierten. Es wäre auch falsch, den Geräten zu viel

221

MALLORYS GEHEIMNIS

Bedeutung zuzumessen, weil die Unterstützung, die das Gas brachte, durch das das Gewicht dieser primitiven Apparate fast aufgehoben wurde.

Mallory hatte nun die Stelle erreicht, an der er die wichtigste Entscheidung des Aufstiegs treffen musste. Ihm bot sich eine gute, wenn auch verkürzte Sicht auf die lange Gratlinie mit ihren vielen Felsstufen und Türmen auf der messerscharfen Kante. War der Grat eine begehbare Route? Voll Unbehagen registrierte er seine entnervende Exponiertheit – um wie viel steiler als alles, was sie bisher erklettert hatten, war er doch! Prüfend musterte er den grandiosen Second Step, über den man bis jetzt nur hatte spekulieren können. Er hatte immer gehofft, es würde dort einen leichten Weg geben, sich aber natürlich nicht darauf verlassen können. Odell und Norton berichteten an dem Tag beide von frischem Schnee auf dem Berg. Norton nannte ihn „Pulver", bei Odell bedeckt „eine beträchtliche Menge einige der oberen Felsen beim Gipfelkamm". Das eine wie das andere machte das Setzen der Tritte tückisch. Aus der Nähe betrachtet, verlor die von Mallory bevorzugte Gratroute ihren Reiz.

In der Nachricht, die er Captain Noel am Vortag geschickt hatte, forderte Mallory ihn auf, nach ihnen auszuschauen: „beim Überqueren des Felsbandes unter der Pyramide oder als Silhouetten auf der Horizontlinie". Wir wissen nicht, welche Fixpunkte Mallory und Noel vereinbart hatten, aber anzunehmen ist, dass sie zusammen den Gipfelbereich des Berges betrachteten oder eine von Noels Teleaufnahmen aus dem Vorjahr studierten. Das Felsband unter der Pyramide ist deutlich erkennbar (siehe Seite 189). Norton stand einige Tage zuvor darunter, nachdem er den Großen Couloir überquert hatte, und berichtete, dass es 60 Meter höher möglich sei, nach rechts zu traversieren und die Nordflanke der Endpyramide sowie weniger steiles Gelände zu erreichen. Nach seiner Meinung hatten ihn nur die fortgeschrittene Tageszeit und seine Kurzatmigkeit vom Aufstieg bis zum Gipfel abge-

halten. Mallory wusste das; er vertraute darauf, dass er und Irvine, wenn sie zu einer früheren Tageszeit dorthin gelangten, weiter nach oben kommen würden. Seine Nachricht an Noel läßt erkennen, dass er diese Route als Möglichkeit in Betracht zog. Weil er sie an erster Stelle erwähnte, könnte man meinen, sie sei seine erste Wahl; und nach dem, was er am Vortag beim Aufstieg zum Lager VI gesehen hatte, war er wohl schon geneigt gewesen, diesen Weg zu nehmen.

Unter dem Grat erschien nun eine viel leichter aussehende schräge Terrasse. Sie erstreckte sich über die Flanke, folgte dem oberen Rand des Gelben Bandes und ging in die Traversierungslinie über, auf der Norton und Somervell zum Großen Couloir gelangt waren. Für Mallory, wie er da stand, stellte sie die bei weitem leichteste, offensichtlichste, verlockendste Route dar: vor allem weil man hier relativ schnell und sicher Boden in Richtung Gipfel gewann.

Inzwischen hatte Mallory eine wesentlich klarere Vorstellung davon, was er von Irvine, seinem Selbstvertrauen und seinem Steigvermögen erwarten durfte und welchen Nachteil seine Unerfahrenheit bedeutete – alles Faktoren, die seine Entscheidung beeinflussten. Auch Irvine sah, was der Grat mit sich brachte. Wenn er Bedenken hatte, ihn anzugehen, konnte er es sagen. (Heutige Kletterer, die diese Route gegangen sind, beschreiben sie als tückisch, steil und trügerisch, große Vorsicht erfordernd; und sie sagen auch, der Abstieg sei schwierig.)

Mit dem Dilemma, vor dem Mallory stand, wurden neun Jahre später auch Wyn Harris und Wager konfrontiert. Sie erreichten diese Stelle und wollten Mallorys Gratroute zum Second Step folgen. Obwohl beide erfahrene Kletterer waren, warfen sie nur einen Blick auf die zwei großen Türme, aus denen der First Step besteht, den gezackten Grat und den etwa 200 Meter entfernten „unüberwindlichen" Second Step, dann gaben sie ihren Plan auf.

Nach der Entdeckung seiner Leiche 1999 fand man in Mallorys Taschen: eine Schneebrille, von Kletterern oft abgenommen, weil sie die Sicht einschränkte; einen Höhenmesser, bei dem der Zeiger fehlt; und ein noch verwendbares Taschenmesser, das geschlossen war.

MALLORYS GEHEIMNIS

„Es wäre viel leichter", sagten sie, „entlang der Oberseite des Gelben Bandes zu traversieren: horizontal nach Westen, über die schneebedeckten Platten, und sich ungefähr an die Linie zu halten, wo das Gelbe Band an den Fuß der dunkelgrauen Kalkwand stößt, die eine Fortsetzung des First Step ist." Sie trafen eine vernünftige bergsteigerische Entscheidung, und man kann sich schwer vorstellen, dass Mallory zu einem anderen Entschluss gelangte, zumal von unten Wolken heraufquollen. Doch welche dieser Routen Mallory schliesslich einschlug, er wollte sicher sein, dass jeder Schritt auch zurückgegangen werden konnte. Er wusste, dass es immer schwerer und gefährlicher war, abwärts zu klettern als aufwärts. Und war die Entscheidung einmal getroffen, mussten sie daran festhalten; sie konnten nicht von einer Route zur anderen wechseln.

Wenn wir glauben, dass Mallory und Irvine die Terrassenroute wählten (und warum sollten sie, wenn sie einen jungfräulichen Berg besteigen wollten, nicht den Weg des geringsten Widerstands gehen?), müssen wir ein für alle Mal die Möglichkeit ausschalten, dass Odell sie auf dem Second Step sah. Dort hätten sie Nortons höchsten Punkt nach unserer Erwartung etwa um 13 Uhr erreichen müssen und wären wahrscheinlich nicht weiter gekommen. 1933 wichen Wyn Harris, Lawrence Wager und Frank Smythe vor den Platten auf der Westseite des Großen Couloir zurück, etwa auf der gleichen Höhe wie Norton, obwohl sie (gleich ihm) meinten, es müsse bei trockenem und schneefreiem Gelände möglich sein, weiter zu gehen. Diese Bedingungen fanden Mallory und Irvine jedoch nicht vor.

Wenn wir es andererseits lieber glauben, dass Mallory seinem Grat trotz allem treu blieb, wie verlief dann sein Tag von dort an weiter? Der Grat hat steile, schwer zu traversierende Flanken. Selbst eine wenig geneigte Traverse stellt, obwohl technisch nicht schwierig, eine größere Herausforderung dar als steileres Gelände, in dem es gute Tritte gibt. Die Gefahr, dass man ausrutscht, besteht immer, und

die Bergsteiger erlangen durch ihr Seil keine Sicherheit (weder psychologisch noch real gesehen): Immer trennen sie horizontal 5 bis 30 Meter Seil, das sich nirgends sicher verankern lässt. Wenn Mallory hier Irvine ans Seil nahm, wo der Sturz des einen den Sturz beider bedeutete, reduzierte er seinen Sicherheitsfaktor auf das Können seines Freundes. Er setzte dann seinen Glauben in Irvines Fähigkeit, sich in schwierigem Gelände zu bewegen – obwohl er wusste, dass diesem jungen Rudersportler, so stark und zäh er auch sein mochte, die Behändigkeit und das Selbstvertrauen des erfahrenen Kletterers fehlten. Wir wissen aus vielen Berichten, wie schnell und leicht sich Mallory zu bewegen vermochte, wie ungeduldig er gegenüber Kletterkameraden werden konnte, die sein hohes Tempo nicht mithielten. Drängte er Irvine zur Eile, als die Zeit verstrich, oder schraubte er seinen Ehrgeiz auf ein Maß zurück, das den Umständen gerecht wurde? Es dürfte gegen 13 Uhr gewesen sein, als er seine Gipfelchancen schwinden sah. Und von ihrem Sauerstoff konnte nicht mehr viel übrig sein, falls sie ihre letzte Flasche benutzten. Außerdem wurden die Nebelbänke dicker und brachten Schneeschauer mit. Und Wind kam auf. Selbst wenn sich die Kletterer über dem Nebel befanden, wie Odell vermutete, musste die dichte Wolke, die sich an der Flanke auftürmte, Mallory alarmieren.

Wenn wir voraussetzen, dass die beiden bis an den Second Step gelangten, kann man keiner Theorie glauben, der zufolge sie versuchten, ihn zu erklettern. Dieses steile, entmutigende Hindernis ist schrecklich exponiert. Es versperrt den Grat völlig. Mallory musste feststellen, dass es keine Möglichkeit gab, diese Stufe zu umgehen; ihr Ende fiel direkt in die Flanke ab. Zuvor hatte er sich vielleicht noch gedacht, eine großartige Route durch ihre Befestigung finden zu können, wie es ihm schon bei vielen technisch schwierigeren Türmen gelungen war, doch die Wirklichkeit zerschlug den Traum. Selbst wenn er es schaffte, wie sollte er Irvine nach

SPUREN LESEN

oben bekommen und später wieder herunter? Es gibt eine Schwelle, an der ein Kletterer weiß, dass er, wenn er sie überschreitet, über eine sichere Rückkehr hinausgegangen ist. Der Second Step bedeutete für Mallory eine solche Schwelle, und man kann sich schwer vorstellen, dass er mit Irvine an seiner Seite beschloss, aufs Ganze zu gehen. Er hatte seinen Partner während der Expedition genau beobachtet und seine Feststellungen Ruth erst vor kurzem, am 16. Mai, mitgeteilt. „Gegen ihn sprechen", hatte er geschrieben, „seine Jugend – Hartes scheint ihn härter zu treffen – und der Mangel an Bergtraining und Bergpraxis, auf die es in gewissem Maß ankommt, wenn man Felsen erklettern oder auch im leichtesten Gelände Energie sparen muß." Geoffrey Young hatte einst warnend zu Mallory gesagt: „Deine Schwäche, sofern man von einer sprechen kann, ist, dass du ... es nicht lassen kannst, schwächere Kameraden mitzureißen, die dann aus ihrem Glauben an dich Risiken eingehen oder Anstrengungen unternehmen, für die sie nicht fit genug sind." Doch das lag viele Jahre zurück. Hier oben wirkte die schwächende dünne Luft dämpfend.

Kein Kletterer wächst bei dünner werdender Luft über sich hinaus; sogar große Bergsteiger sind dann nur noch „eine einzige keuchende Lunge", wie Reinhold Messner es ausdrückt. Unter der grandiosen Wand des Second Step musste Mallory erneut Irvines Fähigkeiten berücksichtigen. Er wusste, dass Begeisterung einen aus dem Zelt trieb, aber sie konnte fehlende Fertigkeiten und Erfahrung nicht ersetzen. Trotz seiner wilden Entschlossenheit, Erfolg zu haben, erkannte Mallory zweifellos, dass ein Weitersteigen unsinnig und rücksichtslos gewesen wäre. Er war ein Getriebener, vielleicht ein Besessener, aber kein Fanatiker. Somervell drückte das Gefühl der frühen Everest-Bergsteiger sehr gut aus: „Wir waren natürlich bereit, unser Leben zu riskieren, aber wir hielten es für falsch, es wegzuwerfen."

Man kann sich nur schwer ausrechnen, welche Zeit die beiden für die Umkehr festgesetzt hatten, um sicherzugehen, dass sie ihr Hochlager vor dem Dunkelwerden erreichten; doch wenn sie zum Lager IV hinunter wollten – wie Mallory in seiner Nachricht an Odell erwähnte –, mussten sie bald daran denken. Bei Dunkelheit wäre es fast unmöglich für sie gewesen, ihr in eine Felsnische geducktes kleines Zelt zu finden. Ein Biwak hatten sie in ihren Gipfelplänen nie erwogen. Sie wussten, dass bei ihrer Ausrüstung eine Nacht im Freien auf mehr als 8200 Meter Höhe fast sicher ihren Tod bedeutet hätte. Obwohl der Gipfel in Reichweite zu sein schien, musste Mallory umkehren, das war ihm klar.

Der Schneesturm, der Odell traf, als er das Lager VI erreichte, setzte etwa um 14 Uhr ein und tobte mehrere Stunden. Er war jedoch nicht so schlimm, dass er Odell daran hinderte, auf der Nordflanke umher zu steigen, um Mallory und Irvine, die er auf dem Rückweg wähnte, mit Rufen und Pfiffen die Richtung anzuzeigen. Der heftige Wind und die beißenden Graupelkörner zwangen ihn dann jedoch immer wieder, hinter einem Felsen Schutz zu suchen. „Man sah nur noch ein paar Meter weit, so dick war die Luft", schrieb er später. Der Sturm, der Odell auf der Bergflanke traf, bedeutete für Mallory und Irvine auf dem Grat dreihundert Meter weiter oben, wo es noch windiger und kälter war, zweifellos das Ende. Odell mag gehofft haben, dass sich die beiden über dem schlechten Wetter befanden, doch an dem vielen Neuschnee, den er später dort sah, erkannte er, dass dem nicht so war.

Nachmittagsstürme sind charakteristisch für den Everest; dieser hier dürfte ähnlich gewesen sein wie jener, den Jack Longland 1933 zu spüren bekam, als er mit einer Trägergruppe zwischen den Lagern VI und V seiner Expedition unterwegs war. „Ohne jede Vorankündigung", schrieb Longland, „setzte ein heftiger Sturm aus Westen ein. Ferne Horizonte

(Fortsetzung Seite 230)

225

DER TAG, AN DEM MAN MALLORY FAND

Von LIESL CLARK

MALLORYS NAGELSCHUH

Es war ein Augenblick des Triumphs. Als das Licht von den Bergen im Hintergrund wich und die oberen Hänge des Mount Everest mit Rot in allen Schattierungen bemalte, stelzten die Mitglieder unseres Bergsteigerteams über die flache, sandige Moräne auf das Basislager zu wie Astronauten, die vom Mond zurückkehrten. Jeder schaute ein bisschen dünner und sonnenverbrannter aus nach zehn Tagen in mehr als 6400 Meter Höhe. Nur 72 Stunden davor, auf 8159 Metern, hatte Conrad Anker die Leiche von George Leigh Mallory gefunden.

Als sie näher heran waren, sah ich in ihren Augen einen Blick, den ich nie vergessen werde. Fünf Bergsteiger waren in die Geschichte zurückgegangen und kamen nun verändert wieder. Sie hatten – als Erste – die Wahrheit herausgefunden: George Mallory war an seinem Gipfeltag beim gemeinsamen Gehen am Seil mit Andrew Irvine in den Tod gestürzt. Das Team fand Mallory mit dem Gesicht nach unten liegend, die Arme ausgebreitet, die Hände in die gefrorene Oberfläche des Bergs gekrallt. Offenbar hatte er versucht, seinen Sturz mit den Händen abzubremsen, und war auf einer schrägen, mit Schotter bedeckten Terrasse an der Nordflanke des Everest zum Halten gekommen. Das dünne Seil, das ihn mit Irvine verbunden hatte, war gerissen.

Zum Zeitpunkt des Fundes befanden wir uns bereits seit mehr als einem Monat am Everest. Ich sollte hier einen Dokumentarfilm für die Wissenschaftsserie NOVA von PBS produzieren. Der Film sollte die Suche der Expedition nach den Leichen von Mallory und Irvine verfolgen, die von dem Everest-Veteran Eric Simonson geleitet wurde. Das Team hatte für seinen Aufstieg die trockene Vormonsunzeit im Frühling gewählt. In diesem Jahr waren die Bedingungen geradezu ideal für die Suche: Wegen der ausgebliebenen Schneefälle und der schonungslos über den Berg hinwegfegenden Jetstream-Winde waren die Hänge des Everest weitgehend aper.

Am 30. April erreichte Simonsons handverlesenes Team das Lager V. Die Team-Kameraden Dave Hahn, Andy Politz, Tap Richards, Conrad Anker und Jake Norton waren gerüstet für den endgültigen Vorstoß in extreme Höhen, wo ihr festgelegtes Suchgebiet lag. 1975 hatte der chinesische Bergsteiger Wang Hong-bao vom Fund einer Leiche auf etwa 8200 Metern berichtet. Niemand war bisher ausdrücklich zur Suche nach dem geheimnisvollen „englischen Toten" aufgestiegen, den Wang entdeckt hatte. Jetzt visierte unser Team diesen Bereich und einen angrenzenden an, der in der Fall-Linie unter jener Stelle am Nord-

DIE MALLORY/IRVINE-SUCHEXPEDITION VON 1999 AUF DEM PANG LA.

ostgrat lag, wo 1933 Irvines Eispickel gefunden worden war.

Um 5 Uhr morgens am 1. Mai erhielten wir im Basislager die erste Funknachricht. „Wir sind fertig zum Gehen", meldete der Bergsteiger Dave Hahn aus dem Lager V. „Wir schnallen die Steigeisen an." – „Habt ihr gut geschlafen?" fragten wir zurück. – „Negativ", antwortete Hahn. „Wir sind nicht zum Schlafen hierher gekommen. Wir sind zum Klettern und Suchen da."

Am Vorabend hatte ich Bedenken wegen der bevorstehenden Suche gehabt. Leichter Wind rüttelte an den Wänden meines Zelts, als flüsterten die Geister des Everest. Würden wir nach 75 Jahren oben am Everest irgendeinen Hinweis auf Mallory oder Irvine finden? In der Morgendämmerung nahmen die Böen an Stärke zu. Als die Sonne aufging, drangen kalte Windstöße durch meine dicke Daunenjacke. Ich fragte mich, um wieviel kälter es auf 8200 Metern oben sei, dem Bestimmungsort unserer Bergsteiger.

Um 9.20 Uhr richteten wir unser starkes Teleskop aus und entdeckten die Bergsteiger, die sich langsam über schräge Platten auf lockerem Fels zu der Schneeterrasse bewegten, wo die chinesische Expedition 1975 ihr Lager aufgestellt hatte. Die Stelle sollte der Ausgangspunkt unseres Teams sein. Es gab nicht viele Anhaltspunkte, an denen sich unsere Bergsteiger orientieren konnten, aber Hahn, Anker und die anderen waren mit dem generellen Suchgebiet vertraut, und jeder lenkte seine Schritte nach eigener Intuition.

Dreitausend Meter weiter unten hörten wir, wie Anker seine Suchkollegen fragte: „Seht ihr das, worauf ich deute, auf dem Band?" Augenblicke vergingen; wir konnten nur vermuten, was sie sahen. Dann meldete sich Tap Richards über Funk: „Ich habe zwei Leichen gefunden, unten an der Fall-Linie. An einer sehe ich rotes, weißes und blaues Nylon, an der anderen eine Jumar-Seilklemme. Also sind sie, glaube ich, mindestens zwanzig Jahre alt."

Wir beobachteten, wie die Bergsteiger das Suchgebiet in drei Bereiche unterteilten; Anker war unten an der Schneeterrasse, Politz am Fuß des Gelben Bandes, Hahn, Richards und Norton hielten sich zwischen ihnen. Keine Stunde später nahm Anker erneut Kontakt mit seinen Gefährten auf. Die Bruchstücke, die wir von Zeit zu Zeit auffingen, stellten uns vor Rätsel: „Warum kommt ihr nicht runter zu Snickers und Tee?" Dann, drängender: „Obligate Gruppenversammlung."

Als wir durchs Fernrohr schauten, wurde klar, dass die ungewöhnlichen Funksprüche Signale waren. Wir beobachteten, wie sich die fünf Bergsteiger am unteren Rand der Terrasse versammelten, wo Conrad wartete. Wofür war „Snickers und Tee" ein Code? Und warum scharten sie sich auf der Terrasse zusammen? Weil andere Expeditionen unsere Frequenz abhören konnten, hatten wir uns vorher darauf geeinigt, den Funkverkehr auf ein Minimum zu beschränken, falls eine Leiche gefunden wurde. Diese „obligate Versammlung", die das Team auf einem Band unterhalb des Suchgebiets vereinigte, konnte nur bedeuten, dass Anker etwas Wichtiges gefunden hatte. „Ich ging hangaufwärts, nach einer Art Muster im Zickzack", erklärte Anker später. „Ich schaute nach rechts und bemerkte einen weißen Fleck, der kein Fels war und auch kein Schnee. Ich sah

MALLORYS ZERFALLENDE UNTERBEKLEIDUNG.

etwas, das der untere Teil eines Beins zu sein schien, und es war eine Ferse. Ich stieg näher hin und plötzlich sah ich einen Nagelstiefel und Kleidung."

Ein Lederstiefel war es, der Ankers Aufmerksamkeit auf sich gezogen hatte. Dieser alte Stiefel, so erzählte er, „war für mich der erste Hinweis, dass ich entweder Mallory oder Irvine gefunden hatte". Auch die Schichten altmodischer Kleidung aus Naturfasern, zerrissen von Mallorys Sturz, deuteten darauf hin, dass die Leiche aus einer früheren Zeit stammte.

„Wir wussten anfangs nicht, das es George war", berichtete uns Dave Hahn, „weil es nach allen Vermutungen Sandys Leiche hätte sein müssen", wenn man von dem Fund von 1975 ausging. „Jake fand dieses Kleider-Etikett am Hals", fuhr Hahn fort. „Er zog dieses 'G. Mallory'-Schild heraus – was mich ein bisschen näher an die Geschichte des 20. Jahrhunderts heranführte, als ich je zu kom-

men glaubte. Und es dauerte ein paar Sekunden, bis ich das begriff. Es war ein ziemlicher Schock."

Das faszinierte Team brachte eine Stunde damit zu, Mallory zu untersuchen und Gebrauchsgegenstände einzusammeln. „Die Knochen seines Beins waren gebrochen", berichtete Hahn weiter. „Er hatte einen gebrochenen Arm, rechts, und eine Verletzung an der Schulter. Man sah, dass es ein Sturz gewesen war. Man sah, wo das Seil ins Fleisch geschnitten hatte, aber das war keine schlimme Verletzung. Er lag auf etwa 8200 Metern; er trug nichts, was unseren Standards entsprach. Bei solchen Verletzungen muss der Tod durch Erfrieren eingetreten sein."

Für die Suchmannschaft und für mich war es schwer zu fassen, dass man George Mallory und nicht Andrew Irvine gefunden hatte. Irvines Eispickel war auf 8440 Metern entdeckt worden, deshalb hatten die Bergstei-

ANDY POLITZ UNTERSUCHT IM BASISLAGER ÜBERRESTE VON MALLORYS KLEIDUNG.

ger angenommen, gestürzt sei der unerfahrene Irvine und nicht der legendäre Bergsteiger George Mallory. Doch die Namensschilder in Mallorys Kleidung und die erstaunlicherweise in seinen Taschen gefundenen Briefe, adressiert an George Leigh Mallory, Esq., ließen keinen Zweifel. „Mein liebster George", begann der handgeschriebene Brief von seiner Schwester Mary und seinem jüngeren Bruder Trafford.

Doch was war Irvine widerfahren? Würden die geborgenen Gegenstände Licht in Mallorys und Irvines Gipfelversuch bringen? Eine Kamera hatte man bei Mallory nicht gefunden. Nur eine Schneebrille, einen Höhenmesser, eine Uhr, ein Messer und andere Dinge, die damalige Himalaja-Bergsteiger gewöhnlich mitnahmen. Hatten die Zeiger von Mallorys beim Sturz zerbrochenem Höhenmesser je 8848 Meter angezeigt?

Als wir vom Basislager abfuhren, über die Steine der Moräne rumpelten und unser Jeep sich ein letztes Mal durch die versandeten Gletscherströme wühlte, wussten wir immer noch nicht, ob Mallory oder Irvine auf den Gipfel gelangt waren.

Meine Gedanken schweiften ins Jahr 1924 zurück, als Noel Odell, Captain John Noel und die anderen Mitglieder der Expedition über dieses selbe Gelände nach Hause zurückgekehrt waren, voller Gedanken an den Verlust ihrer beiden Gefährten. Zweifellos haben sie, genau wie wir, die möglichen letzten Schritte Mallorys und Irvines im Geiste immer wieder durchgespielt. Das Rätsel über ihren Gipfelversuch bleibt ungelöst, doch wie groß Mallorys Verlangen war, der Erste zu sein, ist erwiesen:

„Wie sehr Du hoffen wirst, dass ich einer der Eroberer sei!", schrieb Mallory am 19. April an seine Frau Ruth. „Und ich glaube nicht, dass Du enttäuscht werden wirst."

229

MALLORYS GEHEIMNIS

gab es nicht mehr – ich sah bestenfalls in einem Umkreis von zwanzig bis dreißig Metern, in dem Schnee wirbelte... Der Schnee verdeckte bald die Griffe an den Felsen und machte die Geröllstellen rutschig. Um von den schrecklichen Windböen nicht weggeweht zu werden, mussten wir uns an die Felsen klammern oder uns hinter sie ducken."

Auf dem Grat wären Mallory und Irvine der vollen Kraft der Böen schutzlos ausgesetzt gewesen. Falls Mallory nicht ohnehin bereits beschlossen hatte umzukehren, brachte der plötzlich einsetzende Schneesturm zweifellos die Entscheidung. Mallory wusste nicht, wie lange das Unwetter dauern würde, und da er schon immer das Handeln dem Abwarten vorzog, drängte er sicher nach unten, genau wie Longland. Auf einem scharfen Grat ist es äußerst schwierig, aber nicht unmöglich, einen Weg zu finden. Sie mussten unter dem First bleiben wie beim Aufstieg, doch schon ein paar Zentimeter Schnee genügten, um die wenigen Spuren, die sie hinterlassen hatten, zu verwischen und die besten Tritte unsichtbar zu machen. Die schräge Traverse war jetzt tödlich; nasser Schnee und Eis verklebten bald ihre Gesichter, drangen durch alle Ritzen in ihre Kleidung ein. Auch hier gibt Longland uns einen Einblick: „Meine Schneebrille wurde sofort nutzlos, war mit Schnee zugesetzt", berichtete er. „Ich nahm sie ab, nur um festzustellen, dass auch meine Augenlider und Wimpern verklebten, es entstand ein undurchsichtiger Belag, den ich alle paar Minuten wegwischen musste, bevor ich wieder schauen konnte und einen Blick auf die nächsten paar Meter erhaschte."

Schlechte Sicht ist für Bergsteiger eine zweifache Behinderung: Man sieht nicht nur kaum, wohin man geht, sondern auch die Kommunikation mit dem Gefährten wird schwierig. Die Katastrophe ist gewissermaßen vorprogrammiert. Doch die Tragödie um Mallory und Irvine erklärt sich so nicht. Nach der Lage von Mallorys Leiche zu urteilen (es sei denn, die beiden stürzten am Morgen

beim Aufstieg ab, was sehr unwahrscheinlich ist), waren sie von ihrem höchsten Punkt ein beträchtliches Stück abgestiegen, bevor sie stürzten – mochte sich dieser Punkt nun auf dem Grat, im Großen Couloir oder noch höher oben befunden haben. Zweifellos suchten sie sich mühsam, unter alptraumhaften Bedingungen ihren Weg. Der Abstieg war nun ein Kampf ums Überleben – sie mussten in Bewegung bleiben oder sie erfroren.

Weiter unten, auf den unterbrochenen Stufen des Gelben Bandes, wurde die Route schwieriger. Möglicherweise mussten sie immer wieder zurück und eine andere Linie suchen. In dem Neuschnee erkannte man kaum, wo ein Band anfing und endete. Und dieses gelbe Kalkband war von weißlichen Adern durchzogen, Quarzstein, der äußerst rutschig ist. Smythe sagte 1933 darüber: „Für einen ermüdeten Mann ist dieser Fels eine Falle, denn der Fuß rutscht leichter ab als von dem gelben Fels."

Wir können uns das Gelände vorstellen, werden aber nie wissen, was den tödlichen Ausrutscher verursachte oder wer von den beiden zuerst stürzte. Die Ursachen von Unfällen beim Bergsteigen, besonders beim Abstieg, sind oft sehr alltäglich: Stolpern über das Seil, ein simpler Fehltritt, vorübergehendes Nachlassen der Konzentration infolge Ermüdung...

Auf diesen gering geneigten Platten gleitet man nach einem Sturz zunächst langsam, doch die schreckliche Erkenntnis folgt rasch, wenn die Geschwindigkeit steigt und der Gestürzte sie nicht abbremsen kann. Der Gefährte nimmt von dem Sturz als Erstes ein Keuchen oder einen Aufschrei wahr, das Scharren von Nägeln oder dem Pickel, und auch er wird sofort vom Schock des Unausweichlichen erfasst. Er muss seinen Pickel wegwerfen, das Seil packen, sich gegen den Ruck stemmen, der unweigerlich kommen wird – ein aussichtsloses Unterfangen. Wenn er von den Füßen gerissen wird, wissen er und sein Partner, dass dies das Ende ist. Sie rutschen das Gelbe Band hinunter und rollen und

Mallorys Armbanduhr hat keine Zeiger mehr, aber nach den Roststellen könnte sie um 5.10 Uhr stehengeblieben sein. Das Glas war zerbrochen, vermutlich bei Mallorys Todessturz. Die Streichhölzer waren mit ziemlicher Sicherheit für Mallorys allgegenwärtige Pfeife gedacht oder für einen Kocher im Hochlager. Die Beschriftung der Dose mit Fleischpastillen versprach „Nahrung für unterwegs zu jeder Zeit".

MALLORYS GEHEIMNIS

überschlagen sich. Ihre Hoffnungen auf eine sichere Rückkehr zerschlagen sich in einem einzigen wirbelnden, jede Orientierung raubenden Sturz. Und in ihrer Fassungslosigkeit. Niemand wird wissen, was sie an diesem Tag erreicht haben. Keine Botschaften der Liebe können mehr abgeschickt werden. Alles, was man sagen, tun, sein wollte – es wird nie gesagt werden, getan werden oder sein. Ein einziger Augenblick der Müdigkeit hat sich in Entsetzen verwandelt.

Wir können nur hoffen, dass die beiden Bergsteiger, nachdem sie zum Stillstand kamen, bald ins Vergessen sanken. George Mallorys Leiche liegt nicht genau lotrecht unter der Pickel-Fundstelle, sondern etwas weiter östlich. Natürlich ist die Position, die wir für den Pickel angeben, nur geschätzt. Eine leichte Korrektur und eine gründliche Untersuchung des genauen Aufbaus dieses Teils der Nordflanke, ihrer Hänge und ihrer Krümmungen könnte die Abweichung erklären. Schwer vereinbar mit all dem ist jedoch das Fehlen größerer Beschädigungen des Körpers. Die Verletzungen genügen natürlich, um einen Menschen zu töten, aber nicht, um glaubhaft zu machen, dass er vom Kamm abgestürzt ist oder von der knapp darunterliegenden Stelle, wo der Pickel gefunden wurde, also von etwa dreihundert Metern weiter oben. Die Körperhaltung deutet darauf hin, dass George Mallory, bevor er das Bewusstsein verlor und starb, noch fähig war, sich umzudrehen und geradezurichten. Das führt zu der Spekulation, dass er weiter unten auf dem Gelben Band befand, ein ganzes Stück unter dem Eispickel, als er und Irvine stürzten. Dave Hahn aus der Suchmannschaft ist sich dessen sicher. „Dieser Mann ist in den Felsen gestürzt", sagte er, „und dann muss er ein Stück über Schneehänge gerutscht sein, aber er überlebte das alles. Er hat seinen Sturz mit ausgebreiteten Armen und zugreifenden Händen gebremst und sich angeschickt zu sterben, das gebrochene Bein über das andere gelegt, um sich eine letzte Erleichterung zu verschaffen."

Odell ging bekanntlich hinaus, als der Sturm sich gelegt hatte, und suchte erneut nach Mallory und Irvine. Und später, als er zum Nordsattel abstieg und bessere Sicht bekam, hielt er oft inne, um die Flanke nach einer Spur von den beiden abzusuchen. Weder da noch später am Abend, als er und Hazard auf dem Nordsattel im Mondschein abwechselnd Ausschau hielten, waren irgendwelche Notsignale zu sehen. Es ist eine der Ironien des Schicksals, dass Odell die Bergsteiger früher am Tag sah, als er nach Meinung vieler Experten von seinem Standort aus nichts sehen konnte, und dass er gegen Abend, als es klar und mondhell war und er eine Bewegung auf der Flanke hätte sehen müssen, nichts wahrnahm.

Wie man diese Anhaltspunkte auch zusammenstellt, es ergeben sich Ungereimtheiten und weitere Fragen – nichts passt so zusammen, dass man unwiderlegbare Antworten ableiten könnte. Selbst die beiden greifbaren Beweisstücke, der Pickel und der Leichnam, lassen sich durch einen einzigen Sturz nicht miteinander in Verbindung bringen. Odell sah die beiden nicht zum Lager VI zurückkommen. Heißt das, dass sie doch viel weiter oben waren oder dass sie bereits tot waren? Am Morgen dürften sie kaum abgestürzt sein, doch wenn sie nicht vom Fundort des Pickels abstürzten, warum lag dann der Pickel dort? Und wenn Mallory und Irvine erst am 9. Juni umkamen, während des Abstiegs nach einem Biwak in der Eiseskälte, zu dem die späte Zeit sie gezwungen hatte, dann müssten Mallorys Finger und Zehen erfroren gewesen sein müssen. Waren sie aber nicht.

Nehmen wir jedoch an, dass Odell die Männer wirklich auf dem Second Step oder darüber gesehen hat, wie sollen sie dort hinaufgekommen sein? Wir wissen, dass 1960 unerfahrene, aber hoch motivierte und fitte chinesische Bergsteiger drei Stunden brauchten, um auf den Second Step zu gelangen. Und es besteht kein Zweifel mehr, dass sie es schafften. Die Beweise befanden sich in dem chinesischen

SPUREN LESEN

Film und sind uns entgangen. Nachdem Qu Yinhua zu Liu Lianman auf den Second Step zurückgekehrt war, drehte er sich um und machte mit der Filmkamera der Gruppe eine kurze Aufnahme zurück zum Gipfel. Es ist eine verwackelte, überbelichtete Aufnahme, aber für den Bruchteil einer Sekunde erscheinen am linken Rahmenrand die Felsen des kleinen Third Step. Eine solche Aufnahme hätte er unterhalb des Second Step nicht machen können. Von den westlichen Bergsteigern wäre also eine Entschuldigung bei den Chinesen fällig, weil sie deren Besteigung auf jener Route anzweifelten, die heute als Mallory-Route am Everest bekannt ist. Aber begingen Mallory und Irvine sie?

Man ist verlockt zu glauben, wenn die Chinesen den Second Step erklettern konnten — allerdings nur mit Hilfe von kombinierter Technik und zwei oder drei Haken —, hätte Mallory es auch gekonnt. Von dort wäre der Gipfel zum Greifen nahe gewesen, quälend nahe. Eine Täuschung, aber wie hätte Mallory das wissen sollen? Hätten es er und Irvine bis dorthin geschafft, wären sie dann umgekehrt? Conrad Anker, der das Fixseil am Second Step mied, ihn frei erkletterte und dabei nur eine einzige Sprosse der chinesischen Leiter benutzte, ist trotz seiner Achtung vor Mallory absolut sicher, dass ein Kletterer der zwanziger Jahre, so geschickt er auch sein mochte, dieses große Hindernis nicht hätte überwinden können.

Die meisten Menschen möchten glauben, dass die beiden Erfolg hatten, und viele glauben es auch. Aber wer postuliert, dass der zusätzliche Sauerstoff und ihre Steiggeschwindigkeit es Mallory und Irvine zeitlich ermöglicht hätte, den Second Step zu überwinden und vielleicht den Gipfel zu erreichen, übersieht leider Grundwahrheiten. Die beiden wären keiner bekannten Route gefolgt, sondern hätten sie suchen müssen, was unweigerlich langsamer geht. Auf den oberen Hängen lag Neuschnee und in dem Schneesturm, der Odell traf, hätten sie zweifellos nicht weiter steigen können. Und woher

wollen wir wissen, wie stark oder wie angeschlagen sie sich in dieser gnadenlos dünnen Luft an dem Tag fühlten? Irvine war von 7000 Metern aufgestiegen — von einer Höhe, die 1500 Meter über seiner bisher größten Höhe lag — in nur zweieinhalb Tagen! Wie wirkte sich das auf seine körperliche Leistung und seine Geistesverfassung aus? Aber vor allem: Mallory war Bergsteiger, und dort, wo es am meisten darauf ankam, traf er wichtige Entscheidungen mit Sicherheit aus bergsteigerischen Gesichtspunkten und nicht aus persönlichem Ehrgeiz. Auf jeden Fall ist Ehrgeiz eine der Hauptursachen von Unfällen in Hochlagen.

Wir werden nie genau wissen, was am 8. Juni 1924 geschah. Und selbst wenn uns eines Tages die kleine Kamera mittels wertvoller Aufnahmen zeigen sollte, dass Mallory und Irvine wunderbarerweise auf dem Gipfel der Welt standen, 29 Jahre vor Hillary und Tenzing — sie kann nicht enthüllen, was den tödlichen Sturz verursachte. Bestenfalls kann sie veranschaulichen, welche Route die beiden über dem First Step wählten. Doch weil wir dem Gipfel so viel Bedeutung beimessen, entgeht uns vielleicht das Wesentliche. Der Tod dieser beiden Helden — das waren sie zweifelsohne — erinnert uns an eine Zeit, in der man auf diesem Planeten noch triumphale Forschungserfolge erlebte, in der es möglich war, die Landkarte zu verlassen, in der die Hänge des höchsten Gipfels der Welt unbegangen waren und die Form des Bergriesen sich nur ahnen ließ. An eine Zeit, in der noch keine kreisenden Satelliten und keine Wunder der Technik unsere Welt mit solcher Klarheit zeigten. Wer die Chance ergriff und die Risiken einging, konnte große Abenteuer erleben und bedeutsame Entdeckungen machen. Somervell sah im Tod der beiden einen „Trompetenruf an ein materialistisches Zeitalter" — und 75 Jahre später, in einer noch materialistischeren Welt, als Somervell oder Mallory sie sich je hätten träumen lassen, können wir immer noch den ungestümen Geist dieser Männer der Pionier-Expeditionen

233

MALLORYS GEHEIMNIS

SPUREN LESEN

bewundern. Auf ihrer Suche nach der höchsten Höhe des Erdballs verzichteten sie auf die Bequemlichkeit und Sicherheit in der Familie und im Zuhause. Wir finden heute vielleicht, ihre Ausrüstung sei primitiv gewesen und ihr Wissen über die mechanische Seite des Höhenbergsteigens beschränkt, aber sie waren mit einer Leidenschaft für Entdeckungen ausgerüstet, die sie an die Grenzen menschlicher Leistung führte. Mallory und Irvine starben zwar für ihren Traum, aber sie zeigten uns den Weg, und sie halfen uns, sowohl den Kampf um den Everest als auch die Unbezähmbarkeit des menschlichen Geistes zu verstehen. Ihre Leistung ist unendlich größer als unser Verlangen nach Gewissheit, ob sie den Gipfel bestiegen haben oder nicht, sein darf.

Zwei Mallorys sind 1995 ins Basislager gekommen, um eine Gedenktafel zur ehrenden Erinnerung an George aufzustellen, den Vater von John und den Großvater von George II. Eine ältere, von Unbekannten aufgestellte Tafel befindet sich bereits an der Stelle. Hinter ihnen hüllt sich der Everest in Wolken und bewahrt das jahrzehntealte Geheimnis von Mallory und Irvine.

REGISTER

Seitenzahlen in **Fettdruck**
verweisen auf Abbildungen.

Alpen 27 – 28, 35, 37

Alpine Club, The (Britischer
Alpenverein) 46, 102, 192, 212

Anker, Conrad 211 – 212, 226 – 228

Basislager: Expedition 1922: 89, **89**,
93, **93**; Expedition 1924: 129, 141

Beetham, Bentley 120, 131, **131**,
140, 149, 158, 182

„Besteigung des Mount Everest,
Die" (Film) 136

Bhotias 57, **57**, 152 – 153

Breashears, David 14 – 15, 17 – 18,
20, 135, 206

Brevoort, Meta 43

Bruce, Charles B.: Expedition
1921: 43, 46, **47**, 80, 81, **81**,
84 – 85; Expedition 1924: 120,
124, 128 – 129, 144

Bruce, Geoffrey: Expedition 1922:
80, 85, 100 – 103, **103**, 105, **105**,
106, **106 – 107**, 108, **109**, 110, **111**,
130; Expedition 1924: 120, 148,
155, 158, 167 – 168;
Gipfelangriff mit Mallory 158

„Brüllkocher" 138

Bullock, Guy H. 64 – 74, **67**

Cambridge University, England
26, 27, 28, 30

Carpo-ri (Bergsattel) 70, **71**, 72

China: Everest-Expeditionen 205 –
206, 212, 226, 227, 233

Chomolungma, China / Nepal 43,
70; siehe auch Everest, Mount

Clark, Liesl 208

Code: Decken- / Schlafsack- 178,
180 – 181, 184, **184**, 187, **187**

Couloir, Großer, Mount Everest
164, 222, 224

Crawford, Colin 80, 85, 110

Decken-Code 178, 180 – 181, 184,
184, 187, **187**

Denkmäler: Dr. Kellas 54, **54 – 55**;
Farbglasfenster 206, **207**; Stein-
pyramiden 182, 198, **199**; Tafel
14 – 15, 234, **235**

Dolmetscher **60**, 66, 145

Dsongpens 63, 84, **85**

Eisklettern, Techniken 74, **75**

Eisnadeln 140, **140**, 146, **146 – 147**

Eispickel 200, **200**, 201, 204 – 205,
212, 232

„Epos vom Mount Everest, Das"
(Film) 137

Erfrierungen 170, **171**

Everest, Mount, China / Nepal 8 –
9, **16**, **22 – 23**, **76 – 77**, **208 – 209**;
Fotografie von 1904: 32, **32 – 33**;
frühe Expeditionen 25 – 26, 43,
46; Gelbes Band 201, 206, 212,
224, 232; Kangshung-Flanke 17,
221; Landvermessung 80; Mallorys und Irvines Route **221**;
Nordflanke **92 – 93**, 93, 164;
Nordostgrat 62, 71, **71**, **166**, 201;
Nortons Aquarelle **128**, 129, **194
– 195**; Ostflanke, Ostwand 62,
69, **69 – 70**, 70; Steps / Stufen
(First, Second, Third / Erste,
Zweite, Dritte) 193, **193**, 197 –
198, 201, 205 – 206, **216**, **221**, 222,
224, 225, 226, 234; Stich aus der
Zeit um 1850: **36 – 37**; Südsattel
67; Vermessung und Namen-
gebung 43; Westgrat 69; siehe
auch Everest-Expeditionen

Everest-Expedition (1921) 50 – 77;
Dr. Kellas' Tod 51 – 53; Entdeckung der Gipfelroute 72 –
74; erster Anblick des Everest 61
– 62; Karte 40 – 41; Mallorys
und Bullocks Erkundungsexpedition 63 – 74; Team-Mitglieder 49, 56, 58 – 61

Everest-Expedition (1922) 78 – 113;
Basislager 89, **89**, 93, **93**;
Dschungellager 2, **4 – 5**; Expedi-
tionskarawane 2, **6 – 7**; Film-
und Fotoaufnahmen 135 – 136;
Höhenrekord 108; Karte 40 – 41;
Lager bei Shegar Dsong, **82 – 83**;
Lager I 88; Lager II 88, **94**, **98 –
99**; Lager III (vorgeschobenes
Basislager) 89, 90, 100, **101**, **172 –
173**, 173; Lager IV 90 – 91;
Lager V 93; Team-Mitglieder 49,
80, **82 – 84**, 90, **90 – 91**

Everest-Expedition (1924) 115 –
189; Basislager 129, 141; Berichte
192 – 193, **193**, 195 – 198; Gipfelangriff von Mallory und Irvine
170 – 183, **183**, 220 – 225, 230 –
235; Gipfelversuch von Mallory
und Bruce 158; Gipfelversuch
von Norton und Somervell 158,
160 – 165; Höhenrekord 142,
160, 164; Karten 40 – 41, 122;
Lager I 143; Lager II 131, 140 –
141; Lager III (vorgeschobenes
Basislager) 131 – 133, 138, 140,
154, 158, 168, **172 – 173**, 173;
Lager IV 123 – 124, 131 – 132,
149, 154 – 155, 158, **159**; Lager V
150, 158; Lager VI 168, 171, 174,
178; Rettung von Trägern 154 –
155; Routen und Lager 220, **221**;
Team-Mitglieder 49, 117, **117**,

120, 123; überlebende Team-
Mitglieder 188, 189, 196, 197;
unterwegs zum Everest 118,
120, **121**, **123**, 124 – 131

Everest-Expedition (1933) 198, 201,
204, 205, 224, 225, 230, 232

Everest-Expedition (1960) 205 –
206, 233 – 234

Everest-Expedition (1975) 206

Everest-Expedition (1986): Suche
nach Mallory und Irvine 18, 19,
144, 206

Everest-Expedition (1999): Suche
nach Mallory und Irvine 206,
208, 211 – 213, 214

Everest-Komitee siehe Mount
Everest Committee

Expeditionen siehe Everest-Expeditionen

Fabian Society 30

Farrar, Capt. Percy 61, 102, 103

Filmaufnahmen 20, **134 – 137**, **186
– 187**, 187

Finch, George Ingle: Expedition
1921: 60; Expedition 1922: 80, 85
– 86, 98 – 101, 106, 108, **109**, 110;
Expedition 1924: 120, 123;
Vortragsreise 116, 119; Zitat
79; Sauerstoffgerät 102 – 105,
136

Gebetsfahnen 20, **20**

Gedenkpyramiden: Everest-Denk-
mal 182, 198, 199; Grab von Dr.
Kellas 54, 54 – 55

Gelbes Band, Mount Everest 201,
206, 212, 224, 232

George V., König von England 167

Gong Bu 205

Gurkhas 144

Gyalzen Kazi 49

Habeler, Peter 105

Hahn, Dave 226, 228, 233

Hari Sing Thapa 185

Harris, Percy Wyn 200, 201, 205,
221, 224, 225

Harvard, Andrew 17, 206

Hasegawa, Ryoten 206

Hazard, John 123, 132, 149 – 150,
154, 169, 175, 176, 180 – 181, 184

Heron, A. M. 60, 63, 80

Hingston, R. W. G. 123, 128, 129,
141, 143, 176, 180, 181, 182

Hinks, Arthur 82 – 84, 103, 119,
135

Höhenrekorde 108, 142, **142**, 160,
164

Holzel, Tom 18, 206

Howard-Bury, Charles K. 56, 58 –
59, 63, 67

Irvine, Andrew "Sandy" **48**, **114**,
123, **130**, 131 – 132, 141, 149;
Ausrüstungsoffizier 117, 123 –
124, **125**, 138, 146, **156**, 157, 168,
169; Eispickel 200, 201, 204 –
205, 212, 233; Gedenkstein in
Oxford 204, **204**; Gipfelangriff
mit Mallory 137, 168 – 183, **182**-
183, 220 – 225, 230 – 235; Gipfelversuch von Mallory und
Bruce 168, 167 – 168; in Indien
125 – 126; Leichnam 212; Lob
191 – 192; Offiziersstock (Ausgehstöckchen) 200, **200**; Pong
La 126, **126 – 127**; Ski fahren 117,
117

Jelep La 50

Kamera: Westentaschen-Kodak
202, **203**, 212

Kangshung-Flanke, Mount Everest 17, 221

Karma Paul 144

Karten: Anmarschroute 40 – 41;
Mallorys Route 1924: 122; Süd-
asien 1924: 34

Kellas, Alexander M. 46, 51 – 54,
56, 61, 85, 152; Grab 54,
54 – 55

Kellas, Mount, Himalaja 138, **139**,
144, **146 – 147**

Khamba Dsong, Tibet 57, **57**, 85 –
86

Kharta-Gletscher, Himalaja 69, 72

Khartaphu, Himalaja (Gipfel) 106,
106 – 107

Lager I, Mount Everest: Expedition
1922: 88; Expedition 1924: 143

Lager II, Mount Everest: Expedition 1922: 88, **94**, **98 – 99**; Expedition 1924: 131, 140 – 141

Lager III (vorgeschobenes Basislager), Mount Everest: Expedition 1922: 88, 90, 100, 101, **172 –
173**, 173; Expedition 1924: 131 –
133, 138, 140, 154, 158, 168, **172 –
173**, 173

Lager IV, Mount Everest: Expedition 1922: 90 – 91; Expedition
1924: 123 – 124, 131 – 132, 149,
154 – 155, 158, 159

Lager V, Mount Everest: Expedition 1922: 93; Expedition 1924:
150, 158

Lager VI, Mount Everest 168, 171,
174, 178

„Lager VI" (Smythe) 205

Lama des Rongbuk-Klosters 144 –
145, **145**

Lawinen 110, 112

REGISTER

Lhakpa Chedi 150, **150 – 151**, 171

Lhakpa-Pass, Himalaja 72, **72 – 73**, 74, 180, **180 – 181**

Lhotse, Himalaja (Gipfel) **39**

Liu Lienman 205, 234

Lliwedd 31, 34

Lobsang Bhote 158

Longland, Jack 220, 230, 232

Longstaff, Tom 82, 86, 88, 110, 115, 195 – 196, 198

Makalu, Himalaja (Gipfel) **39**, 62, 70

Mallory, Annie Berridge Jebb (Mutter) 27

Mallory, Berridge (Tochter) 42

Mallory, Clare (Tochter) 31, **31**

Mallory, George Leigh **24**, **48**, **101**, **112 – 113**, 114, 120, **121**, **123**, **123**, 152, **190**, **213**; Auffindung des Leichnams 211 – 212, 214, 226 – 229, 233; Ausbildung 27 – 28; Charakter 26 – 28, 120, 169 – 170, 188; Erkundungsexpedition mit Bullock 64 – 74; Erster Weltkrieg **12**, 39, 42 – 43; Everest-Beschreibungen 61 – 62, 66; Everest-Besessenheit 115; Expeditionsfotografien 135; frühe Besteigungen 27 – 28, **28**, **29**, 30, 32, 34 – 35; Gedenken **14 – 15**, 192, 206, **207**, **235**; gefundene persönliche Gegenstände **210**, **223**, **226**, **228**, 229, **229**, **231**; Gipfelversuch mit Bruce 158, 167 – 168; Gipfelangriff mit Irvine 137, 168 – 183, **182 – 183**, 220 – 225, 230 – 235; Heirat 38; Kinder 31, **31**, 42; Kindheit 26 – 27; Kletterstil und -fähigkeit 25 – 26, 34 – 35, 74, **75**; Lehrerberuf 35, 37, 120; Meinung über Sauerstoffgebrauch 99, 108, 119, 158; Vortragsreisen 116, 119

Mallory, George, Jr. (Enkel) **14**, 15, 218 – 219, **219**, **235**

Mallory, Herbert Leigh (Vater) 27

Mallory, John (Sohn) 13 – 15, 19 – 20, **21**, **235**

Mallory, Mary (Schwester) 124 – 125, 229

Mallory, Ruth Turner (Ehefrau) **12**, 38, 39, 120, 185, 188 – 189, 229

Mallory, Trafford (Bruder) 30 – 31, 229

Mallory/Irvine-Suchexpedition (1986) 18, 19, 144, 206

Mallory/Irvine-Suchexpedition (1999) 206, 208, 211 – 212, 214, 220, 226 – 229; Team **227**

Manbahadur 141, 154

McDonald, John 128, 131

Messner, Reinhold 105

Montblanc 37

Morris, C. John 82, 88, 98 – 99

Morshead, Henry T. 60, 61, 63, **67**, 72, 80, 88, **101**, 110, 112 **112 – 113**; Höhenrekord 91, 93, 95 – 96, 98

Mount Everest Committee 18, 80, 82 – 83, 84, 102, 104, 116, 135, 137; siehe auch Royal Geographical Society

Naphoo Yishy 150, **150 – 151**

Nema 171, 180 – 181

Neo-Heiden 30

Nepal 46, 152 – 153

Newman, Arthur 135, 137

Nima 176

Noel, John 19, 20; Erkundung 1913: 46; Expedition 1922: 82, 110, **111**, 112; Expedition 1924: 119, 141, 176, 180, 182, 185, 187; Jugend 134; Filmaufnahmen 134 – 138

Nordflanke, Mount Everest **92 – 93**, 93, 164

Nordostgrat, Mount Everest 62, **71**, **166**, 201

Nordsattel, Himalaja 67, 73, 86, 90 – 91, 106, **106 – 107**, 110. **110**, 149, 150, **156**, 157, **172 – 173**, 173, 180, **180 – 181**

Norton, Edward F. „Teddy" 25 – 26; Aquarelle **50**, **128**, 129, **194 – 195**; Expedition 1922: 80, **85**, 88, **101**, 104, 112, **112 – 113**, **130**; Expedition 1924: 120, 125, 129, 138, 141, 146, 150, **150 – 151**, 153 – 155, 154 – 155, 157, 15**8**, 170, 176, 188, 195, 224, 225; Gipfelversuch 158, 160 – 165, 168 – 169; Höhenrekord 91, 93, 95 – 96, 98, 142, **142**

Norton, Jake 226, 228

Norton's Couloir (Großer Couloir), Mount Everest 164, 224, 225

Odell, Noel 19, 123, 125, **130 – 131**, 132, 146, 149, 150, 157, 158, 181 – 182; Gipfelangriff von Mallory und Irvine 168, 169, 170, 171 – 176, 178, 180, 183, 184, 192 – 193, 195, 230; letzte Sichtung 173 – 174, 196 – 198, 201, 208, **221**, 233

Offiziersstock / Ausgehstöckchen 200, **200**

Ostflanke, Ostwand, Mount Everest 62, 69, **69 – 70**, 70

Östlicher Rongbuk-Gletscher, Himalaja 69 – 70, 72 – 73, 88, 96,

96 – 97, 98 – 99, 131, 140, **140**, 146, **146 – 147**

Pang La, Himalaja (Pass) 14, 17, 20, 62, 126, **126 – 127**

Politz, Andy 208, 212, 214, 226, 228, **229**

Pye, David 28, 120, 133

Qu Yinhua 205, 234

Raeburn, Harold 59 – 60, 61, **67**

Rekorde: Höhenrekorde 108, 142, **142**, 160, 164

Ri-ring, Himalaja (Gipfel) 64

Rita, Ang 105

Robertson, Donald 35

Rongbuk-Gletscher, Himalaja **22 – 23**, 64, **64**, 65, 67, 86, 131; siehe auch Östlicher Rongbuk-Gletscher; Westlicher Rongbuk-Gletscher

Rongbuk-Kloster, Tibet 2, **8 – 9**, 136, 144 – 146, **145**

Royal Geographical Society 18, 43, 45, 84, 192; siehe auch Mount Everest Committee

Rutledge, Hugh 201

Sangars 132

Sauerstoffgerät 99 – 106, 102 – 105, **102 – 105**, 108, 119, 120, 123, 124, **125**, 149, **169**; Drill 85 – 86; Gipfelangriff von Mallory und Irvine 158, 168, **169**, 170, **182**, **183**, 206, 208, 215, 220, 221, 222, 233

Sauerstoffmangel: Auswirkungen 102

Schneebrille 160, 214

Semchumbi 150, **150 – 151**

Shamsher Pun 143 – 144

Shebbeare, E. O. 123, 130, 155, 157, 181, 185

Shegar Dsong, Tibet 58, **58 – 59**, 62, 82, **82 – 83**; Dsongpens 62, 84, **85**; Kloster 86, **86 – 87**

Sherpas 110, **110**, **111**, 152, **152**, 153, **153**, 158

Shipton, Eric 198, 201

Sikkim, Indien 118, 119, 125 – 126

Simonson, Eric 206, 208, 226

Singh, Gujhar 63

Singh, Lalbir 63

Smythe, Frank 205, 230

Somervell, Howard: Expedition 1922: 80, **81**, **101**, 110, 112, **112 – 113**; Expedition 1924: 120, 125, 138, 146, 149, 150, **150 – 151**, 160, 182; Gebrauch von Sauerstoff 102, 104; Gipfelversuch 158, 168

– 169; Höhenrekord 91, 93, 95 – 96, 98; Rettung von Trägern 154 – 155; Westentaschen-Kamera 202, **203**, 213

Sonnenschutz **94**, 95

Steps / Stufen (First, Second, Third / Erste, Zweite, Dritte), Mount Everest 193, **193**, 197 – 198, 201, 205 – 206, **216**, **221**, 222, 224, 225, 226, 234

Strickleitern **156**, 157, 168, **179**

Strutt, Edward 82, 86, 88, 101, 110

Stufen siehe Steps

Südsattel, Mount Everest 67

Tejbir, Lance-Corporal 100 – 106, 108

Tibet 2, **4 – 5**, 19, **44 – 45**, 129; Beziehungen zu Indien 46; Plateau 2, **8 – 9**, 62, 63

Tibetisches Zeremonienzelt 63, 86, **86 – 87**

Tingri, Tibet 62

Träger: Expedition 1922: 88, **90 – 91**, 110, **111**; Expedition 1924: 116, 131, 132, **133**, 133, 140 – 141, 143, 144, 170, **171**; Lawinentote 110, 112; Rettung 154 – 155

Vorgeschobenes Basislager siehe Lager III, Mount Everest

Wager, Lawrence 201, 224, 225

Wakefield, Arthur 80, 81, 88, 101, 112

Wang Fuzhou 205

Westgrat, Mount Everest 69

Westlicher Rongbuk-Gletscher, Himalaja 65, 185

Wheeler, Edward Oliver 60, 61, 63, **67**, 73, 80

Wollaston, Alexander F. R. „Sandy" 60, 61, 63 – 64, **67**

Wong Hang-bao 206, 212, 226

Young, Geoffrey 31 – 32, 34 – 35, 38, 42, 120, 188, 189, 196, 197

Younghusband, Francis 43, 46, 90 – 91, 137, 195, 212

237

BILDNACHWEIS

Umschlag (Hintergrund): John Noel Photographic Collection

Umschlag (eingeklinktes Bild): Salkeld Collection

Umschlagrückseite: John Noel Photographic Collection

Vorsatzseiten: 1, Mallory/Irvine Expedition/Jim Fagiolo/Liaison Agency; 2 - 3, John Noel Photographic Collection; 4 - 5, 6 - 7, The Alpine Club; 8 - 9, John Noel Photographic Collection; **Vorwort:** 12, Clare Millikan, Salkeld Collection. **Prolog:** Alle von David Breashears.

Erstes Kapitel: 24 - 26 (beide), National Portrait Gallery, London; 28, The Alpine Club, Foto von Geoffrey Young; 29, Salkeld Collection; 31, Clare Millikan; 32 - 33, Royal Geographical Society (RGS), Foto von John Claude White; 36 - 37, The Illustrated London News Picture Library; 39, The British Library; 44 - 45, John Noel Photographic Collection; 47, George Ingle Finch Collection; 48 (links), Salkeld Collection; 48 (rechts), Irvine Archive. **Zweites Kapitel:** 50, Norton Everest Archive; 52 - 53, The Alpine Club; 54 - 55, RGS, Foto von John Noel; 57 (beide), RGS, Fotos von George Mallory; 58 - 59, The Alpine Club; 60, RGS, Foto von A.F.R. Wollaston; 63, George Ingle Finch Collection; 64 - 65, RGS, Foto von George Mallory; 67, RGS; 68 - 69, RGS, Foto von George Mallory; 71 (oben), Salkeld Collection, Foto von George Mallory; 71 (unten), RGS, Foto von George Mallory; 72 - 73, RGS, Foto von Col. C.K. Howard-Bury; 75, RGS, Foto von Guy Bullock; 76 - 77, RGS, Foto von George Mallory. **Drittes Kapitel:** 78, RGS, Foto von T. Howard Somervell; 81 (oben), RGS, Foto von George Mallory; 81 (unten), RGS, Foto von John Noel; 82 - 83, The Alpine Club; 85 - 87 (beide), John Noel Photographic Collection; 89 (oben), The Alpine Club, Foto von George Ingle Finch; 89 (unten), T. Howard Somervell; 90 - 91, The Alpine Club; 92 - 93, John Noel Photographic Collection; 94, T. Howard Somervell; 96 - 97, John Noel Photographic Collection, Foto von Bentley Beetham; 98 - 99, The Alpine Club; 101, George Ingle Finch Collection; 102, George Ingle Finch Collection; 102 - 103, Mallory/Irvine Expedition/Jim Fagiolo/ Liaison Agency; 103, George Ingle Finch Collection; 104, RGS, Foto von John Noel; 105 (oben), George Ingle Finch Collection; 105 (unten), The Alpine Club, Foto von George Ingle Finch; 106 - 107, George Ingle Finch Collection; 109, Ken Wilson Collection, Foto von A.W. Wakefield; 110, RGS, Foto von T. Howard Somervell; 111 - 113 (beide), George Ingle Finch Collection. **Viertes Kapitel:** 114, Salkeld Collection; 117 (oben), Irvine Archive; 117 (unten), The Times Picture Library; 118, RGS, Foto von N.E. Odell; 121 - 125 (alle), RGS, Foto von Bentley Beetham; 126 - 127, Salkeld Collection, Foto von N.E. Odell; 128, Norton Everest Archive; 130 - 131, John Noel Photographic Collection; 133, The Times Picture Library; 134 - 136 (alle), John Noel Photographic Collection; 137, George Ingle Finch Collection; 139, RGS, Foto von Bentley Beetham; 140, Salkeld Collection, Foto von N.E. Odell; 141, RGS, Foto von John Hazard. **Fünftes Kapitel:** 142, T. Howard Somervell; 145, John Noel Photographic Collection; 146 - 147, RGS, Foto von Bentley Beetham; 148, The Times Picture Library; 150 - 151, John Noel Photographic Collection; 152, George Ingle Finch Collection; 153, RGS, Foto von T. Howard Somervell; 156, T. Howard Somervell; 159, RGS, Foto von John Noel; 161 - 165 (alle), T. Howard Somervell. **Sechstes Kapitel:** 166, RGS; 169 - 171 (beide), RGS, Foto von Bentley Beetham; 172 - 173, The Alpine Club; 176 - 177, The Times Picture Library, Foto von John Noel; 179, RGS, Foto von T. Howard Somervell; 180 - 181, The Alpine Club; 182 - 183, RGS, Foto von N.E. Odell; 183, John Noel Photographic Collection; 184, Keith Barclay; 186 - 187, The Times Picture Library; 187 - 189 (alle), John Noel Photographic Collection. **Siebentes Kapitel:** 190, NGS News Collection; 193, RGS; 194 - 195, Norton Everest Archive; 196, The Times Picture Library; 199, John Noel Photographic Collection; 200, The Sandy Irvine Trust, Foto von Julie Steele; 203, Mark Thiessen, National Geographic Photographer; 204, The Alpine Club; 207, Ken Wilson; 208 - 209, RGS, Foto von Bentley Beetham. **Achtes Kapitel:** 210, Mallory/Irvine Expedition/Jim Fagiolo/Liaison Agency; 213, The Alpine Club; 216 (oben), Mstislave Gorbenko; 216 (unten), Foto von Daqiong, mit Genehmigung von The Mountaineering Association of Tibet, China; 219, mit Genehmigung von George Mallory II; 221, Galen Rowell/ Mountain Light; 223, Mallory/Irvine Expedition/Jim Fagiolo/ Liaison Agency; 226, Thom Pollard; 227, Liesl Clark; 228, Thom Pollard; 229, Liesl Clark; 231, Mallory/Irvine Expedition/Jim Fagiolo/Liaison Agency; 234 - 235, David Breashears.

DANKSAGUNGEN

Bei unseren langen Nachforschungen über die frühe Besteigungsgeschichte des Mount Everest haben uns sehr viele Freunde mit Rat und Informationen geholfen. Doch die Wiedergabe dieser Geschichte wäre nicht möglich ohne die damaligen Expeditionsbücher und Journale des Alpine Club und der Royal Geographical Society, die gemeinsam diese frühen Erkundungen förderten. Gleichfalls könnten man keine Untersuchung über George Mallory schreiben, ohne sich wesentlich auf die früheren Biographien von David Pye and David Robertson zu stützen.

Für viele persönliche Dokumente, Fotografien und die Erlaubnis, aus Tagebüchern und Briefen zu zitieren, sind wir den Familien der Everest-Pioniere zu Dank verpflichtet. Ganz besonderer Dank gilt der Mallory-Familie: John Mallory, Clare Millikan, George Mallory II, Frank und Virginia Arnott und der verstorbenen Barbara Newton-Dunn; ebenfalls Andrew Irvines Verwandten: Peter und Bill Summers, Julie Steele und dem verstorbenen Alec Irvine. Desgleichen: Sally Amos und Sylvia Branford (Töchter von Dr. Longstaff), Sandra Noel, Bill und Dick Norton, Ian Morshead, Peter Odell, Anne Russell (Tochter von G.I. Finch), David Somervell, Keith Barclay (Neffe von J. de Vars Hazard), Elizabeth Osborne (Enkelin von A.W. Wakefield) sowie Maureen und Jill Hingston.

Wir schulden Tom Holzel großen Dank, ohne dessen hartnäckigen Ansporn, das Schicksal von Mallory und Irvine zu erkunden, wir 1986 nicht auf den Everest gegangen wären und jetzt nicht dieses Buch geschrieben hätten, und auch unseren lieben Freunden und Everest-Kollegen Andrew Harvard und Graham Hoylan, die uns stets mit Ermutigung und Rat zur Seite standen. Die Ausstellung der Shrewsbury School 1999 zu Ehren des ehemaligen Schülers Andrew Irvine war nicht nur interessant und geschmackvoll, sondern half uns, wichtige Irvine-Erinnerungsstücke zu entdecken; Stephen Holroyd und seinen Mitarbeitern danken wir und gratulieren ihm zu dieser erinnernswerten Veranstaltung. Conrad Anker teilte seine Erlebnisse und Erfahrungen bei der Suchexpedition von 1999 mit uns. Der Forscher Jochen Hemmleb half dabei, neues Licht in alte Rätsel zu bringen. Wir möchten auch den chinesischen Gipfelbezwingern von 1960 danken – Qu Yinhua, Wang Fuzhou und Gongbu –, die so bereitwillig und hilfreich unsere Fragen beantwortet haben.

Irvines Everest-Tagebuch wird am Merton College, Oxford, aufbewahrt, Finchs in der National Library of Scotland; weiterhin gibt es eine umfangreiche Sammlung von Mallory-Briefen im Magdalene College, Cambridge. Wir konnten Shebbeares Tagebuch im Alpine Club (hier schulden wir Livia Gollancz und Bob Lawford Dank für all ihre Hilfe) einsehen und Bentley Beethams Fotografien in der Barnard Castle School, mit Genehmigung von Michael Lowes von den Old Barnardians. Wir danken auch Joanna Scaddon in der Picture Library der Royal Geographical Society und Fiona Mieklejon von *The Times* Picture Library für ihre Hilfe.

Für ihre Geduld und Nachsicht, während wir unentwegt anderweitig beschäftigt waren, danken wir Liesl Clark und Peter Salkeld. Schließlich seien die Ermutigung und die Unterstützung, die wir von Kevin Mulroy, unserem klugen und geduldigen Lektor, erfuhren, lobend hervorgehoben; desgleichen unsere Grafikerin Lisa Lytton und die netten Mitarbeiter von National Geographic, die uns alle Steine aus dem Weg räumten. Dieses Buch ist eine echte Gemeinschaftsarbeit. Wir danken allen!

IMPRESSUM

Veröffentlicht von The National Geographic Society

John M. Fahey, Jr.	President and Chief Executive Officer
Gilbert M. Grosvenor	Chairman of the Board
Nina D. Hoffman	Senior Vice President

Herausgegeben von der Buchredaktion

William R. Gray	Vice President and Director
Charles Kogod	Assistant Director
Barbara A. Payne	Editorial Director and Managing Editor
David Griffin	Design Director

Mitarbeiter dieses Buches

Kevin Mulroy	Editor
Lisa Lytton	Art Director
Carl Mehler	Director of Maps
Joseph F. Ochlak	Map Research
Michelle H. Picard	Map Production
Tibor G. Tóth	Map Relief
William R. Newcott	Legends Writer
Kevin Craig	Assistant Editor
R. Gary Colbert	Production Director
Kathleen Cole	Production Assistant
Meredith Wilcox	Illustrations Assistant
Peggy Candore	Assistant to the Director
Natasha Klauss	Staff Assistant
Kathy Barber	Indexer

Wir danken den redaktionellen Mitarbeitern Barbara Payne und K. M. Kostyl.

Herstellung und Qualitätskontrolle

George V. White	Director
John T. Dunn	Associate Director
Vincent P. Ryan	Manager
James J. Sorensen	Budget Analyst

Die NATIONAL GEOGRAPHIC SOCIETY, der Welt größte gemeinnützige Organisation für Forschung und Lehre, wurde 1888 mit dem Ziel gegründet, „geographisches Wissen zu mehren und zu verbreiten". Seither hat die Gesellschaft die wissenschaftliche Erforschung der Welt unterstützt und Informationen an ihre weltweit mehr als neun Millionen Mitglieder weitergegeben.

Tag für Tag werden Millionen Menschen von der National Geographic Society weitergebildet — und begeistert: durch Zeitschriften, Bücher, Fernsehprogramme, Videofilme, Karten und Atlanten, Forschungsstipendien, Seminare für Lehrkräfte und neuartige Lehrmittel.

Die Gesellschaft finanziert sich durch Mitgliederbeiträge und Erlöse aus dem Verkauf ihrer Publikationen und Unterrichtsmaterialien. Mitglieder erhalten die offizielle Zeitschrift der Gesellschaft, das Magazin NATIONAL GEOGRAPHIC.

Mehr Informationen über die National Geographic Society erhalten Sie über:

http:// www.nationalgeographic.com

TITEL DER AMERIKANISCHEN ORIGINALAUSGABE

Last Climb. The Legendary Everest Expeditions of George Mallory

Copyright © 1999 David Breashears and Audrey Salkeld
Copyright der deutschen Übersetzung:
© 2000 National Geographic Society, Washington, D.C.
Alle Rechte vorbehalten

DEUTSCHE AUSGABE
Steiger Verlag München 2000
Weltbild Ratgeber Verlage GmbH & Co. KG, München
Übersetzung aus dem Amerikanischen:
Helga Künzel-Schneeberger, München
Redaktion: Frank Auerbach, München

Die Deutsche Bibliothek - CIP-Einheitsaufnahme

Ein Titeldatensatz für diese Publikation ist bei
Der Deutschen Bibliothek erhältlich

Printed in Germany
ISBN 3-89652-220-5